Buch

Erstauflage 2018

© 2018 Verena Nickl und Ina Nordmann

Alle Rechte vorbehalten.

Covergestaltung:

Michaela Feitsch von Premade Cover & more, Emelie Koschke und
Katrin Wimpassinger

Covermotive:

Pixabay / lavnatalia (www.nataliaillustration.com)

Buchsatz: Lilly Weinberg

Impressum

Ina Nordmann

c/o AutorenServices.de

König-Konrad-Str. 22

36039 Fulda

E- mail: frauenschreibenbriefe@aol.com

Herstellung und Verlag: BoD- Books on Demand, Norderstedt

ISBN: 978-3-7528-2278-6

100 Frauen schreiben Briefe an das Leben

Vorwort

Es begann alles mit einem Aufruf in Social Media:

Ich heiße Verena, bin 53 Jahre, habe noch viel Krims Krams und Flausen im Kopf.
Durch eine Welle von Untersuchungen, auf der Suche nach Hilfe für meine Beschwerden, die aber keiner lindern konnte, fühlte ich oft Momente der Hilflosigkeit und Verzweiflung.
Hinzu kamen Schicksalsschläge: Meine beste Freundin kämpft gegen den Krebs, eine andere brauchte spontane Veränderungen im Leben.
Ich fragte mich, nachdem meine Gedanken mal wieder zwischen Kopf, Herz und Bauch huschten und Antworten suchten:

Was machen andere Frauen?

Wie bewältigen sie mit all ihren Sorgen, Erkrankungen oder auch mit Glück ihr Leben?
Eine Idee war geboren. Ich brauchte 100 Frauen, die 100 Briefe an das Leben aus ihrer Sicht schreiben - am Ende sollte ein Buch daraus entstehen, und die Einnahmen gespendet werden.
Ich startete einen Aufruf über Social Media und hatte innerhalb kürzester Zeit 35 Frauen, die sich bereiterklärten bei diesem Projekt mitzumachen. Immer mehr Frauen stießen hinzu. Wir teilten Begeisterung, Freude und Ideen.
Es war erstaunlich, was da passierte und mit welcher Wucht.

Dann kam das Schicksal in Form einer inzwischen lieben Freundin auf mich zu.

Ina Nordmann bot mir Unterstützung und Hilfe an. Es dauerte keine Stunde und Herz und Kopf waren sich einig: Wir würden das Projekt gemeinsam stemmen. Sie war das Beste, was mir in diesem Moment passieren konnte.

Wir waren bereit für dieses Abenteuer.

Wir wurden eine unglaublich tolle Gemeinschaft mit 100 Frauen.
Töchter, Mütter, Großmütter, Lehrerinnen, Autorinnen und Desig-
nerinnen. Frauen wie du und ich.
Im Laufe der letzten Monate haben wir das Maximum an Kommuni-
kation über die sozialen Netzwerke ausgeschöpft. Über alle Kanäle
vernetzten wir uns.
Es entstanden wundervolle Briefe. Sie handelten von Liebe, Trauer,
Familie, Glück, Hoffnung und vielen Tränen.
Am Ende konnten aber alle Frauen etwas Gutes daraus ziehen und
neue Energien aufladen.

**Einige Frauen haben sich durch ihren eigenen Brief selbst
übertroffen und befreit; durch die emotionale Begegnung mit
sich selbst.**

Wir haben uns nie persönlich kennengelernt, aber wir schätzen einander und unterstützen uns.
Das gesamte Projekt war eine außergewöhnliche Erfahrung fürs Leben.
Danke an alle wunderbaren Frauen, die bei diesem Projekt dabei
waren.

Verena Nickl und Ina Nordmann.

Verena, 54 Jahre

…in dieser einen Sekunde in meinem Leben.

Weihnachten. An Tagen wie diesen, erinnert man sich an die Menschen, die nicht mehr bei dir sind. Ja, ich vermisse dich, meine Mama, die ich liebevoll „Mamutschka" nannte.
Es kam der Tag vor 16 Jahren, als Mamutschka mir und meinen Geschwistern unter Tränen mitteilte, dass sie mit ihren 60 Lebensjahren an Darmkrebs leide - fortgeschritten.
Fassungslosigkeit und Verzweiflung standen im Raum. Wie sollten meine Schwester, meine beiden Brüder und ich damit umgehen? Mamutschka war immer gesund und aktiv gewesen und hat nie gejammert. Hatte vier Kinder und einen Mann versorgt, so dass wir immer ein behütetes Zuhause hatten.
Wir sollten Monate später mehr über das Übel dieser schweren Erkrankung erfahren.
Egal was sie über sich ergehen ließ, das Glück war nicht auf ihrer Seite.

Mein Vater, der im Verlauf dieser schrecklichen Krankheit immer hilfloser wurde, rief mich oft weinend an meinem Arbeitsplatz an. Schließlich habe ich Erfahrung im medizinischen Bereich. Bei mir spürte Papa Sicherheit. Häufig durfte ich zwischendurch während meiner Arbeitszeit, die Arztpraxis verlassen, um nach Mamutschka zu schauen, die in unmittelbarer Nähe wohnte.
Ich wusste morgens nie, was mich im Laufe des Tages erwarten würde. Wenn Mama einen guten Tag hatte, war ich glücklich und genoss diesen Moment.
Inzwischen waren Monate voller Kampf, Tränen, aber auch schöne Tage mit ihr vergangen. Sie wollte immer stark für uns sein, spürte unsere Sorge und Angst. Mama und ich haben in unserem Leben viel Zeit miteinander verbracht, wir waren eins - wir wussten genau, was die andere denkt und was sie als Nächstes anstellen würde. Dafür bin ich heute sehr dankbar. Sie hat ihre Kinder auf eine Art und Weise geliebt, die so hinreißend und leidenschaftlich war. Schließlich hat sie sich immer um alle gesorgt, auch wenn sie oft nicht stark war. Das hat sie dann nachts mit sich selbst ausgemacht - eine Mutter halt.
Dann kam der Tag, an dem klar wurde, dass sie den Kampf verlieren würde, trotz Mut, Lebenswillen, Hoffnung und Glaube.
Nie habe ich in meinem Leben so einen Respekt vor einem Men-

schen gehabt, wie vor ihr. Sie war so gefasst und gab uns ein gutes Gefühl. Sie lächelte uns an, wenn wir traurig waren, gab uns Kraft in dem sie uns von ihrem Leben mit uns erzählte - sie hat mit jedem Einzelnen von uns gesprochen - es war Abschiednehmen auf Raten. Dezember 2002. Es war kalt, die Straßen waren gefroren und glitzerten im Sonnenlicht. Es wäre Zeit gewesen eine bunte Mütze zu tragen, Punsch zu schlürfen, Schneeflocken zu spüren, den Kamin anzumachen und einen tollen Abend mit Familie oder Freunden zu verbringen. Mama hatte inzwischen 20 kg verloren, sie schwächelte. Jede Sekunde, Minute und Stunde verbrachten wir mit ihr im Krankenhaus in einem Zweibettzimmer. Wir hatten ein zusätzliches Bett und durften sogar in der Nacht bei Mama bleiben. Wir waren in den letzten Tagen ihres Lebens an ihrer Seite. Sie konnte sich kaum noch rühren, aber ihre Augen waren voller Glück und Liebe - ja wir haben unsere gemeinsamen Momente genossen. Wir schwärmten, wie emotional es doch Heiligabend immer war, mit einem wundervoll geschmückten Tannenbaum und einem Glöckchen, wenn sich das Christkind ankündigte. Jetzt würde sie nie wieder einen Weihnachtsbaum sehen dürfen, waren ihre Worte.

Augenblicklich verließ ich das Krankenhaus, lief Knall auf Fall in das nächste Geschäft und kaufte ein Weihnachtsgesteck. BINGO. Ein echter Minitannenbaum mit einem kleinen Weihnachtsmann, der das Gesteck verschönerte. Mit ganz viel Liebe im Gepäck übergab ich Mamutschka dieses Bäumchen. Ihre Augen leuchteten so sehr. Sie nahm meine Hand, war so glücklich. Auch ich war selig, als ich in ihre Augen sah. Ich nahm ihre Hand und küsste sie.

Wir wechselten uns stündlich ab, um Mama zu riechen und sie zu genießen. Papa lag neben ihr im Bett. Wir wollten sie nicht alleine sterben lassen. Mit neuer Kraft für den Tag kam ich mit einem sogenannten Schlemmerbrötchen ins Krankenzimmer. In diesem Moment bäumte Mama sich richtig auf, setzte sich aufrecht ins Bett und verlangte mit einem Lächeln nach diesem Brötchen. Es wurde mucksmäuschenstill, ein kleiner Hoffnungsschimmer erhellte das Zimmer. Sie verschlang mit Freude das Brötchen. Wir alberten rum. Abends war alles wir vorher. Ich hatte so eine furchtbare Angst sie zu verlieren.

Dass ich sie nicht einfach gehen lassen konnte, spürte sie und versuchte mir zu sagen, dass sie gerne gehen möchte, sie habe hier alles erledigt und wollte sich nicht mehr quälen. Ich liebte sie doch, seit ich auf der Welt war. Immer war sie da gewesen in meinem Leben. Ich küsste sie auf die Stirn und fuhr heim. Ich warf mich in meine

Joggingklamotten, lief in den Wald und atmete ihn unter Tränen ein. Plötzlich spürte ich, dass es mit ihr zu Ende ging. Panik beschlich mich. Ich lief nach Hause, duschte schnell den Schweiß und die Angst ab und begab mich auf schnellstem Wege zum Zimmer Nr. 525 ins Krankenhaus. Ich stoppte vor der Tür, atmete tief ein und drückte die kalte Türklinke leise herunter.

In jener Sekunde verstarb meine liebe Mutter. Ich hörte vor der Tür Papa schreien und weinen. Als ich die Tür dann öffnete, lag er mit seinem Kopf auf ihrer Brust, schluchzte hilflos und schrie nach ihr. Sie verstarb in dieser einen Sekunde, bevor ich das Zimmer betrat. Dieser magische Moment, in dem sie wusste, ich lasse sie sonst nicht gehen. So hatte ich mit meiner geliebten Mamutschka noch eine letzte gemeinsame Sekunde zwischen Tür und Bett.

16 Jahre ist es jetzt her. Sie lebt für mich immer weiter. Ab und zu taucht sie in meinen Träumen auf, spricht mit mir. Leider verstehe ich sie nicht, aber ich spüre, dass sie glücklich ist dort, wo sie jetzt ist. Der kleine Tannenbaum lebt und wächst auf ihrem Grab weiter, ist wunderschön und inzwischen circa 160 cm groß. Er war in den schwierigsten Stunden bei Mama und begleitet sie immer noch.

Zum Todestag am 29.12.2002 sangen die *Toten Hosen* ein Lied, das uns bei unserer Trauer begleitete. Die Zeile „Wir werden uns wiedersehen" hatte uns so berührt, dass wir genau diesen Satz auf ihrem Grabstein verewigt haben.

Ich liebe dich, Mamutschka!

Tamara, 36 Jahre

Hallo du verrücktes, unlogisches, beklopptes, wundervolles Leben!

Sechsunddreißig Jahre sind wir schon gemeinsam unterwegs und ich verstehe noch immer nicht ganz, wie du tickst. Jedes Mal, wenn ich denke, ich hätte dich endlich begriffen, zeigst du mir eine völlig neue Seite und lässt mich dumm aus der Wäsche schauen. Ständig hältst du neue Überraschungen bereit. Schema F zieht bei dir nicht. Aber das ist schon in Ordnung. Wo bliebe sonst die Spannung?
Dennoch ... falls du zufällig einmal meinem zwölfjährigen Ich über den Weg läufst, könntest du ihr nicht ein paar Dinge von mir ausrichten?
Sag ihr doch bitte, dass sie okay ist. Und zwar genau so, wie sie ist: Mit ihrem Kopf voller Geschichten und Tagträume, ihrer zurückhaltenden Art und ihren Momenten, in denen sie gern ganz für sich ist. Sag ihr, dass ihre Fantasie eine Superkraft ist, die sie nicht verstecken soll. Sie wird lange vergeblich versuchen, so zu sein, wie Zeitschriften und Fernsehsendungen es vorgeben. Sie wird sich bemühen, ihre Introvertiertheit abzulegen, um stattdessen ein lässigeres Ich überzuziehen.

Liebes Leben, sag ihr: »Der, der dich so wie du bist, erschaffen hat, hat sich etwas Wunderbares dabei gedacht. Auch wenn du nicht perfekt bist. Irgendwann wirst du lernen, dass vieles, das die Welt als Schwäche bezeichnet, auch zur persönlichen Stärke werden kann. Es braucht bloß ein wenig Zeit. Zeit, zur Ruhe zu kommen, das ständige Streben nach dem nächsten Punkt auf der Lebensliste zu unterbrechen und herauszufinden, was man mit seinen ganz individuellen Fähigkeiten anstellen kann.«

Zu erkennen, wer ich bin, was ich will und was mir liegt, war eine der befreiendsten Entwicklungen meines Lebens. Ich wünschte nur, ich hätte früher begriffen, dass es nichts bringt, sich mit all den Erwartungen aufzuhalten, die uns entgegenschlagen: »Du musst cool sein. Du musst Karriere machen. Du musst Größe 36 tragen. Du musst funktionieren.«
Die Wahrheit ist: Nichts von alledem muss ich. Ich darf »Nein!« sagen, wenn ich etwas nicht möchte. Ich muss nicht auf allen Hochzeiten tanzen, nur weil ich eingeladen bin. Ich muss nicht jedem gefallen, weil das gar nicht möglich ist. Und ich muss erst recht nicht in

allem perfekt sein.

Ausprobiert habe ich eine Menge: Musik, Schauspiel, Tanz, Sport, Handwerk und nicht zuletzt das Schreiben. Manches davon liegt mir und bereitet mir immer wieder Freude, anderes eben weniger. Das macht nichts.

Am Ende bleibt die Schnittmenge aus dem, was man kann und was einen glücklich macht. Eine Schnittmenge, die bei jedem eine andere ist und sein darf. Diese persönliche Schnittmenge zu finden – *meine* Schnittmenge – und nicht darauf zu hören, ob irgendjemand das für eigenartig, ineffizient oder unwichtig hält, ist ein Moment tiefster Zufriedenheit. Ein Moment, in dem es nicht mehr wichtig ist, ob man cool, erfolgreich oder perfekt ist, weil man ganz bei sich angekommen ist.

So war es, als ich ernsthaft damit begann, mein erstes Buch zu schreiben. Gewünscht hatte ich mir das seit Jahren, doch die Zweifel waren viel zu lange viel zu laut: Kannst du das wirklich? Will das denn jemand lesen? Was, wenn du nicht durchhältst? Aber das Schreiben macht mich glücklich. Es ist meine Schnittmenge. Und so habe ich durchgehalten.

Einen Roman zu schreiben hat mich vieles gelehrt: Dass ich in der Lage bin, ein so großes Projekt aus eigener Motivation zu Ende zu bringen, hunderte von Seiten zu schreiben, danach monatelanges Überarbeiten und Verbessern, Recherchieren, Ergänzen und Streichen. Es hat aber auch meinen Blick auf die Welt verändert, mich im Alltag wachsamer gemacht: für kleine Gesten und Details, für mächtige Worte und das Ungesagte zwischen den Zeilen. Oft bin ich mit den Gedanken in meiner eigenen Welt. Doch dann erregt eine Kleinigkeit meine Aufmerksamkeit und bringt Ideen ins Rollen, die wie von selbst wachsen und gedeihen, als wären sie fantastische Blumen. Beim Schreiben ist es wie beim Theaterspielen: Nur ein guter Beobachter kann realistische Momente erschaffen.

Ich habe gelernt, bewusster hinzuhören und hinzuschauen und dabei ein offeneres Herz für die kleinen Macken und Makel anderer Menschen gewonnen. Ein Herz, das Eigenarten nicht nur respektieren, sondern sogar lieben kann. Wie schön sind die kleinen Marotten, die uns so unverwechselbar machen! Kleine Fältchen, die von unserem Lachen zeugen. Fehler, die zeigen, dass wir Menschen sind.

Liebes Leben, es wäre schön gewesen, meine Schnittmenge früher zu erkennen und auch früher zu verstehen, dass ich mich nicht an Normen anpassen muss. Dass die Welt ein langweiliger und farbloser Ort wäre, gäbe es uns Träumer nicht. Aber ich sehe ein, dass meine

Nachricht an mein jüngeres Ich wohl nicht mehr zugestellt wird. Macht nichts. Ich bin angekommen. Jetzt gibt es andere Zwölf-, Fünfzehn-, Achtzehnjährige, die ihren Weg finden wollen. Was vor zwanzig Jahren Zeitschriften waren, sind heute soziale Medien, doch das Problem ist geblieben: Alle versuchen, sich perfekt in Szene zu setzen. Sie sind makellos schön, immer glücklich, mit aufregenden Hobbys und angesagten Klamotten.

Welchen Druck das auf junge Menschen ausübt! Ich gebe zu, so ganz habe ich mich auch nicht davon gelöst. Wer möchte schon ein Bild von sich veröffentlichen, das einen Pickel auf der Nase oder ein Speckröllchen an der Hüfte zeigt? Doch vielleicht können wir alle ab und zu daran denken, uns vom Einheitsbrei zu lösen und eine positive Nachricht zu verbreiten:

»Du bist okay – so, wie du bist. Dein Wert wird nicht in Kleidergrößen, Jobtiteln oder der Anzahl von Likes gemessen. Du musst deine Interessen, Wünsche und Talente nicht unter den Teppich kehren, bloß weil nicht jeder sie teilt.

Sei schüchtern, sei ein Nerd, sei verträumt, sei ehrgeizig, sei ein bunter Paradiesvogel, sei ein Träumer – was auch immer: Sei du selbst und das mit aller Leidenschaft. Denn genau darin bist du perfekt.«

Anne, 27 Jahre

Liebes Leben,

als erstes, so banal es auch klingen mag, bin ich dankbar, dass es mich gibt. Bei unkomplizierten Geburten muss das ja nicht zwingend angesprochen werden: Ein Kind kommt auf die Welt, die Eltern sind ein Paar und alles ist gut. Für das Kind - in dem Fall mich - war auch alles gut. Drei Jahre später kam meine Schwester auf die Welt. Wir beide waren gesund, wurden geliebt und wohnten mit unseren Eltern in einem kleinen Haus mit Garten. Doch jetzt, rückblickend, war unser Familienleben ganz schön merkwürdig. Ich kann mich nur an Unternehmungen mit meinem Vater erinnern. Wir machten Fahrradtouren, waren im Stadion und spielten viel. An Unternehmungen mit meiner Mutter kann ich mich kaum erinnern. Im Nachhinein weiß ich, dass ich zwar liebevoll großgeworden bin, dass aber zu einem Ehepaar mehr gehört als ein Ring an der Hand. Es ist so wichtig, dass eine Familie ein *WIR* ist und Kinder einen warmen und liebevollen Umgang der Eltern miteinander mitbekommen.

Die Trennung meiner Eltern, liebes Leben, war grauenhaft für mich. Mit sieben Jahren verstand ich das einfach alles nicht und habe im Nachhinein riesengroße Gedächtnislücken, wenn es um die Monate rund um die Trennung geht. Vielleicht eine Reaktion auf meine kindliche Angst?! Ich verstand früher nie, warum das so kam. Im Laufe der Jahre erkannte ich den Grund; meine Eltern sind einfach so verschieden, dass es beinahe ein Wunder ist, dass es meine kleine Schwester und mich gibt.
Liebes Leben, Du hast es mir nicht leichtgemacht. Erst werde ich aus meinem kindlichen Zuhause und von meinem Vater weggerissen, dann darf ich ihn nur alle drei Wochen sehen und dann mit 18 (normalerweise „beginnt" hier ja das Leben) werde ich plötzlich krank und meine Familie hat ständig Angst um mich. Aber trotzdem hast Du mir ein großes Geschenk gemacht: meinen wundervollen Freund. Es klingt so, als wäre dann, ganz plump gesagt, alles durch ihn doch noch gut geworden und ich hätte ihn immer räumlich an meiner Seite. Aber nein.
Du, mein Leben,
bist von Abschieden geprägt. Alle drei Wochen kletterte ich früher mit meiner kleinen Schwester freitags aus dem Zug und freute mich auf ein Wochenende mit Papa, Oma und Opa. Freitagabends fielen

wir schnell müde ins Bett. Samstags erlebten wir viel und wurden verwöhnt. Doch sonntags beim Aufstehen hatte ich immer starke Bauchschmerzen und einen Kloß im Hals. Es waren nur noch ein paar Stunden bis wir zum Bahnhof fahren mussten. Auch wenn wir jeden Sonntagvormittag etwas unternahmen, konnte ich diesen Tag nie genießen.

Es war die absolute Hölle, weil ich mich vor dem nahen Abschied fürchtete. Je älter ich wurde, desto leichter fiel mir die Fahrerei. Doch wieso wiederholt sich das Ganze? Mein Freund wohnt seit drei Jahren ganze 500 Kilometer weit weg. Wir gaben bisher tausende Euro für die Zugfahrten aus und verbringen viel Zeit als Reisende. Schon Tage bevor ich losfahre, hüpfen tausend Schmetterlinge in mir herum und machen mich unendlich glücklich, weil ich mich auf ihn freue. Dann steige ich freitags in den Zug, abends schlafe ich in seinem Arm auf dem Sofa ein, samstags unternehmen wir etwas und sonntags beim Aufwachen habe ich schon Bauchweh und bin unglaublich traurig.

Als Kind durfte ich nicht bei meinem Vater bleiben, weil meine Schwester und ich bei unserer Mutter lebten. Heute kann ich nicht bei meinem Freund bleiben, weil wir beide arbeiten müssen. Ich vermute, dass mich diese ganzen Abschiede und diese ganzen Orte und Wohnungen heimatlos machen. Nirgendwo fühle ich mich wohl. Ich frage mich, wann ich ein Gefühl von „Angekommensein" erleben kann. Ich sehne mich danach.

Liebes Leben,
hast Du denn schon eine Ahnung, wann dieser Zeitpunkt einsetzen wird? Sobald ich bei meinem Freund wohne? Auch wenn ich die Gegend, in der er lebt, grauenvoll finde? Ich fühle ein Heimatgefühl immer nur, wenn ich an die Vergangenheit denke. Ich fühle es aber nie im Jetzt und in der aktuellen Situation. Das ist nicht schön. „Home is where your heart is"... Dann könnte ich mich über etwa sechs „Zuhause" freuen. Aber das ist für mich kein Gefühl von Ankommen.

So viele Gedanken sind bei mir geprägt von Ängsten. Meine ersten kindlichen Erinnerungen sind geprägt von schlimmen Ängsten. Ängste um meine kleine Schwester, dass ihr etwas passiert. Diese Ängste um sie halten bis heute an. Manchmal denke ich, dass wir sehr verschieden sind, doch dann bekomme ich Herzklopfen, wenn ich merke, wie ähnlich wir uns sind. Für sie würde ich alles stehen und liegen lassen und sie vermutlich auch für mich.

Liebes Leben,

ich merke, dass ich dich im Laufe der Zeit schon mit einigen Fragen gelöchert habe. Doch eine Frage beschäftigt mich doch noch immer. Ich muss sie loswerden, auch wenn mir die Beantwortung dieser Frage nicht hilft oder meinen Schmerz lindert. Wieder steht ein Abschied im Mittelpunkt. 2014 starb ganz plötzlich unser Großvater. Liebes Leben, warum wurde er mir an genau dem Tag genommen, an dem ich meinen bisher größten Traum verwirklichte und den Grand Canyon besuchte? Warum gab sein Herz auf? Einfach so? Warum konnte ich ihm nie sagen, wie sehr ich ihn liebe und wie sehr er mir fehlt? Aber letztlich wird die Antwort diesen Schmerz nicht lindern. Er fehlt mir jeden Tag! Leider erwartet und trotzdem mehr als schmerzhaft, verstarb vor einem Jahr mein anderer Großvater, der einen Tag zuvor nicht mehr wusste, wer ich bin. Er war beinahe schon so lange „weg". Traurig verabschiedete ich mich mit der Zeit von ihm. Wenn meine Großmutter auf ihrem Sofa sitzt und sagt „Ich wünsche mir so sehr, dass Jürgen hereinkommt … aber er kommt nicht", bricht mein Herz. Ich habe Angst vor Abschieden, besonders vor denen für immer …

Trotzdem möchte ich Dich, liebes Leben, gegen kein anderes eintauschen. Ich würde keine andere Familie haben wollen!

A.

Sanne, 57 Jahre

Im Jahr 2017 war ich vier Monate krankgeschrieben, nichts ging mehr, Körper und Seele zeigten an: Du musst etwas ändern und etwas für dich tun. Die Rentenversicherung genehmigte mir eine Reha-Kur für drei Wochen.

An meinem Ankunftstag war ich sehr aufgeregt. Ich wusste so gar nicht, was auf mich zukam. Ich hatte Schmerzen und drei Wochen ohne meinen Mann und meine Freunde zu sein, war mir auch nicht ganz geheuer.

Nach den ersten Aufnahmeuntersuchungen bekam ich einen festen Platz am Tisch 23 für die Mahlzeiten und ich wartete auf meine Tischnachbarinnen. Als Erstes kam eine Frau, die schweigend ihr Essen einnahm und mich grummelig ansah. (Hinterher stellte sich heraus, dass sie Russin war und sich nur schämte, weil sie so schlecht Deutsch konnte. Ihre Witze und ihr Humor bis zum Ende der Kur waren unbeschreiblich). „Das kann ja heiter werden", dachte ich, und am liebsten hätte ich die nächsten drei Wochen gefastet. Als Nächstes kam Bettina, sie wirkte etwas hektisch und war offensichtlich sehr durcheinander. Ein Gespräch entwickelte sich und ich bekam eine erste Kostprobe ihres Lachens, dem sich niemand entziehen konnte. Dann kam noch Evi dazu und unser Tisch war komplett. Dass zwei der Frauen Raucherinnen waren und ich in den Wochen diverse Zigarettenschachteln passiv mitrauchte, kümmerte mich nicht sehr, da sich die nettesten Menschen vor oder in der Raucherhütte trafen.

Nach drei Wochen in der Reha waren diese Frauen zu einem Teil meiner Familie geworden, wir ergänzten uns und taten uns einfach nur gut. Am letzten Tag weinte ich beim Abschied und ich war nicht die Einzige.

Ich erlebte eine tolle Zeit, die beste Zeit meines Lebens seit langem, die zwar durch viele Termine tagsüber ausgefüllt war, aber es war das erste Mal seit Jahren, dass es *meine* Zeit war. Ein Beispiel dieses Gefühls der Zugehörigkeit: Mein Mann und ich hatten Hochzeitstag, er besuchte mich und wir wollten einen Tag in Goslar verbringen. Ich war total aufgeregt, erwartete meinen Mann draußen auf einer Bank und fühlte mich wie ein verliebtes Mädchen. Am Morgen zum Frühstück standen Blumen und eine Glückwunschkarte auf Tisch 23 und alle freuten sich mit mir und umarmten mich. Als mein Mann mich abholte, sprach ihn sogar die Dame an der Pforte an und gratulierte

ihm zum Hochzeitstag (obwohl ich es nicht verraten hatte).
An den Wochenenden erkundeten wir Frauen die Umgebung, Bettina hatte ein Auto und wenn wir uns auch öfter verfuhren (keiner von uns hatte den nötigen Orientierungssinn), hatten wir viel Spaß.
Die anderen mochten mich, so wie ich war, ich musste nicht jemand anderes sein, um akzeptiert zu werden. Meine Gefühle und ich waren richtig. Ich musste fast 55 Jahre alt werden, um dies zu begreifen. Wir Frauen hatten alle unsere Geschichte, unsere Brüche, aber gerade diese haben uns zu unverwechselbaren Menschen gemacht. Ich führte ein Tagebuch und eines Tages schrieb ich hinein, ich bin *heil*. Dies brachte mich zum Weinen, weil ich es bisher nie so erfahren hatte und es fühlte sich verdammt gut an!

Ich habe diese Kur nicht abgebrochen, wie einiges in meinem Leben bisher. Ich bin allein mit dem Zug zurück nach Hause gefahren und fühlte mich leicht wie eine Feder (die drei verloren Kilos allein konnten es nicht sein). Ich hatte eine Verabredung mit meinem Mann zum Essen, daher ein Sommerkleid eingepackt und mich nach der Zugfahrt noch einmal umgezogen.
Ich fühlte mich so stark und attraktiv, an seinen Augen war abzulesen, dass er dies genauso empfand.

Das Beste kommt zum Schluss: Wir Reha-Frauen haben immer noch Kontakt. Nach einer Fortbildung besuchte ich Bettina und Evi in Berlin. Im Sommer verbrachten wir ein ganzes Wochenende bei mir Zuhause und ich zeigte ihnen meine Stadt. Julia, die ebenfalls mit zur Clique gehörte, war auch dabei. Erst hatte ich schon ein seltsames Gefühl, ob der Zusammenhalt auch ohne gemeinsame Erlebnisse, das Schimpfen auf die Ärzte und zu viele Trainingseinheiten noch möglich ist. Wird es wohl eine gezwungene Atmosphäre sein?
Nachdem sich Bettina mehrmals verfahren hatte und immer wieder an unserem Haus vorbei fuhr, wurde mein hektisches Winken endlich durch Evi erfasst. Die ersten Zigaretten wurden geraucht und Brigittes Lachen wollte nicht aufhören. Es war alles wie immer, als wären wir nie getrennt gewesen.

Nächstes Jahr treffen wir uns wieder, diesmal im Harz. Es ist wunderbar neue Freundschaften zu schließen, nicht mehr zwanzig Jahre alt sein zu müssen und einfach Ich sein zu können. Und ich habe mein Lachen wiedergefunden.

Anja, 24 Jahre

Mein liebes Leben,

lange hab ich dich gehasst. Habe nicht verstanden, warum du es mir so schwer machst. Oft genug habe ich mit dem Gedanken gespielt, dem Ganzen ein Ende zu setzen. Doch immer wieder hielt ich mir vor Augen, dass es mich auch schlimmer hätte treffen können. So jung wie ich war, wusste ich, dass es irgendwann besser sein würde. Es musste besser werden! Ich hatte zwar so manches Mal die Nase voll von dir und wollte dich zum Teufel jagen, doch letztendlich gab es immer etwas, was mich nach vorn getrieben hat. Ich wollte nicht aufgeben, denn das gehört definitiv nicht zu meinen Charakterzügen.

Im Gegensatz zu der weitläufigen Vermutung, dass Scheidungskinder unter der Trennung ihrer Eltern leiden, fand ich die Tatsache, dass ich zwei Zuhause hatte, schön. Ich genoss es. Um ehrlich zu sein, fällt es mir schwer, mir vorzustellen, wie das Leben wäre, wenn meine Eltern zusammen leben würden. Dann müsste ich wohl tatsächlich wegen der beiden zur Therapie. Glücklicherweise haben sie recht schnell gemerkt, dass sie im Leben verschiedene Wege gehen sollten. Sie lieben sich noch immer, doch nicht auf eine Art, wie es Ehepaare tun. Nein, sie lieben sich als Freunde. Bis auf ein paar kleine Unstimmigkeiten waren sie sich immer einig. Selbst wenn ich es gewollt hätte, hätte ich die beiden nicht gegeneinander ausspielen können. Es gab nie böses Blut zwischen ihnen. Fast nie.
Als meine Halbschwester zur Welt kam, wendete sich das Blatt. Meine Mutter hatte ihre heile Familie. Ich gehörte dazu, doch mein Stiefvater gab mir von diesem Zeitpunkt an immer das Gefühl, dass ich eine Last bin. Bis er sein eigen Fleisch und Blut in den Armen hielt, wurde ich auf Händen getragen. Mir wurde förmlich die Welt zu Füßen gelegt. Und dann kam meine Schwester. Sie war fortan die Nummer Eins. Verständlich und bis zu einem gewissen Grad für jedes Geschwisterkind erträglich, doch irgendwann kommt ein Punkt, an dem auch das ältere Kind wieder Aufmerksamkeit und Zuwendung braucht. Das erste Jahr mit meiner Schwester war toll. Ich liebe sie. Auch, wenn die sieben Jahre, die uns trennen, die Beziehung nicht immer einfach machten, kann ich mir ein Leben ohne sie beim besten Willen nicht vorstellen. Ihr Vater hingegen … Er hat mein Leben zur Hölle gemacht. Wenn ich jetzt fortfahre, wirst du mit den Augen rollen. Du wirst mich auslachen und mir sagen, dass es viele

Menschen gibt, deren Leben wirklich an die Hölle erinnert. Ich bin mir dessen wohl bewusst, und doch war es für mich unerträglich. So unerträglich, dass ich mit 16 Jahren auszog.

Als meine Schwester noch im Kleinkindalter war, startete unsere Mutter ihre Selbstständigkeit. Für sie ein Schritt nach vorn. Für mich in gewissem Maße ebenfalls. Ich musste erwachsen werden. Es fühlte sich an, als würde ich von einem Tag auf den nächsten um zehn Jahre altern. Plötzlich arbeitete unsere Mutter mindestens zwölf Stunden pro Tag. Mein Stiefvater arbeitete ebenfalls viel, zwar von Zuhause aus, doch er machte mir unmissverständlich klar, dass er in dieser Zeit arbeitete und nur im äußersten Notfall für uns da sein würde. Anfangs kam unsere Oma noch einmal pro Woche, um zu helfen und auf meine Schwester aufzupassen, doch das hielt nicht lange an. Die Mutter meines Stiefvaters kam zwar ebenfalls einmal pro Woche und blieb fast immer für zwei Tage, doch letztendlich kümmerte sie sich mehr um ihren Sohn als um uns. Mehr Unterstützung gab es nicht. Im Alter von zehn Jahren übernahm ich also fast eigenständig die Nachmittagsbetreuung meiner Schwester. Je weiter die Zeit voranschritt, desto mehr Aufgaben kamen auf meine Liste. Ich erledigte den Hausputz, wusch die Wäsche, bereitete das Abendessen zu und brachte meine Schwester ins Bett. Zwischendurch den Müll rausbringen, Rasen mähen, Unkraut jäten, den Hasenkäfig säubern und ganz nebenbei meine Hausaufgaben erledigen. Für mich war es damals fast unmöglich, meinen Stiefvater zufriedenzustellen. Ganz gleich, was ich tat, es war nicht genug. Ich ertrug es. Meiner Schwester zuliebe steckte ich zurück. Ich gab mein Bestes, ihr ein Lachen ins Gesicht zu zaubern und sie von all den Spannungen zwischen mir und ihrem Vater nichts spüren zu lassen.

Irgendwann ertrug ich es aber nicht mehr. Fügte mir selbst Schmerzen zu, versuchte es zu vertuschen und allen die heile Welt vorzuspielen. Meiner Mutter konnte ich nicht lange etwas vormachen. Sie selbst hatte schon dreimal den Entschluss gefasst mit mir und meiner Schwester auszuziehen, doch jedes Mal überlegte sie es sich anders. Ich bin froh, dass sie dennoch erkannte, dass ich in diesem Haushalt nicht mehr leben konnte. Mein Vater verkaufte schweren Herzens sein Haus und suchte sich in der Nähe eine Wohnung, in die ich mit ihm ziehen konnte. Er war arbeitsbedingt zwar nur am Wochenende da, doch für mich war es der Himmel auf Erden. Egal, wie schwer es auch manchmal war, mit 16 einen eigenen Haushalt zu haben, für nichts auf der Welt wäre ich zu meinem Stiefvater zurückgegangen.

Jetzt, liebes Leben, weiß ich, dass mein Stiefvater ein Test für mich war. Er war keine Strafe und auch keine Belohnung. Doch auch er hat seinen Teil dazu beigetragen, dass ich so bin wie ich bin. Er hat mir meine Schwester geschenkt. Er hat viele Fehler und wird wohl immer so sein, wie er nun einmal ist. Ich möchte ihn nicht ändern. Seit etwa einem Jahr gehört er offiziell nicht mehr zu meiner Familie, denn meine Mutter reichte die Scheidung - endlich - ein. Ich halte nur sporadischen Kontakt zu ihm, doch er ist und bleibt der Vater meiner Schwester und wird dadurch für immer ein Teil meiner Familie bleiben. Er wird für immer Teil meines Lebens bleiben. Ob das gut oder schlecht ist, wird sich noch zeigen, doch ich vertraue dir, liebes Leben.

Ich weiß, dass du mich immer wieder herausfordern wirst. Du wirst mir Steine in den Weg legen, aber auch Brücken für mich bauen. Langweilig wird es sicherlich nicht. Doch ganz gleich, was du für mich noch bereithältst, ich werde es mit einem Lächeln hinnehmen und das Beste daraus machen.

Francis, 32 Jahre

Liebes Leben,

dass ich Dir mal einen Brief schreiben würde, hätte ich nie gedacht. Doch, ich habe Dir so einiges zu sagen. Nichts was Du nicht bereits wüsstest, aber dennoch bist Du vielleicht über meine Worte überrascht. Denn das bin ich selbst! Ich bin mir sicher, hätte ich Dir vor drei Jahren einen Brief schreiben dürfen, wäre er ganz anders geworden, als es eben dieser wird. Aber ich bin froh, dass ich heute die Gelegenheit habe, Dir einmal zu sagen, dass sich mir der tiefere Sinn deiner Selbst erschlossen hat.

Und somit beginnt meine Geschichte und die Kehrtwende in meinem Leben im Jahr 2011. Ich war frisch verliebt und auch wenn nicht alles andere in meinem Leben zu dieser Zeit perfekt war, so fühlte sich diese Liebe gut an. Tut es immer noch, aber dazu später mehr!

Eines Tages bemerkte ich, dass sich mein Körper verändert hatte. Ich hätte nicht einmal sagen können, woran ich dies bemerkt habe, aber dieses Gefühl ließ nicht nach, im Gegenteil, es wurde über Monate stärker, bis ich plötzlich unerklärliche Unterleibsschmerzen bekam. Diese waren von nun an mein ständiger Begleiter, bis ich mich entschloss, einen Arzt aufzusuchen.

Mehrere Ärzte, falsche Diagnosen und viele Monate später, wurde endlich festgestellt, dass ich an meinen Eierstöcken jeweils eine Dermoidzyste habe. Dermoidzysten sind keinesfalls bösartig, aber auch nicht unproblematisch wie in meinem Fall. Denn dadurch, dass die Diagnose so spät gestellt wurde, war eine Zyste bereits 5 cm und die andere 6 cm groß. Dazu kam, dass die Zysten durch das Eigengewicht die Eileiter beschädigt hatten. Dies erfuhr ich aber erst nach der großen Bauchoperation, die mich sechs Wochen arbeitsunfähig machte. Nach der OP erklärte mir die Ärztin, dass sich großes Narbengewebe bilden wird und es deshalb sein könnte, dass ich nie auf natürlichem Wege schwanger werden könnte. Und sollte eine natürliche Empfängnis möglich sein, würde diese zu 90 % in einer Eileiterschwangerschaft enden.

Ganz ehrlich, liebes Leben – da finde ich sechs Monate zuvor meinen Traummann und dann so was?

Aber dieser wunderbare Mann nahm mir alle Angst und glaubte fest daran, dass ich ihm irgendwann gesunde Kinder schenken würde. Trotz aller Prognosen, wagten wir es und versuchten schwanger zu werden. Ich bemerkte im Oktober 2013, dass ich die typischen Anzeichen einer Schwangerschaft hatte. Am nächsten Tag besorgte ich mir sofort einen Schwangerschaftstest, der zu unserer unbändigen Freude positiv ausfiel. Zwar sehr schwach, aber immerhin war ein zweiter Strich zu sehen. Gleich am nächsten Tag ging ich zum Frauenarzt und er bestätigte mir nach einem Ultraschall die Schwangerschaft. Er schätzte, dass ich in der sechsten Schwangerschaftswoche war. Die Freude war so groß, liebes Leben, dass ich die ganze Welt umarmen wollte. Aber du hattest einen ganz anderen Plan!

Stunden später setzten Blutungen und entsetzliche Schmerzen ein. Ich wusste sofort, dass es eine Fehlgeburt war. Dieses Entsetzen, dieses Gefühl, ich dachte, ich müsste sterben. Wie kannst du auch nur so grausam sein, uns erst so etwas Kostbares zu schenken, um es uns kurze Zeit später wieder zu nehmen? Warum mussten wir uns solch einer Prüfung unterziehen? Warum hast du zugelassen, dass mein Verlust kleingeredet wurde?
„Jetzt weißt du zumindest, dass du schwanger werden kannst" oder „Sei froh, dass es jetzt passiert ist und nicht erst später."
Doch das Schlimmste, was ich zu hören bekommen hatte:
„Du hast keinen Grund zu trauern, es war nichts weiter als eine Zellansammlung, die eh behindert zur Welt gekommen wäre!"

Ja, meine kleine Schwalbe, du warst noch so klein und dein Herz hat vermutlich nicht einmal geschlagen, aber das Wissen, dass du unter meinem Herzen warst, wenn auch nur für ganz kurze Zeit, schmälerte den Verlust nicht im Geringsten. Du weißt, dass ich dich so sehr liebe, dass ich dich nie vergessen werde. Ich trage dich immer in meinem Herzen und unter meiner Haut, meine kleine Schwalbe. Jetzt weißt du, warum die Menschen deine Mama immer fragen, was die kleine Schwalbe, die jedes meiner Tattoos ziert bedeutet! Das bist du, mein kleiner Schatz.
Und weißt du, dass dein Papa und ich uns vorgestellt haben, dass du ein kleiner Junge bist? Ja, das weißt du! Und deshalb weißt du auch, dass wir dir den Namen Theo gegeben haben. Niemand, aber auch wirklich niemand, hatte das Recht zu sagen, es wäre nicht schlimm gewesen, was mir passiert ist!
Wer, liebes Leben, hat das Recht mir zu sagen, was ich zu fühlen habe? Wann ich Tränen vergießen oder wann ich lachen darf? Wer???
Ich sage es dir heute – fünf Jahre später, denn damals wusste ich es noch nicht!

NIEMAND!

Und ich sage es heute allen! Geht ein Stück meines Weges in meinen Schuhen, dann erst wisst ihr, was ich durchgemacht habe!

Aber, liebes Leben, ich möchte nicht nur undankbar erscheinen. Denn heute weiß ich eines ganz sicher: Nach jedem Regenschauer, lässt Du auch für mich wieder die Sonne scheinen! Denn wie sonst erklärst Du mir, dass ich Dir heute diese Zeilen schreibe, als zweifache Mama? Ja, Du hast es gut gemeint mit mir! Das kann ich mit Gewissheit sagen! Du schenktest mir nicht nur eine wunderbare Tochter, die nun drei Jahre alt ist, sondern auch kürzlich erst einen zauberhaften Sohn! Und wenn ich Dich jetzt frage, ob da nicht auch das Schicksal seine Hände im Spiel hatte, wirst Du es mir verraten?

Und jetzt danke ich Dir für alles Gute in meinem Leben. Denn ohne all die Hürden, die ich die letzten Jahre genommen habe, ganz besonders nochmal die letzten drei Jahre, hätte ich nie alles Schöne zu schätzen gewusst, das jetzt meins ist! Ich danke Dir, dass ich den Mut hatte, einige Menschen ziehen zu lassen, nur um mich selber wieder zu finden, damit ich nun endlich wieder die Kraft habe, zu sagen, was ich fühle und denke. So kommt es, dass ich gerade an meinem ersten Roman schreibe, der hoffentlich eines Tages den Menschen, die ihn lesen werden, Kraft und Zuversicht schenken wird. Denn für jeden Einzelnen von uns gilt: Nach jedem Regenschauer wird auch wieder die Sonne scheinen!

In Dankbarkeit deine Francis

Sabrina, 25 Jahre

Warum es sich lohnt, für seine Träume zu kämpfen

Dieser Brief soll alle LeserInnen motivieren, die eigenen Träume stets zu realisieren und dafür zu kämpfen, ganz egal, wer oder was versucht einen daran zu hindern.

Als ich in die vierte Klasse der Grundschule ging, starb mein Vater nach jahrelangem Kämpfen gegen den Krebs. Meine Grundschulzeit habe ich tagtäglich im Krankenhaus verbracht. Ich habe dort lesen und schreiben gelernt, Schneemänner gebaut und Blumen gepflückt. Eines Morgens, als ich mit meiner Mama im Bett lag, kam der gefürchtete und gleichzeitig erlösende Anruf.

Nachdem einige Zeit vergangen war, lernte meine Mutter einen neuen Mann kennen. Ich mochte ihn auf Anhieb. Wir verstanden uns gut. Auch er machte den Anschein, als möge er mich. Wir unternahmen sehr viel gemeinsam, machten Urlaube und alles war schön. Der Höhepunkt war die Hochzeit.

Nach einigen Jahren kam ich in die Pubertät. Wie alle anderen Jugendlichen auch, rebellierte ich sicherlich in einigen Phasen. Erste Ideen, was man in der Zukunft werden möchte, manifestierten sich. Mir war bereits zu diesem Zeitpunkt klar, dass ich Lehrerin werden möchte. Was sich jedoch auch veränderte, war, dass ich meinen eigenen "Kopf" bekam. Unter anderem die Schule regt einen zum Nachdenken, Umdenken, Weiterdenken und generell zum Hinterfragen an. Ich hinterfragte viel und entwickelte mich zu einem diskussionsfreudigen Charakter. Insbesondere der Politikunterricht trug dazu bei. In dieser Zeit brachte ich gerade politische Diskussionspunkte aus dem Unterricht mit nach Hause, indem ich von den Diskussionen und deren Inhalten berichtete. Dies missfiel meinem Stiefvater meistens sehr, was er auch zum Ausdruck brachte. Schnell stellte sich jedoch heraus, dass er cholerische Züge aufwies. Zusätzlich kristallisierte sich eine mittelstarke Politikverdrossenheit heraus. Dies war eine schwierige Kombination für einen Diskussionspartner. Wenn es um Themen wie die sinkende Wahlbeteiligung in Deutschland ging und ich stolz das, was ich in der Schule dazu lernte, berichtete, entbrach eine heftige Diskussion. Mein Gegenüber gehe nicht wählen, dies bringe sowieso nichts bei den verlogenen Politikern, die lediglich ihre Machtposition zu stärken versuchen. Meine Argumente seien lächerlich, ich hätte noch keinerlei Lebenserfahrung und ich sei ein kleines

Mädchen. Man behandelte mich wie eine Fünfjährige. Das Schlimmste daran war jedoch, dass man wollte, dass ich die andere Meinung tadellos für mich selbst übernahm. Ich hatte anscheinend kein Recht auf eine eigene Meinung. Während Diskussionen für mich einen offenen Austausch bedeuteten, ohne jegliche Intention, dass ich meinem Gesprächspartner meine Ansicht aufzwingen möchte, bedeutete es exakt dies für meinen Stiefvater.

Natürlich wehrte ich mich, da ich schon in jungen Jahren aufgrund meiner Erziehung sehr selbstsicher war. Dies führte jedoch zu lauten Standpauken und letztlich musste ich mich immer wieder schwer beleidigen lassen. Immer wieder zog ich aus, flüchtete zu Freundinnen. Eines Abends ist mein Stiefvater so ausgerastet, dass er beinahe zugeschlagen hätte. Ich bin jedoch mit einem festen Griff in den Oberarm davongekommen. Manchmal wünschte ich mir, er hätte zugeschlagen. Dann wären mir die letzten Jahre in meinem Elternhaus erspart geblieben.

Alles wurde schlimmer, als ich meinen Freund mit 15/16 kennenlernte, mit dem ich noch heute, fast zehn Jahre später, zusammen bin. Mein Freund stammt aus einem etablierten Elternhaus. Meinem Stiefvater, der sein Leben immer als ungerecht empfand, weil er so viel Unterhalt zahlen musste und beruflich mit vielen besser gestellten Menschen zu tun hatte, war auf alles und jeden eifersüchtig, der mehr Geld hatte als er. Man könnte nun denken, er hatte nicht besonders viel Geld. Das stimmt aber nicht. Er konnte einfach nicht genug haben.   Somit wurde mir die Beziehung zu meinem Freund erschwert. Ich musste mich für seine Geburtstagsgeschenke rechtfertigen, mir anhören, dass er sich für etwas Besseres halte usw. Andere Eltern würden sich für ihre Kinder womöglich freuen können. Irgendwann war ich endlich 18 und mir wurden nicht mehr ganz so viele Steine in den Weg gelegt.

Nachdem ich mein Abitur machte, entfachte der nächste Streitpunkt: Ich habe das Abitur gemacht und mein Stiefvater nicht. Das stimmte ihn ärgerlich. Dann wollte ich auch noch studieren, um meinem Traumberuf näher zu kommen. Studieren - kann ich ja machen, wenn ich das bezahlen kann. Somit arbeitete ich parallel durchgängig 20 Stunden die Woche und blieb gezwungenermaßen zu Hause wohnen, um mich weiterhin von meinem Stiefvater runtermachen zu lassen. Ich blieb, und dafür bin ich mir selbst heute noch dankbar, stark und stürzte mich geradezu in das Studium und meinen Nebenjob. Nach fünf Jahren Regelstudienzeit beendete ich erfolgreich meinen Master und zog zu Hause aus. Die Jahre meines Studiums zu Hause waren für mich persönlich die Hölle. Ich fühlte mich nicht wohl und ging immer mit einem unbehaglichen Gefühl nach Hause.

Wenn ich heute in meine eigene Wohnung aus der Schule komme (ich hab es geschafft - ich darf meinen absoluten Traumberuf ausüben) stimmt mich nichts glücklicher. Mit meinen Schülerinnen und Schülern diskutiere ich übrigens viel - es freut mich zu sehen, dass sie unterschiedliche Meinungen so stehen lassen können und von der Heterogenität profitieren - genau so soll es sein.

Zu verdanken habe ich dies meiner guten Erziehung von meiner Mutter und meinem Vater, die mich zu einer so starken Persönlichkeit erzogen haben. Andererseits meinem Freund und meinen Freundinnen, die mich immer wieder aufgebaut haben, wenn ich aufgeben wollte.   Diesen Brief widme ich allen Frauen und Männern, die es schwer haben, ihre Träume umzusetzen. Kämpft für das, was euch wichtig ist - es lohnt sich!

Vavenka Jaenne, 27 Jahre

Was ist Liebe? Die Antwort darauf ist nie gleich, fiktiv und besonders. Früh wird man damit konfrontiert. Bereits im Kindergarten hat man seinen Sandkastenfreund.

Doch bei mir war es anders. Ich hatte keine Kindergartenliebe, keine erste große Liebe als Teenie, keinen Kuss beim Abschlussball. Traurig war ich deshalb nie, es war einfach so. Es war einfach nur ein Begriff, mit dem ich nichts anfangen konnte. Auch wenn ich von Zuhause alles mitbekommen habe was man dafür benötigt. Mir war die Welt der Männer zu oberflächlich, nur auf sein Äußeres reduziert zu werden, missfiel mir, also spielte ich immer mit Vergnügen die Unnahbare. Bis mir dieses irgendwann langweilig wurde. So begann ich dem Trend zu folgen.

Dating-Apps, sei es nun Lovoo, Tinder oder Badoo. Sie funktionierten alle gleich.

Man erstellt sein Profil, mit ein paar Bildern, auf denen man sich teilweise selbst nicht wieder erkennt. Dazu einen kleinen Steckbrief, der eher weniger als mehr ausgefüllt wird und gewiss nicht wahrheitsgetreu ist.

Und dann geht die "Suche" nach Mr. Right auch schon los.

Die oberflächliche und leichte Handhabung lässt keinen Spielraum für Charakter oder Interessen, die verbinden. Ein Wisch oder Klick nach links und rechts und schon ist die Sache entschieden. Es ist ein Moment, der im Sekundentakt läuft.

Ein paar Highlights werde ich hier mit euch teilen. Natürlich war ich wieder diejenige aus dem Freundeskreis, die die allerschlimmsten Anfragen bekam.

Hey ich hoffe, dir geht's soweit gut? Ich will ehrlich, sein ich suche nichts Festes, sondern einfach nur nen Abenteuer. Ich hoffe meine direkte Art verschreckt dich nicht. Bin ja gespannt, ob es eine Antwort gibt. Bis dahin nen schönen Tag. Chris

Ist doch ganz nett oder nicht, wenn man auf so etwas aus ist. Ich war es nicht. Kein einziges Blind Date habe ich absolviert und erst recht keinen One-Night-Stand.

Mein Humor ist manchmal etwas speziell und ich war gerade gut drauf, als ich die Antwort verfasste. Eine Antwort gab es immer, ganz egal wie ulkig die Person aussah oder wie geschmacklos die Nachricht war.

Kann nicht klagen, danke. Na dann mal los, wo soll es denn hingehen? Bear Grylls - Feeling.

Für all jene die Bear Grylls nicht kennen, er ist ein Überlebenskünstler und macht irre Sendungen, wie man in verschiedenen Erdteilen, fernab der Zivilisation, überleben kann.

Das ist schön zu hören. Mir egal, zu dir oder mir?

Er kannte ihn wohl nicht. Mein Tipp war ihn einfach mal zu Googeln und den Text dann nochmal zu lesen.
Toll fand ich auch immer jene, die auf solchen Plattformen ihr Business aufbauen wollten. Der nächste ist ein solcher Fall, dieser Businessmann hatte ein sehr professionell wirkendes Profil, das soll man mit 18 Jahren erstmal schaffen. Nicht!

Hey, hättest du Lust ein bisschen Geld zu verdienen? Ich habe hier eine Möglichkeit gefunden im Team viel zu erreichen und mir etwas Nachhaltiges aufzubauen, wenn du offen bist für etwas Neues und deine Einkünfte erhöhen möchtest, lass es mich gerne wissen.

Was er eigentlich meinte, war, ob ich nicht Lust auf Pornos hätte und sein privater Star werden würde. Natürlich müsse er mich vorher testen - ganz klar – ganz grausam!
Neben dem direkten Businessmann gibt es auch jene, die dich für ihre After-Show-Party haben wollen. Dabei war ich mir nie sicher, für was das Wort "After" in diesen Fällen so direkt steht.

Hallo, Ich habe eine direkte Frage und deswegen falle ich direkt mit der Tür ins Haus. Wir wollen am 28. August eine lockere Party in xy oder in yx veranstalten. Wir sind 7 Freunde und es sollten 7 Frauen da sein. Wir trinken und haben Spaß. Wärst du für so etwas offen? Also du und ich wir könnten uns auch vorher kennen lernen, damit du eine Person wenigstens vorab kennst.

Bist du so offen? Liebe Grüße Daniel

Daniel, danke! Wirklich, vielen Dank, dass ich Teil dieser privaten Orgie werden sollte. Dieses Gefühl war so widerlich, dass ich bei deiner Nachricht fast erbrechen musste. Dennoch verstehe ich, dass willige Weiber auf so einer Flirtplattform günstiger sind, als wenn man dafür eine Frau des Escort Services beauftragt. (Welche auch nicht selten waren.)
Nach diesen ganzen Erfahrungen hatte ich nicht wirklich etwas dazugelernt oder Neues erfahren. Bis auf die Tatsache, dass es Menschen

gibt, denen wahrhaftig nicht mehr zu helfen ist. Solche, die wohl alleine sterben werden.

Aber trotz all dieser Highlights sind die guten und ehrlichen Leute, die es auch auf solchen Plattformen gibt, nicht zu vergessen. Und selbst wenn ich mich nie mit einem von ihnen getroffen habe, habe ich doch auch viele unglaublich tolle Gespräche geführt und auch Bekanntschaften geschlossen.

Nie! Bis zu diesem einen Tage, an dem ich es eigentlich bereits leid war und mein Profil löschen wollte. Doch ich traf ihn und erwartete nichts. Es war ganz normal, alles passte.

Ich verstand die Welt nicht mehr, wo war der Fehler? Es war keiner zu finden, doch den Mut ihm eine Chance zu geben, hatte ich nicht. Wie konnte es jetzt so einfach sein? Ich verstand es nicht. Zum Glück hatte mich meine beste Freundin ermutigt und ich danke ihr und ihm für diese Geduld und Kraft. Es ist absolut normal und schön, geliebt zu werden, es ganz automatisch zu können, obwohl man es nie „gelernt" hat. Man ist sich so ähnlich und ergänzt sich dennoch.

Es zahlt sich aus zu warten, es zahlt sich aus mutig zu sein, es zahlt sich aus erwachsen zu werden.

Da halte ich mir gerne das Zitat vor Augen:

Die meisten Fehler im Leben machen wir, wenn wir zu viel fühlen wo wir denken sollten und zu viel denken, wo wir fühlen sollten.

Alexandra, 44 Jahre

Hallo liebes Leben,

ich bin eine Frau im Durchgangsalter von 44 Jahren.
Gerne nenne ich dieses Zeitalter so, weil ich mich in einer Selbstfindungsphase befinde, mich auf diesem Weg neu suche, nachdem mich mein Leben mit vielen Erlebnissen geprägt hat. Nicht nur positiv.
Wir, meine kleine Familie und ich, leben in einem kleinen Städtchen im Münsterland. In den 19 Jahren Ehe mit meinem Mann kam unser wunderbarer, von Liebe gekrönter, jetzt 15-jähriger, behinderter Junge zur Welt - das Beste in meinem Leben! In den ganzen Jahren habe ich versucht es meiner Familie, Freunden und vor allem meinem Kind alles recht zu machen. Das ist mir 100 Prozent gelungen, er ist glücklich.
Von ihm spüre ich die Liebe und Dankbarkeit, die mir sagt, ich mache es richtig.

Im Laufe der Jahre hab ich mich irgendwann selbst vergessen und musste durch viele Gefühlstangos, inzwischen auch Unzurechnungsfähigkeit der Hormone gehen, kurz gesagt: Durch Hochs und Tiefs. Oft wusste ich nicht, wie ich es schaffen sollte, aber ich habe weiter versucht, es allen recht zu machen, bin aber an einem Punkt angekommen, dass ich inzwischen selbst damit unglücklich bin. Es hat lange gedauert, den richtigen Weg zu finden, um laut in die Welt zu schreien, mich zu wehren, und meinen Bedürfnissen Luft und Freiheit zu geben, weil ich diese Veränderung brauche, um wieder glücklich zu werden. Inzwischen meistere ich Situationen anders, als vor 43 Jahren. Ich sage und zeige offen, wenn mir was nicht passt und entschuldige Situationen nicht mehr.
Ein mir wichtiger Mensch hat zu mir gesagt: „Du musst dich ändern, dann werden Menschen, die besser nehmen als geben können, sich automatisch von Dir distanzieren, weil sie keinen Vorteil mehr von Dir haben."
Ein Erlebnis, welches für mich wichtig war bzw. mich geprägt und motiviert hat, mich zu wehren - also der Weg zu mir selbst - möchte ich Euch kurz erzählen.

An einem verregneten Novemberabend, wir hatten gerade einen Umbau im Haus, fuhren mein Mann und ich noch in einen Baumarkt; wir brauchten noch dies und das.

Die Menschen um uns rum, waren alle ziemlich schlecht gelaunt, der heftige Regen in dieser Jahreszeit gab den Rest dazu.

Die Sicht war witterungstechnisch schon sehr schlecht, aber wir parkten ordnungsgemäß auf den gekennzeichneten Parkplätzen und liefen dann schnell unserem Ziel entgegen, dem Baumarkt. Wir waren nicht ortskundig und froh, einen Parkplatz bekommen zu haben.

Kaum am Eingang angelangt, kam seitlich eine aufgebrachte Frau auf uns zu und schrie meinen Mann an mit den Worten: „Alter, kannst Du nicht parken, ich muss wegen Dir um das Auto laufen, sieh zu, dass deine scheiß Karre da wegkommt." Wir hatten wohl etwas falsch geparkt, im Durchgang, man konnte es kaum sehen bei der Witterung - aber der Ton macht die Musik. Im Normalfall hätte ich mich entschuldigt, so wie es sich gehört.

Nein, dieses Mal nicht, wir haben es ja nicht mit Absicht gemacht, man kann sich auch freundlicher begegnen. Also begab ich mich aufs gleiche Niveau herunter, habe richtig Luft abgelassen und mich total befreit gefühlt dabei. Es ging sogar so weit, dass wir Nase an Nase gestanden haben, ich habe die Augenbraue angehoben, und gefragt, was denn ihr Problem wäre, sie solle ihre schlechte Laune nicht an uns auslassen.

Wir befanden uns gerade mitten im Brennpunkt im Ruhrpott.

Mein Mann schaute mich mit großen Augen an, merkte direkt eine Veränderung an mir und zollte mir seinen Respekt, wie ich uns doch verteidigen kann. Sogar die netten Menschen drum rum fanden meinen Einsatz super.

Nach außen hin nichts Besonderes, doch für mein Leben war genau diese Situation sehr prägend. Ich habe gelernt zu tun, was ich gerade denke und fühle, und nicht, was andere von mir erwarten.

MEIN NEUES ICH!

Und wisst ihr was? Es tut mir so unendlich gut.
Mach es, bevor Du bereust, es nicht getan zu haben!

Danke an meine Freundin, die mir die Chance für diesen Brief an das Leben gegeben hat, um meinen Weg zum neuen Ich erzählen zu dürfen.
Ich wünsche Euch ein tolles Leben. Macht das was Euch guttut.

Mira, 19 Jahre

Das Leben ist kurz, sagen sie. Genieß es, denn du hast doch nur das eine. Lebe im Moment, im Hier und Jetzt! Ratschläge sind wie Neujahrsvorsätze, die man sich einmal vorgenommen und im Februar schon wieder vergessen hat. Am Anfang scheint es hilfreich, doch muss es im eigenen Kopf Klick machen, damit sich etwas ändert.

Lange Zeit habe ich krampfhaft versucht, alle Dinge in meinem Leben zu kontrollieren. Ich redete mir ein, ich würde gerne organisieren. Versteht mich nicht falsch, nichts ist besser als eine To-do-Liste zu erstellen, um mal den Kopf freizubekommen und einen Überblick über seine Aufgaben zu erhalten. Allerdings geht es zu weit, jeden Tag seine Kalorienzufuhr zu protokollieren und sich fertigzumachen, wenn man Dinge, die man sich vorgenommen hat, nicht geschafft hat. Was nützt es einem, wenn man sein ganzes Leben perfektioniert, aber dabei die Freude und die Spontanität verloren gehen?
Ich bin ein Perfektionist. Warum das eine Schwäche sein soll? Selbstkritik ist vielleicht ein Antrieb sich zu verbessern, jedoch ist es schwierig sich davor zu schützen, dass diese nicht in Selbsthass und Zwänge umschlägt. Zufriedenheit sollte doch das Ziel sein, allerdings ist es schwierig, nicht wieder alte Gewohnheiten zu übernehmen.
Ich war nie zufrieden mit mir selbst. Ich war nie schlank genug, nie sportlich genug und nie interessant genug, damit ich mich selbst als schöne und außergewöhnliche Persönlichkeit anerkannt hätte. Es ist schwierig in Zeiten von Social Media aufzuwachsen und keine Selbstkomplexe zu entwickeln, da man sich ständig mit allen vergleicht, die meinen die Kamera auf jeden Moment ihres scheinbar perfekten Lebens halten zu müssen. Was ich besitze und was andere über mich denken, soll mehr wert sein als das, was ich vertrete und das, was mir wirklich wichtig ist. Wohin führt einen unsere Gesellschaft, in der Konsum und wie man sich präsentiert mehr geschätzt wird als echte Werte?

Im letzten Jahr veränderte ich einige Dinge in meinem Leben und schlug so einen Weg ein, der mich vielleicht in eine positivere und zufriedenere Zukunft führt. Was mich dazu gebracht hat umzudenken? Das ist schwierig zu erklären. Natürlich können Menschen, die diesen Weg schon beschritten haben und die zeigen, dass das Leben nicht so anstrengend und selbstbezogen sein muss, wie man den Eindruck hat, eine große Inspiration sein. Jedoch kommt es letztlich darauf an, was du für dich selbst entscheidest. Anstatt mit mir selbst unzufrieden zu sein, versuchte ich, meine Energie in Dinge zu investieren, die es wert sind und hoffe auf dem Weg zu diesen Zielen auch mich selbst wertschätzen zu lernen.

Mir war lange Zeit beispielsweise nicht bewusst, wie sehr alltägliche Entscheidungen aus Bequemlichkeit von uns Menschen unseren Planeten schädigen, oft ohne böse Absichten, einfach aus Gewohnheit. Wird einem so etwas klar, lässt sich dieser Gedanke nicht so einfach verdrängen. Und wenn man merkt, dass solche Probleme zu den Dingen gehören, die dir wirklich wichtig sind, so sollte man dem nachgehen. Ich habe mich deshalb entschieden, nach und nach mein Leben nachhaltiger zu gestaltet. Natürlich beschäftigen diese Probleme nicht jeden, doch mir tut es gut, meine Gedanken nicht nur um mich kreisen zu lassen, sondern auch Veränderungen anzugehen. Ich möchte meine Zeit und meine Freunde mehr schätzen, als das, was ich besitze oder wie ich auf andere wirke. Soziale Netzwerke sollten nicht bestimmen, wie sehr ich mein eigenes Leben wertschätze.

Ich möchte meine Zeit aktiv gestalten und nicht nur mich selbst mehr akzeptieren, sondern auch bewusster leben. Bewusst essen, bewusst und aufmerksam mit meiner Umwelt umgehen und offen sein für Veränderungen und neue Standpunkte.

Ich habe nicht nur Dinge aufgegeben, um neue Erfahrungen zu machen, sondern mache mir auch bewusst, wie mein Weg aussehen soll in dieser Welt. Ich möchte etwas bewirken, ohne mich unter Druck zu setzen, Leistung erbringen zu müssen. Ich möchte mein Bestes geben, um dann, egal welches Ergebnis ich auch erziele, mit mir selbst im Reinen zu sein.

Nicht immer ist man selbst die Person, die sich unter Druck setzt. Oft genug können auch andere dazu beitragen, dass man an seinen Plänen oder an sich selbst zweifelt. Als junger Mensch wird man oft gefragt, was man werden will. Innerlich verzweifelt man dabei, warum man denn noch keine Ahnung hat, was man mit sich selbst anfangen soll.

In solchen Situationen fängt man oft damit an, sich für seine Entscheidungen oder Ungewissheiten zu entschuldigen und sich zu rechtfertigen. Diese Angewohnheit ist nicht nur in diesen Momenten präsent, sie macht sich oft bemerkbar, wenn man Unzufriedenheit verspürt. Ich habe mich dazu entschlossen, mir dies abzugewöhnen. Ist es nicht viel besser, hinter seinen Ansichten und Entscheidungen zu stehen? Umso mehr man sich diesbezüglich von anderen unterscheidet, umso wichtiger ist es doch, sich mit diesen auszutauschen, damit alle mehr Perspektiven nachvollziehen können. Je unterschiedlicher Meinungen und Standpunkte sind, umso mehr kann mal lernen. Meiner Meinung nach wird man auch verständnisvoller und weltoffener.

Für mich ist es ungemein wichtig, vorurteilslos und nicht verurteilend zu sein. So oft ist man im Alltag mit einer Situation konfrontiert, in der auch Freunde über manchmal sogar fremde Personen urteilen, aufgrund äußerlicher Aspekte oder erster Eindrücke. Doch jeder Mensch hat eine eigene Geschichte und sollte die Freiheit genießen dürfen, sein Leben so zu gestalten wie er möchte, ohne dass ihn andere dafür vorschnell negativ verurteilen. Menschen passen nun einmal nicht in Schubladen! Es ist unglaublich wichtig, dass wir solche Sätze nicht nur dahersagen, sondern auch in unser Leben integrieren. Mir solche Gedanken bewusst zu machen, hilft dabei, mich zu dem Menschen zu machen, der ich sein will. Denn jeder hat eben nur dieses eine Leben und sollte es so gestalten, wie er möchte.

Tanja, 38 Jahre

Mein Name ist Tanja, ich bin 38 Jahre alt und alleinerziehend. Ende November 2014 erkrankte ich an Brustkrebs.
Unter der Dusche entdeckte ich einen Knoten in meiner Brust. Mein Arzt entnahm eine Probe und schickte sie ein. Wird schon nicht so schlimm sein, dachte ich. Ich erinnere mich noch, als wäre es gestern gewesen. Ich war bei meinem Hausarzt, mein Sohn Ciro draußen im Wartezimmer. Der Arzt kam schnell zum Punkt: Brustkrebs.
Ich konnte mich nicht mehr bewegen, saß nur fassungslos da und fing an zu weinen. Ich war 35! Doch auf meine Gefühle konnte keine Rücksicht genommen werden. Ich musste schnellstmöglich operiert werden. Ich versuchte, stark zu sein, wischte mir die Tränen ab und ging mit meinem Sohn nach Hause.
Im Laufe des Tages erzählte ich es meinen engsten Freundinnen und meinem Ex-Mann. Sie alle waren ebenso schockiert und traurig, wie ich selbst. Sie versuchten, mir Mut zu machen, aber die Angst steckte uns allen in den Knochen. Am meisten Gedanken und Sorgen machte ich mir um meinen Sohn. Was, wenn ich diese Krankheit nicht überlebe? Wenn ich sterbe und Ciro allein ist? Wenn ich ihn nicht aufwachsen sehen, ihn nicht begleiten kann? Alle meine Gedanken galten Ciro und ich beschloss, zu kämpfen. Für meinen Sohn. Mit ihm sprach ich ebenfalls über meine Krankheit. Die Kindergärtnerin gab mir ein kindgerechtes Buch über Krebs. Ich konnte ihm erklären, was in meinem Körper passierte und was wir dagegen taten. Jeden Tag lasen wir darin und sprachen über die Krankheit.
Und als ob die Diagnose nicht schon schlimm genug war, veränderte sich auch mein Umfeld. Jeder wusste plötzlich von meiner Krankheit. Es wurde hinter meinem Rücken getuschelt. Die, die mich direkt darauf ansprachen, quasselten mich voll, von wegen „es wird alles gut" oder „du musst dir keine Gedanken machen". Was wussten die schon? Das Schlimmste war, als Freundschaften zu Bruch gingen. Es gab wirklich so dumme Leute, die Angst hatten, meine Krankheit wäre ansteckend. Sie mieden mich.
Und ich? Ich verstand die Welt nicht mehr!
Am 8.12.14 musste ich ins Krankenhaus. Ich war nervös und gleichzeitig erleichtert, dass es so schnell ging. Ich musste ziemlich viel organisieren, damit Ciro untergebracht war. Mein Ex-Mann war mir in dieser Zeit eine große Hilfe.
Dann war es so weit. Verschiedene Untersuchungen wurden noch

vorgenommen. Leider wurde festgestellt, dass ich nicht nur einen Knoten hatte. Nein, meine gesamte Brust war voller Knoten. Der Arzt erklärte mir, dass es nicht nur einer OP bedurfte. Zuerst wurde der Lymphknoten in der Achsel entfernt. Alles Weitere würde danach geplant werden.

Am 29.12.2014 musste ich erneut ins Krankenhaus. Dort wurde meine gesamte rechte Brust entfernt. Sie wurde gleich anschließend wieder mit Silikon aufgebaut. Dafür wurde Hautgewebe benötigt, was sie mir vom Rücken entnahmen. Als ich aufwachte, hatte ich starke Schmerzen. Verschiedene Schläuche ragten aus meiner Brust und meinem Rücken, um die Wundflüssigkeit abfließen zu lassen. Nie hätte ich solche Schmerzen erwartet. Ich konnte nicht richtig liegen und nicht schlafen. Zusammen mit der ganzen Situation wurde es mir irgendwann zu viel und ich brach zusammen. Ich konnte nur noch weinen. Ich musste eine ganze Woche bleiben und es war einfach nur die Hölle. Ich freute mich auf Besuch von meinen Liebsten, meine Familie und von meiner Freundin Saskia. Sie munterten mich immer wieder auf und ich kam wenigstens ein bisschen auf andere Gedanken. Auch oder vor allem mein Sohn Ciro gab mir so viel Kraft und Freude. Er brachte mich immer zum Lachen und ließ mich meine Sorgen einige Momente lang vergessen.

Endlich zu Hause wurde es aber nicht einfacher. Ich durfte nichts machen außer liegen und laufen. Das fiel mir extrem schwer. Nicht nur, dass ich sonst immer aktiv bin. Nein, ich war plötzlich auch auf die Hilfe anderer Menschen angewiesen. Saskia kam jeden Tag zu mir nach Hause und wechselte meine Verbände. Sie ist Krankenschwester, für sie war es keine große Sache. Meine Nachbarin Suzana kam immer zum Kochen und Aufräumen und meine Eltern halfen mir auch sehr. Obwohl ich zu Hause war, ging es mir nicht viel besser. Die Untätigkeit brachte mich zur Verzweiflung, sodass ich abends oft weinend auf dem Sofa saß, wenn Ciro schlief.

Anschließend begann die Chemotherapie. Die war nötig, um wirklich alle Krebszellen in meinem Körper abzutöten, die eventuell noch da sein könnten.

Sechs lange Monate dauerte die Therapie. Sie nahm mir meine Haare und ließ mich so manches weitere Mal verzweifeln. Ciro litt ebenfalls, vor allem, als er mich ohne Haare sah. Er bat mich, immer die Perücke zu tragen, weil er meinen Anblick nicht ertragen konnte.

Es war die härteste Zeit in meinem Leben. Aber ich habe alles geschafft und befinde mich nun in der Erhaltungstherapie. Ich erhalte Hormone und Hormonspritzen, ansonsten geht es mir aber gut. Ciro und ich sind wieder die Menschen, die wir vorher waren. Wir sind glücklich und lebensfroh.

Ich bin so unglaublich dankbar, dass ich eine zweite Chance bekam. Dass ich meinen Sohn aufwachsen sehen kann, dass ich an seiner Seite sein und ihn begleiten darf.

Der Krebs ist Vergangenheit.

Pauline, 21 Jahre

Es war ein Tag im August. An diesem Freitag fuhr ich meinen Computer auf der Arbeit um 16.20 Uhr herunter und verließ das Büro zehn Minuten später.

Im letzten halben Jahr ging es mit der Beziehung zu meinem Freund immer weiter bergab. Ich fühlte mich zunehmend schlechter, hatte auf der einen Seite das Gefühl von Beklemmung und wollte aus diesem ausbrechen, mich freischlagen. Auf der anderen Seite hatte ich Angst vor dem, was mich erwarten würde, wenn sich nach über viereinhalb Jahren unser Wege trennen würden.

Ich stand vor dem Büro, steckte mir meine Kopfhörer ins Ohr, und wählte aus meiner Spotify-Playlist das Lied *In the End* von *Linkin Park*.

In den letzten Monaten hatte ich mich fast täglich mit meinem Freund in den Haaren, wir wohnten in einer gemeinsamen Wohnung im Hamburger Westen, nicht weit vom Hafen entfernt. Es war so weit gekommen, dass ich abends kaum Lust hatte nach Hause zu gehen und ihn dort anzutreffen. So ging es mir auch an diesem Sommernachmittag. Während ich auf dem Weg zur S-Bahn war, schweiften meine Gedanken ab, von den Problemen mit meinem Freund, hin zu meinen Sehnsüchten, die mich zu dieser Zeit beschäftigt hielten. In einer Beziehung bin ich ein bedingungslos treuer Mensch. Deswegen plagte es mich umso mehr, dass ich immer mehr das Verlangen hatte mich mit anderen Männern auszuprobieren, zumal es auch in meinem unmittelbaren Umfeld einen Mann gab, der mich faszinierte und mich wie magisch anzog.

Ich war 17, als ich mit meinem Freund zusammenkam, all meine ersten Erfahrungen auf dem Weg zum Erwachsenwerden, erlebte ich mit ihm. Mein erstes Mal, meinen Auszug von Zuhause, der Umzug zwei Jahre später in unsere erste gemeinsame Wohnung in Hamburg, mein Abitur und schlussendlich der Beginn meiner Ausbildung. Während ich die Treppen zum Bahnhof Jungfernstieg hinablief, fing ein neues Lied an zu spielen. *Something just like this* von *The Chainsmokers* und *Coldplay* trällerte aus meinen Kopfhörern. Ich versuchte, aufkommende Tränen zu unterdrücken.

Du möchtest doch jetzt nicht etwa in der Öffentlichkeit weinen?!

Wenn ich mir Gedanken zu meiner Beziehung machte, spürte ich nur noch Enge und Druck. Ich hatte das Gefühl nur noch zu geben und das dieses Geben, nicht mehr wertgeschätzt wurde. Ich war sauer auf ihn, obwohl er mir an diesem Tag nichts getan hatte.

Als ich am S-Bahnhof die Treppen rauf zur Bus-Station lief, zog mich jeder andere Ort in Hamburg mehr an, als mein Zuhause. Bei mir selbst dachte ich, dass es so nicht weitergehen kann. Ich wollte nicht mehr nach Hause gehen und jeden anderen Ort lieber aufsuchen, als eben diesen. Ich beschloss, das Gespräch mit meinem Freund zu suchen. Reden war in unserer Beziehung das A und O. Ich glaube, dass wir nur deshalb so lange zusammengeblieben waren.

Viele meiner Freundinnen rieten mir schon lange, mich zu trennen, aber ich konnte und wollte den Gedanken, mit ihm mein Leben zu verbringen, nicht einfach über Bord werfen. Wie oft hatte ich mir ausgemalt, wie unsere Kinder irgendwann einmal aussehen würden. Auf dem Weg von der Bushaltestelle zu unserer Wohnung fällte ich einen Entschluss: Die anstehende Unterhaltung mit ihm würde seine letzte Chance sein mir zu beweisen, dass er mich vor Augen hat, sich dafür interessierte, wie ich mich in unserem Leben fühlte.

Ich schloss die Wohnungstür auf. Mein Freund lag, wie so oft, wie ein Häufchen zusammengeknüllt auf dem Sofa. Ich sagte:„ Hallo?!“ Keine Reaktion.

Na toll, das wird ja wieder ein super produktiver Nachmittag.

Einer der wesentlichen Unterschiede zwischen mir und meinem Freund: Er, der Gemütliche, der sich zu allem hauptsächlich überreden ließ, kaum Ideen anbrachte. Und ich, die Fröhliche, meist gut gelaunte und unternehmungslustige Freundin.

Ich zog meine Schuhe aus, hängte meine Jacke auf, ging ins Wohnzimmer und setzte mich neben ihn auf die Couch. *„Ich kann das so einfach nicht mehr!“*, hätte ich am liebsten durch das ganze Haus geschrien. Stattdessen liefen mir einfach nur die Tränen über die Wange. Langsam checkte mein Freund, das neben ihm etwas nicht stimmte.

‚Na, alles gut?“, fragte er mich. Da brach es aus mir heraus, was schon lange gesagt werden sollte.

„Nein, es ist nicht alles gut! Das ist es schon lange nicht mehr. Ich möchte nicht mehr.“

„Was möchtest du nicht mehr?", nichts verstehend, wie so häufig.

„Unsere Beziehung. Ich möchte sie beenden!“ Stille.

„Ok. Ich kann dich verstehen, ich sehe, dass du unglücklich bist. Ich liebe dich, Pauline, bitte lass es uns noch einmal versuchen! Ich werde mich ändern!“

Wie oft ich diesen Satz schon in den vergangenen Monaten gehört hatte.

Nein, ich wollte es nicht mehr, das stand für mich zum ersten Mal so fest, wie noch nie zuvor. Deswegen beendete ich im nächsten Moment meine Beziehung. Und ich konnte es kaum glauben, dass ich diesen Entschluss gerade wirklich und wahrhaftig getroffen hatte.

Mein erster Gedanke:

Wow, ich fühle mich so befreit, wie schon lange nicht mehr. Man konnte förmlich die Ketten, die meine Seele umspannten, zu Boden fallen hören.

Ein paar Tage nach meiner Trennung traf ich mich mit meinem besten Freund, überfordert mit der neuen Situation, wusste ich gar nicht, was ich nun genau fühlen sollte. Er gab mir einen Ratschlag: „entweder, du bist die nächsten zwei Monate wirklich richtig traurig, verkriechst dich Zuhause und weinst oder du triffst dich mit anderen Männern, hast Spaß, aber musst irgendwann mit Flashbacks rechnen."

Für welchen der beiden Ratschläge ich mich entschieden habe, möchte ich an dieser Stelle offen lassen, aber das Wichtigste kommt bekanntlich zum Schluss.

Es kann traurig klingen, die erste große Liebe zu verlieren, aber seither fühle ich mich unglaublich besser. Ich bin glücklich. Glücklich, wie ich es schon lange nicht mehr war. Ich denke auch heute noch oft darüber nach, wie es jetzt wohl wäre, wenn wir noch zusammen wären und ja, ich vermisse häufig die schönen Momente, die wir gemeinsam hatten. Nicht um seinetwegen, sondern um die Augenblicke, die strahlend und goldschimmernd für immer in meinem Herzen bleiben werden.

Was ich mit auf den Weg geben möchte, und mag es noch so abgedroschen klingen: Mache das was dich glücklich macht! Es bringt einen nicht weiter, sich an Dinge zu klammern, die am Ende nur in eine Sackgasse führen. Habe keine Angst den Schritt nach vorne zu wagen, raus aus dem Schatten, dem Kokon. Befreie dich selbst und mache dir das größte Geschenk, indem du in deinem Leben wieder unabhängig von anderen fühlst und denkst. Wenn dich eine Situation so sehr belastet hat, wie die mich, wirst du ein Gefühl von Freiheit in dir spüren, welches nicht so schnell abnehmen wird.

Jule, 18 Jahre

Ich weiß gar nicht, wo ich anfangen soll, liebes Leben, denn da ist so viel: Dank, Freude, Ärger, Unverständnis und noch einiges mehr. Aber vielleicht sollte ich einfach bei dem anfangen, was mein Leben nachhaltig verändert hat: Meine Freunde. Ich habe immer nach Leistung gestrebt und versucht, es jedem recht zu machen, mich selbst oft vergessen und mich immer mehr zurückgezogen. Doch dann kamen diese zwei Personen in mein Leben und nichts war mehr wie zuvor. Dieses eine kleine Detail machte mein Leben von einem auf den anderen Moment wieder lebenswert und ich bin - auch wenn es natürlich immer auf und ab geht und man es mir oft nicht anmerkt - einfach nur glücklich. Diese zwei Personen sind die verrücktesten Menschen auf dieser Welt und sie helfen mir, einfach *ich* zu sein. Leben, ich danke dir für diese Begegnung und für das Glück, das manchmal direkt vor den Augen liegt und trotzdem verborgen ist. Manchmal fehlt nur eine Kleinigkeit, um den Schleier zu heben, damit man das Glück sehen kann.

Doch damit nicht genug, denn du hast eine weitere Überraschung für mich bereitgehalten. Aufgrund meiner Unentschlossenheit und Unsicherheit habe ich ein freiwilliges soziales Jahr begonnen, in einer Einrichtung, die so gar nicht dem entsprach, was ich eigentlich machen wollte. Dann wurde ich innerhalb dieser Einrichtung auch noch einer anderen Gruppe zugeteilt, also war ich der festen Überzeugung, eine falsche Entscheidung getroffen zu haben und dass das alles ein Desaster werden würde. Doch es kam alles anders als gedacht: Es war die beste Entscheidung meines Lebens, denn die Arbeit mit Krippenkindern tut so gut, weil man das, was man an Liebe und Herzblut reinsteckt, auch wieder zurückbekommt von den kleinen Stöpseln. Auch die andere Gruppe stellt für mich kein Problem dar, denn auch wenn meine Kolleginnen um einiges älter sind als ich und wir auch oft ganz verschiedene Meinungen haben, sind wir in gewisser Weise wie Freundinnen. Natürlich geht auch in der Kinderkrippe mal alles drunter und drüber und ich weiß in einzelnen Momenten nicht, warum ich mir das eigentlich antue. Aber die wunderschönen Momente mit den Kindern überwiegen und machen dies als festen Bestandteil meines Lebens einfach unbeschreiblich wichtig.

Und trotz dieses Glücks kommt auch immer wieder die Frage in mir hoch: Was ist eigentlich der Sinn meines Lebens? Oder auch: Was ist meine Aufgabe in dem Ganzen?

Ich glaube, diese Frage stellt sich jeder in irgendeiner Situation mal, denn der Mensch muss immer einen Sinn oder ein Ziel hinter dem sehen, was er tut. Aber was ist, wenn genau das das Problem ist? Wenn wir durch die ewige Suche nach dem Sinn und dem übergeordneten Ziel das aus den Augen verlieren, was das Leben ausmacht? Man weiß es nicht. Niemand weiß, wie es sein sollte, außer dir, liebes Leben.

Nach langer Grübelei über die Sinnfrage bin ich für mich persönlich zu dem Schluss gekommen, dass jeder selbst einen Weg finden muss, mit der Frage nach dem Sinn umzugehen. Und ja, liebes Leben, ich habe mich auf etwas festgelegt, das mein Leben nachhaltig beeinflusst und hoffentlich in deinem Sinne ist:

Der Sinn des Lebens ist es also, in meinen Augen, ein Leben zu führen, in dem man mit sich selbst im Reinen ist, damit man die Momente voller Glück genießen kann. Sein Leben so zu führen, dass man mit der Gesellschaft im Einklang lebt. Und ja, ich weiß, das klingt nach einer Bilderbuchvorstellung, die es so eh niemals geben wird, aber es sagt ja auch keiner, dass man das 24/7 beibehalten muss, sondern, dass man einfach eine Grundhaltung hat, die es möglich macht, das umzusetzen.

So, mein liebes Leben, ich denke, das war jetzt genug Geschwafel, denn du weißt das sicher alles schon, aber manchmal hilft es, diese Sachen einfach mal auszusprechen oder niederzuschreiben.

Also lange Rede, kurzer Sinn: Ich möchte Danke sagen, dass es dich gibt und für die vielen schönen und glücklichen Momente, die mein Leben lebenswert machen. Aber ich möchte mich auch für das bedanken, was mich ärgert oder wütend macht oder auch traurig, denn ohne das würde man die guten Seiten nicht zu schätzen wissen.

Ich muss sagen, bei allem Unverständnis, dem Ärger, der Freude, dem Leid, dem Glück und den Überraschungen steht eines fest: ICH LIEBE MEIN LEBEN!

Zu leben ist das Beste, was den Menschen passiert ist, und deshalb sollte man es genießen. Bis bald, liebes Leben, man sieht sich.

Nora, 28 Jahre

Liebes Leben,

du und ich, wir waren nicht immer gut aufeinander zu sprechen. Es gab Zeiten, da wollte ich nichts mehr mit Dir zu tun haben, wollte einfach nur noch raus. Du hast mir Stein um Stein in den Weg gelegt. Und anstatt Brücken, habe ich Mauern aus diesen Steinen gebaut, habe Mauern um mich und meine Gefühle errichtet. Habe mich abgeschottet. Das einzige Gefühl, das ich zuließ, war Wut. Grenzenlose Wut auf Dich, weil Du mir immer und immer wieder alles nahmst, was ich liebte. Anschließend hast Du gewartet, bis es mir wieder etwas besser ging, dann hast Du mir wieder jemanden genommen, hast mir Tod und Schmerz und Leid gezeigt. Du bedeutest Verlust. Vor vier Jahren hast Du dich selbst übertroffen, hast mir vollkommen ohne Vorwarnung den Boden unter den Füßen weggezogen. Hast mir die Person genommen, die Dich und mich zusammengebracht hat. Hast mir meine Mama genommen. Einfach so. Grundlos. Mit dem Verlust kam die Wut. Grenzenlos und allumfassend. Sie blieb, bis ich keine Kraft mehr hatte. Bis ich leer war. Ausgelaugt. Erschöpft.
Doch mit der Erschöpfung kam auch Klarheit. Klarheit darüber, dass Du nicht nur grausam bist. Darüber, dass Du gleichermaßen gibst, wie nimmst. Leben bedeutet Balance. Gewinn und Verlust. Freude und Trauer. Liebe und Hass.
Der schlimmsten Nacht meines Lebens, war einer der schönsten Tage meines Lebens vorausgegangen. Warm und fröhlich und glücklich. Meine letzten Worte an meine Mama waren gute Worte. „Schlaf gut, Mama. Ich hab dich lieb!" Wir sind nicht im Streit auseinandergegangen. Sie hat nicht gelitten. Ihr Herz hat einfach aufgehört zu schlagen. Ihr letzter Tag war ein guter Tag.

Dieser Verlust – der schlimmste, den meine Familie bisher erlitten hat, hat uns einander nähergebracht. Und er hat mich etwas Wichtiges gelehrt: Genieße jeden Tag, da deine Zeit knapp ist!

Liebes Leben, Du hast meiner Mama die Chance genommen, ihre Enkel kennenzulernen, hast mir die Chance genommen, ihr zu sagen, dass sie nun zum vierten Mal Oma werden würde, aber Du hast mir auch etwas geschenkt. Etwas Besonderes, etwas Großes: ein neues

Leben. Ein Baby. Die Chance, selbst Mama zu sein. Und dafür, liebes Leben, möchte ich mich bedanken.

Leben, Du bist eine Chance.

Jasmin, 35 Jahre

Liebes Leben,

wie oft hast mir schon Steine in den Weg gelegt? Als Kind fragte ich mich mal, warum du all dies immer wieder mit mir machst? Schon als Fünfjährige musste ich mit ansehen und ertragen, wenn unsere Mutter mal wieder meinen älteren Bruder aus völlig banalen Gründen geschlagen hatte. Ein „Klaps" auf den Po hätte doch völlig gereicht. Aber mussten es immer direkt Kochlöffel, Teppichklopfer und Co. sein? Es sollte gar nicht lange dauern, da durfte auch ich ihre volle Wut ertragen.

Aber es gab einen Lichtblick für uns: Papa kam nach Hause! Sie führten zu diesem Zeitpunkt noch eine Fernbeziehung. Er arbeitete 500 km weit weg und kam nur alle zwei Wochen für zwei Tage nach Hause. Wir konnten die Freitage kaum erwarten, denn ER war endlich wieder da! Und sie war anders: Entspannter! Sie war endlich nicht mehr allein. Allein mit drei Kindern, einem großen Haus, einem großen Hof und all der Arbeit.

An diesen Wochenenden wurden keine Ausflüge oder großen Unternehmungen gemacht, aber wir wussten, dass sie an diesen Tagen eine andere sein würde. Und dieses Gefühl war da! Es tat gut! Es dauerte noch ein paar Jahre, bis wir endlich zu ihm zogen. 500 km in eine für uns völlig fremde Welt. Ein neues Haus. Neue Freunde sollten wir finden und auf neue Schulen gehen. Auch dies war nicht einfach für uns. Wir waren immer die Neuen, die Zugezogenen.

Es änderte sich aber nicht nur die Umgebung, auch sie änderte sich tatsächlich! Das neue Haus war kleiner und es gab nur noch einen kleinen Garten. Sie fing wieder an zu arbeiten und fand neue Freunde. Somit hatte sie weniger Zeit. Weniger Zeit für uns und weniger Zeit für alles andere. Und er war da! Jeden Tag war er nun zu Hause. Nun lernten wir aber auch ihn von einer anderen Seite kennen…

Zwar schlug er uns nicht, trank aber jeden Abend sein Feierabend-Bierchen. Meist blieb es leider nicht bei einem oder zwei. Nein, schnell waren es viele.

Auch er änderte sich. Aber wir Kinder waren schlau. Wir fanden bald heraus, ab welchem Zeitpunkt wir ihn besser nicht ansprachen, weil er dann launisch oder gar aggressiv wurde. Er schlug uns nie, aber verbal wurde er ausfällig. Er verletzte nicht unsere Körper, aber unsere Seelen.

Und auch hier fragten wir uns oft, ob wir nicht schon genug durch-

lebt hätten? Mussten wir dies nun auch noch ertragen?
Wir wurden älter und wir wurden stärker! Wir wussten, wie wir einen
gesunden Abstand gewinnen konnten, um all dies nicht mehr an uns
heranzulassen. Zumindest bildeten wir uns dies ein – weiß ich heute.
Mit 18 zog ich aus. Ich wollte auf eigenen Beinen stehen und zog mit
meinem zweiten festen Freund direkt zusammen. Auch hier wolltest
du mir neue Steine in den Weg legen. Nach zwei Jahren wollte ich
Neues erleben, neue Menschen kennenlernen, ausgehen, flirten und
LEBEN.
 Also machte ich Schluss mit ihm. Anfangs überhäufte er mich mit
Liebesbriefen und Rosen. Jeden Tag schickte er Rosen auf meine
Arbeitsstelle. Ich wollte sie nicht! Also schenkte ich sie den Jungs von
der Arbeit. Sie sollten ihren Frauen eine Freude machen. Dann lernte
ich jemanden kennen, es war etwas ganz Neues. Etwas Festes schien
es zu sein. Mein Ex-Freund erfuhr, dass ich wieder vergeben und neu
verliebt war. Seine ganze Liebe schwang in puren Hass um. Mit gerade 20 Jahren musste ich erfahren, was es heißt, sich nicht mehr sicher
zu fühlen. Jeden Tag in Angst zu leben. Er würde sich das Leben
nehmen, sagte er, aber wenn er gehen würde, würde er mich mitnehmen. Ich versuchte, mich zu wehren und zeigte ihn an. Doch es
brachte nichts, es wurde nur schlimmer. Deshalb zog ich aus der
Stadt zurück ins Dorf. Weg von ihm! Weg vom Trubel. Es sollte ein
neues Kapitel her. Ein neues Ich! Es wurde Zeit einfach nur ICH zu
sein.

Ich lebte, ging aus, lernte viele neue Menschen kennen. Verliebte
mich neu. Und trennte mich nach einiger Zeit wieder. Es sollte nie
das Wahre sein. Aber ich lernte neue Leute und Freunde kennen.
Einen davon hast du viel zu früh aus dem Leben gerissen. Er war zu
diesem Zeitpunkt mein engster Vertrauter. Ich verstand die Welt
nicht mehr. Warum hast du das getan? Warum hast du mir gerade ihn
weggenommen?
 Durch den Tod dieses geliebten Menschen habe ich den Mann an
meiner Seite kennengelernt. Die Liebe meines Lebens. Den Vater
meiner Kinder.
Auch dieses Kapitel meines Lebens sollte nicht immer leicht sein. Wir
mussten lernen damit klarzukommen, auch mal für längere Zeit voneinander getrennt zu sein. Nein, er ging nicht zur Montage, er musste
in den Einsatz. Ja, er zog in den Krieg. Diese sechs Monate Trennung
war nicht die größte Prüfung unseres Lebens. Es war eine schwere
Zeit, die uns einfach zusammengeschweißt hat und wir wussten danach, dass wir uns blind aufeinander verlassen können. Ja er kam

völlig verändert zurück, aber zusammen schaffen wir es.

Die größte Prüfung unseres Lebens ist es wohl, Eltern zu sein. Jeden Morgen, wenn ich in die Augen meiner drei zauberhaften Kinder sehe, nehme ich mir vor, es besser zu machen.

 Ich gebe mir jeden Tag die größte Mühe, meinen Kindern eine schöne, abenteuerliche Kindheit zu erschaffen. Das Wichtigste, das ich ihnen mitgeben möchte, ist meine Liebe. Meine unsterbliche Liebe für meine drei Herzen.

Heute, mit drei Kindern, einem großen Haus und einem großen Hof, sehe ich sie ganz oft vor mir stehen. Meine Mutter, wie verzweifelt sie war. Sie hat es nicht böse gemeint, davon bin ich heute überzeugt. Sie war überfordert. Sie war mit all dem überfordert. Ja, das bin ich an manchen Tagen auch, aber ich versuche es, jeden Tag besser zu machen.

Ich danke dir, liebes Leben. Ich danke dir für all diese Steine, die du mir in den Weg gelegt hast. Sie haben mich zu der gemacht, die ich heute bin.

Eine glückliche Ehefrau mit drei zauberhaften, gesunden Kindern. Wir haben nicht alles in unserem Leben und auch keine Reichtümer, aber wir haben UNS. Ich habe für mich den größten Reichtum, den man haben kann: Die Liebe meiner Kinder und meines Mannes, mehr brauche ich nicht um glücklich zu sein. Danke für alle Steine!

Andrea, 55 Jahre

Wiedererlangte Lebensfreude

Meine Geschichte möchte ich gerne mit Ihnen teilen, um aufzuzeigen, wie man sich aus eigener Kraft aus einem gesundheitlich desolaten Zustand und starkem Übergewicht befreien kann. Wie man der Pharmaindustrie und unserem doch sehr fraglichen Gesundheitssystem ein Schnippchen schlagen kann.

Im Sommer 2014 konnte ich aufgrund zweifacher, hochgradiger Kanalspinalstenose der Lendenwirbelsäule und schwerer Kniearthrose nicht mehr laufen. Ich hatte dadurch schlimme Blockaden, verklebte Faszien und nur noch wenige Millimeter Spielraum, um die Knie zu bewegen. Nie zuvor in meinem Leben ging es mir so schlecht. Meine berufliche und unsere private Existenz standen auf dem Spiel, mein Mann hatte große Angst um mich und unsere Zukunft.
Die Ärzte wollten Wirbelsäule und Knie operieren, es war schon von einem künstlichen Kniegelenk die Rede. Da aber 2005 bei einer ähnlichen Diagnose im Bereich der Halswirbelsäule gepfuscht worden war und ich über längere Zeit eine Teilparese hatte, war die Angst vor den Risiken einer erneuten OP zu groß. Auf Empfehlung eines Bekannten machte ich einen Termin bei einer sehr guten Osteopathin. Leider hatte sie sehr lange Wartezeiten und ich quälte mich von Tag zu Tag, voller Schmerzen, psychisch am Boden. Die Ärzte rieten mir zu Wärme, Klimawechsel, viel Bewegung im Wasser. Ein vor zehn Monaten gebuchter Badeurlaub zum 60. Geburtstag meines Mannes in Thailand stand an, aber ich konnte in diesem Zustand doch niemals eine solch beschwerliche Reise antreten. Aber ich war so verzweifelt und voller Hoffnung, dass mir die Entspannung und das warme Klima Linderung bringen könnten, sei es nur ein wenig. Mein Reisebüro reservierte im Flugzeug Sitzplätze mit besonders viel Beinfreiheit. Im Hotel wurde uns ein Bungalow reserviert, der möglichst zentral lag, wo ich nah am Pool, am Meer und in den Restaurants war. Mit Stützstrümpfen, voll mit Schmerzmitteln und Thrombosespritze machten wir uns auf den Weg. Ein zehnstündiger Flug stand mir bevor. Wenn ich heute zurückdenke, frage ich mich, wie ich das geschafft habe. Es war die reinste Tortur. Viel Erleichterung brachte mir der Urlaub leider nicht. Die Momente im Wasser empfand ich als angenehm, die Knie ließen sich besser öffnen und schließen, aber das hielt nicht lange an. Mein Mann stützte mich auf allen Wegen, wir brauchten

eine Ewigkeit um ein kurzes Ziel zu erreichen. Er erzählt heute noch, wie schlimm dies auch für ihn war, er musste mit ansehen, wie ich leide und mich wie eine alte kranke Frau fortbewegte.

Endlich der lang ersehnte Termin bei der Osteopathin, die mir mit ihren „goldenen Händen" ein wenig Erleichterung schenken konnte. Sie riet mir zur basischen Ernährung. Noch nie gehört, trat ich Ende Oktober einer basischen Gruppe auf Facebook bei, wo ich dann anfing, mich erstmals mit dem Thema zu beschäftigen. Ich habe nur noch gelesen, in Büchern, viel in der Gruppe und im Internet. Ich habe alle Informationen regelrecht in mich aufgesogen und habe angefangen, meine Ernährung umzustellen. Ich, einst Fastfood-Liebhaberin, immer gern schön heiß und fettig, sollte nun überwiegend Gemüse & Co knabbern, puh … Dank einiger kompetenter Mitglieder aus der Basengruppe, die mich mit ihrem Wissen unterstützt haben, wurde ich langsam wieder Mensch.

Im Januar 2015 machte ich erstmals eine zehnwöchige Entsäuerungskur. Diese war in drei Teile gegliedert: Heilfasten nach Buchinger, Rohkost und Basenfasten. Dabei ich habe mich von einer Heilpraktikerin begleiten lassen.

So langsam ging es mir besser, ich konnte auch wieder Treppen laufen, was ja über Wochen gar nicht mehr möglich war. Ich hatte viele Schmerztabletten gebraucht und zum Schlafen Antidepressiva genommen. Während dieser ersten Kur im Januar, habe ich bereits alle Medikamente ausschleichen können. So nahm meine Genesung ihren Lauf. Auch heute noch, drei Jahre später, bin ich komplett ohne Medikamente und vollkommen ohne Schmerzen. Manchmal zwickt`s hier und da, aber das ist nicht der Rede wert.

Ein toller Nebeneffekt war die weitere Gewichtsabnahme. Ich hatte vor der basischen Ernährung bereits in fünf Jahren 33 kg abgenommen. Es war eine Ernährungsform, in der viel Fett und Eiweiß gegessen werden durfte und weitgehend auf Kohlenhydrate verzichtet werden musste. Diese Ernährung hat zwar Kilos purzeln lassen, aber auch massiv zur Übersäuerung beigetragen und war letztendlich auch mit für meinen schlechten Gesundheitszustand verantwortlich. Weitere 20 kg habe ich seit der Ernährungsumstellung auf basisch verloren. Ich pendle zwischen Normalgewicht und leichtem Übergewicht, damit können ich und vor allem auch meine kaputten Knochen ganz gut leben, das ist für mich wie eine kleine Sensation. Mein Leben lang habe ich Diäten gemacht und nun wurde ich so krank, da stand das Gewicht in keinster Weise mehr im Vordergrund, sondern rein die Angst, nie wieder richtig laufen zu können. Nur deshalb habe ich meine Ernährung umgestellt. So wurde ich wieder gesund mit dem herrlichen Nebeneffekt abzunehmen und das mit einer so tollen Küche, wo alles so schmackhaft, vielfältig und dazu noch gesund ist. Ich bin ein Genießer und ich habe nie kulinarischer geschlemmt wie ich es jetzt, ohne Reue tun darf.

Mir geht es wieder richtig gut. Wir arbeiten und leben mit den Tieren in unserer Tierpension, in einem Haus mit vier Stockwerken, ich renne sie alle wieder rauf und runter.

Ich leite auf Facebook die größte basische Gruppe mit über 30 000 Mitgliedern. In über drei Jahren durfte ich miterleben, dass sehr viele Erkrankungen, durch die basische Ernährung verbessert bis geheilt werden konnten.

Im August 2017 erschien mein erstes basisches Kochbuch „Süßkartoffel und Kokosnuss – Mein Weg zur basischen Küche". Die erste Auflage von 1000 Büchern war in vier Monaten verkauft. Derzeit bin ich kurz vor Vollendung meines zweiten Buches.

**„Um Deine Krankheit kümmern sich die Ärzte,
um Deine Gesundheit musst du Dich selber kümmern."**

(Arthur Schopenhauer)

**„Gesundheit ist zwar nicht alles – aber ohne Gesundheit, ist alles nichts."
Arthur Schopenhauer**

Ich liebe und lebe die basische Küche.

Charlotte, 29 Jahre

Du bist da. Ganz gleich wo ich hinsehe. In all deiner Farbenpracht, in jedem Lächeln oder Weinen, in jedem Gesichtszug, im Himmel. Ich höre dich, wenn der Wind durch die Blätter fegt, im Rauschen der Wellen, im Singen und Summen der Natur. Ich rieche dich, im lieblichen Duft der Blütenpracht oder gerne nach einem Sommerregen. Ich fühle dich, wenn der Wind meine Haare durchweht, wenn die Sonne mein Gesicht streichelt, wenn der Regen mich erfrischt. Du hast deine ganz eigene Zeit, deinen ganz eigenen Rhythmus. Du bist immer bei mir.

Vor knapp 10 Jahren habe ich mir gewünscht, du würdest eine Pause einlegen, damit ich tief einatmen kann, um zu verstehen, warum du mir diesen einen wunderbaren Menschen genommen hast, der mir so viel gegeben und hat, der mir alles bedeutete. Du hast keine Pause gemacht, du hast dich nicht einmal entschleunigt. Während dieser graue Nebel über meinen Erinnerungen schwebt, hast du mich dazu gebracht, weiterzumachen. Einfach so. Ich hatte keine Wahl, meine Pflicht warst du. Denn ich hatte dich noch, hab dich immer noch und ich habe die Chance das Beste mit dir zu erleben. Also hast du mich an die Hand genommen und durch die Zeit getragen.

Ich habe meine Ausbildung abgeschlossen, sogar recht gut. Ich habe den Job gewechselt, mich an der Uni eingeschrieben und den Plan dann doch wieder verworfen. Wie gerne wollte ich auf der Berufsschule unterrichten. Doch ich hatte keinen Mut in dieser Zeit. Ich habe nicht mehr an mich selbst geglaubt. Es war die Zeit, in der ich hoffte einfach jeden Tag zu überleben, irgendwie. Ohne besser zu werden und möglichst ohne schlechter zu werden.

Plötzlich hatte ich wieder Ziele. Ich lernte viele Menschen kennen, einige durften bleiben, andere sind weitergezogen.

Ich wurde mutiger, habe dich an die Hand genommen und dich provoziert. Ich bin das erste Mal nach Jahren Achterbahn gefahren, ich habe mit Kampfsport angefangen, um das Gefühl zu haben, atmen zu können. Ich habe Festivals besucht und durch meinen Mut auch neue Menschen in mein Leben gelassen, zu dir gelassen, wodurch du wieder gewachsen bist, wir wieder eins wurden. Ich habe einen neuen, sehr guten Freund, mit dem ich alles anzweifeln oder auch einfach nur schweigen darf. Ich habe meine großen Lieben kennenlernen dürfen.

Die erste auf einem Festival vor etwas mehr als fünf Jahren, als ich total unüberlegt mit diesem fremden Menschen losgezogen bin, der mir damals bereits das Gefühl gab, mich beschützen zu können. Er ist mein sicherer Hafen, mein Herz, er lacht und weint mit mir, er vervollständigt mich.

Es gibt diese eine Liebe, die ich in der elften Schwangerschaftswoche gehen lassen musste. Die Ärzte haben sie nicht mehr gesehen. Es war, als würde sich der graue Nebel kurzzeitig wieder verdichten. Ein weiterer Moment, in dem ich hoffte, du würdest einfach mal eine Pause einlegen, damit ich wieder atmen kann. Die dritte vor etwa drei Jahren. Erst als ein kleines Gefühl im Bauch, ein Kribbeln. Mit ihr habe ich schon geredet als sie erst so groß wie eine Erbse war. Wir schaffen das, habe ich uns immer wieder gesagt. Wir sind Kämpfer. Dann erblickte mein kleiner Freigeist das Licht der Welt und lernte ihr Leben kennen. Ich erfreue mich jeden Tag an ihrem Lächeln, unterdrücke meine Tränen, wenn sie weint. Sehe das Leuchten in ihren Augen, was wiederum mein Herz erleuchtet. Die Zeit mit dir ist so viel wertvoller durch sie geworden. Wir entdecken gemeinsam die Welt. Ich versuche ihr so viel wie möglich mitzugeben, damit sie den Mut hat, ihr Leben wertvoll zu gestalten. Sie soll die Chance haben, es alleine zu schaffen, denn ich glaube an sie. Und sie soll wissen, dass ich immer hinter ihr stehe, um sie aufzufangen und zu begleiten.

Die vierte Liebe, erreichte mich vor einem Jahr, ich war mir sicher, dass ein neues kleines, lächelndes und schreiendes Wunder auf dem Weg zu uns sei. Doch der Test war negativ. Ich war verwirrt, denn mein Körper fühlte sich anders an, er machte mir verständlich, dass ich schwanger sei. Ich war enttäuscht. Einen Monat später machte ich den Test erneut und war umso überraschter, als ich sie beim Arzt sehen konnte. Innerlich wusste ich es doch schon viel länger. Du hast mich überrascht. Das neue kleine Wunder hat mir vieles gelehrt, vor allem, dass man nicht überall Probleme sehen sollte wo keine sind. Sie kam mit all ihrer Kraft zu mir. Mit ihrem Lächeln starte ich den Tag. Sie gibt mir ein so sicheres Gefühl von Liebe und Ruhe. Auch ihr möchte ich alle Chancen geben.

Die Verbundenheit unserer Leben, ein so großes Gefühl, das man nicht erklären kann, einen aber vollkommen einnimmt und umhüllt. In den letzten Jahren habe ich eine berufliche Weiterbildung bestanden, zwei absolut wundervolle für sich ganz unterschiedliche Kinder geboren, einen Ehemann gefunden, der verrückt genug ist, seine Zeit mit mir zu verbringen und einen Freund gefunden, der mich akzeptiert.

Bevor der Nebel in mein Leben schlich, hatte ich Freunde, Beziehungen und Familie. Dachte ich.

Vielleicht war es dein Plan, mich durch diese Erfahrung zu lehren, was wirkliche Freunde ausmacht. Ehrliche Freunde.

Meine Beziehungen waren super dramatisch oder haben mich verändert. Meine Ehe lässt zu, dass ich so bleibe wie ich bin.

Meine Familie - wir sind sechs Kinder, also immer schon viele - wir gehen fast alle unsere eigenen Wege und finden doch immer wieder zueinander zurück. Meine Familie ist stetig gewachsen, ich habe eine neue Familie hinzugewonnen und ich durfte eine eigene kleine Familie gründen. Wodurch du, mein Leben, noch mehr gewachsen bist.

Du hast mir gezeigt, dass es wichtig ist, sich einen Moment zu nehmen. Einmal stehen zu bleiben und zurückzublicken, um zu verstehen wer ich war. Mich im Spiegel zu betrachten, um zu verstehen wer ich bin und um nach vorne zu blicken, um zu sehen, was ich alles schaffen kann. Ich danke dir, dass du immer noch bei mir bist.

Denise, 22 Jahre

Meine Geschichte handelt von einem jungen Mann, der mich vor 3 Jahren sehr berührte und den ich wirklich mochte. Es fing alles mit einem "Hey" an. Wir wollten uns treffen und haben dies zwei Tage später getan. Er holte mich von zu Hause ab und wir fuhren in ein schönes Café am Flughafen. Dort unterhielten wir uns sehr lange und lernten uns kennen. Nachdem wir beschlossen hatten loszufahren, meinte er zu mir, dass er mir noch eine schöne Stelle zeigen möchte. Von dort hatten wir einen super Blick auf die Landebahn. Es war aber zu kalt, also sind wir nach Hause. Die nächsten Treffen verliefen ähnlich. Dann war es ein Montag, ich hatte Berufsschule und er musste arbeiten. Gegen 17 Uhr kam keine Nachricht mehr. Abends um 22.30 Uhr etwa dann die erhoffte, aber nicht so schöne Nachricht. Er hatte einen Autounfall, hatte sich das Handgelenk gebrochen und musste gleich notoperiert werden. Diese Nachricht war für mich zu Anfang nicht so toll. Doch die Zeit danach hatten wir sehr genossen. Wir konnten uns sehr oft sehen und unternahmen viel, waren oft am Hafen und fuhren Boot. Doch es kam der Tag, an dem alles zu Ende war. Für mich war das anfangs sehr schwer zu verstehen. Doch er hatte entschieden und ich musste es akzeptieren.
Dann ein Jahr später...

Ich fragte ihn, nachdem wir so lange keinen Kontakt hatten, was sein bis dahin bereits abgeheiltes Handgelenk mache. Es kam sogar eine Antwort, obwohl ich nicht damit gerechnet hatte. Er hatte eine Freundin, ich aber keinen Freund. Erneut trafen wir uns häufig und ich machte mir wieder Hoffnungen, weil er immer wieder andeutete, dass er es ernst meine. Dies waren allerdings nur leere Versprechungen. Das merkte ich, als er den Kontakt wieder wegen seiner Freundin abbrach. Für mich war es nicht ganz so schlimm, denn ich fing eine neue Ausbildung an. Circa drei Monate später kam ein Anruf über Facebook, womit ich sehr überfordert war. Wir hatten wieder Kontakt, schrieben uns häufig und telefonierten viel. Leider hatte er dann einen kleinen Kreislaufzusammenbruch und musste ins Krankenhaus. Nachdem wir wieder Kontakt aufgenommen hatten, passierte schon wieder etwas: An dem Abend kam von ihm eine schlechte Nachricht: Er hatte einen Motorradunfall. Das war ja nichts Neues für uns, sodass wir in einer solchen Situation deutlich mehr Kontakt hatten, als je zuvor. Ich besuchte ihn, baute ihn auf und half ihm. Es war einfach so, dass wir nicht darüber sprachen, was das jetzt zwischen uns war. Wir ließen es einfach laufen. Mit der Zeit merkten wir jedoch beide, dass es einfach nicht passt und nicht funktioniert, dass wir unterschiedliche Ansichten und Vorstellungen haben. Was soll ich sagen, so spielt das Leben eben manchmal. Es kommen Leute in dein Leben, die bleiben, es kommen Leute in dein Leben, die gehen wieder. Nun ja. Ich bin eine Erfahrung reifer.

Roswitha, 52 Jahre

Meine liebe Angelika,

es freut mich, dass bei dir alles so gut läuft, du deinen Michael gefunden hast. Fast bin ich ein wenig neidisch: Dieses Gefühl der Verliebtheit, das Kribbeln und dieses sehnsüchtige Warten aufeinander, sobald man getrennt ist. Bei uns ist es naturgemäß etwas gesetzter nach all den Jahren, vertrauter, inniger, ruhiger. Letzteres zumindest zeitweise.
Stell dir vor, was mir im Urlaub passiert ist:

Gerhard lädt mich nach einem wirklich grauslichen Streit zum Essen ein. Nachdem der Kellner abserviert hat, nimmt Gerhard sein Sektglas in die Hand und sieht mich irgendwie total komisch an. Mir wird ganz mulmig und während ich noch überlege, was denn da nun auf mich zukommt, beginnt er zu sprechen. Anfangs glaube ich, mich verhört zu haben. Er stellt mir doch tatsächlich diese eine, alles verändernde, berühmt berüchtigte Frage, welche Frauen in Filmen immer mit tränenerstickter Stimme mit einem gehauchten „Ja" beantworten! Es ist kein filmreifer Heiratsantrag mit Kniefall und rührseliger Ansprache, da gibt es auch keinen Ring im Dessert oder Sektglas, und trotzdem ist es sooo schön. Natürlich sage ich: „Ja!" Fest und nicht gehaucht.
Wir beschließen, es so schnell wie möglich zu tun, noch während unseres Urlaubs. Niemand soll vorher davon erfahren, ganz alleine wollen wir uns das Jawort geben, ohne Trauzeugen und ohne Gäste. Ich bin sowas von aufgeregt, ich fühle mich wie ein junges Mädel mit siebzehn! Es ist als würden wir durchbrennen. Tags darauf erhält unsere Euphorie gleich einmal einen ordentlichen Dämpfer: Es herrscht Personalmangel beim Standesamt, es gibt daher längere Wartezeiten. Außerdem fehlt auf Gerhards Scheidungsurkunde ein Stempel. Letzteres passiere immer wieder mal, erklärt man uns lächelnd, dies wäre kein Grund zur Panik. Der Mann ist zu dieser Zeit schon mehr als zehn Jahre geschieden und erfährt jetzt erst von diesem Formfehler, stell dir das einmal vor!
Beim Juwelier die nächste Katastrophe: Die Ringe würden erst in vier Wochen fertig sein. „Das kann nur ein Scherz sein, oder?", frage ich die Verkäuferin mit fast überschnappender Stimme. Nach ein paar Telefonaten endlich die vage Zusage, es könne doch knapp ausgehen. Meine Gefühlswelt purzelt wild durcheinander, ich bin den Tränen

nahe.

Nachdem wir am nächsten Tag an die zweihundert Kilometer zurückgelegt haben, um den fehlenden Stempel einzuholen, bringen wir freudestrahlend die korrekt abgestempelte Scheidungsurkunde zum Standesamt. Vielleicht hat ja ein kleines Personalwunder unser Terminproblem inzwischen gelöst, wer weiß? Hoffnungsvoll sitzen wir vor der Standesbeamtin. Sie erzählt von ihrem Mann, der im Krankenhaus liegt, und dass dies der Grund sei, weswegen sie derzeit keine Termine vereinbare. Sie könne uns nur anbieten, kommende Woche telefonisch nachzufragen, ob sie die Trauung am Freitag vollziehen könnte. Dankbar nehmen wir das Angebot an und wünschen ihr, natürlich nicht ganz uneigennützig, dass es ihrem Mann bald bessergeht. Ein bisserl ein schlechtes Gewissen habe ich schon, aber ich beruhige mich damit, dass ein wenig gesunder Egoismus doch sicherlich sein darf. Schließlich geht es ja um meine Hochzeit. Diese ganzen Hindernisse sehe ich mittlerweile schon als eine Ansammlung böser Vorzeichen an, überlege sogar, alles abzublasen, auf später zu verschieben. Gerhard beruhigt mich, meint, alles würde gut werden.

Wie vereinbart, rufen wir am Dienstag die freundliche Beamtin an und erfahren, dass es ihrem Mann schon sehr viel besser geht, das Gröbste aber noch nicht überwunden ist. Deswegen könne sie uns erst am Freitagmorgen, so gegen neun Uhr, sagen, ob sie uns um zwölf Uhr traut.

Gib dir das bitte: Am Morgen unseres Hochzeitstages würden wir nicht wissen, ob dieser Tag denn nun auch wirklich unser Hochzeitstag sein würde! Das muss man sich einmal auf der Zunge zergehen lassen!

Dass die Frau uns helfen will, trotz ihres eigenen Kummers, rechne ich ihr wirklich hoch an, bessert meine Laune aber um keinen Deut. Meine Verzagtheit nimmt rapide zu, ich befinde mich auf dem Tiefpunkt.

Als der Juwelier wegen der abholbereiten Ringe anruft, verspüren wir so etwas wie einen kleinen Lichtblick. Du weißt ja, die Hoffnung stirbt zuletzt. Und dann ist er endlich da, der Freitagmorgen. Tja, was soll ich dir sagen?

Wie ein Schlosshund heule ich bei meiner Hochzeit, kriege mich überhaupt nicht mehr ein! Der aufgestaute Frust und die vielen Enttäuschungen, all das Hoffen und Bangen weicht einer riesengroßen Erleichterung. Ich flenne und flenne, es ist schon fast peinlich! Die Zeremonie selbst ist so berührend, so feierlich, so unbeschreiblich schön, einfach traumhaft.

Unserer Bitte, diesen Moment für uns mit Gerhards Handy festzuhalten, kommt die Standesbeamtin gerne nach. Dass die Fotos vielleicht nicht perfekt sein könnten, hat sie uns vorausgesagt. Dass sie aber zu hundert Prozent recht behalten sollte, überrascht uns dann doch ein wenig. Alle, wirklich alle Fotos sind unscharf, nicht wirklich herzeigbar. Ha ha ha, warum sollten die aber auch perfekt sein? Das würde doch absolut nicht passen, oder?

Nachdem wir unseren Lieben von unserer Heirat erzählt haben, besteigen wir glücklich das Schiff Richtung Bratislava, wo wir unsere Mini-Hochzeitsreise verbringen. Die ganze Zeit halte ich die Hand so, dass man den Ring gut sehen kann, so stolz bin ich darauf. An unserem letzten Urlaubstag haben wir es doch noch geschafft. Wir sind verheiratet!

Ach ja, die Hochzeitsfotos! Die hängen trotz, oder gerade wegen ihrer Besonderheit bei uns im Wohnzimmer an der Wand. Die Bilder bestätigen mir immer wieder aufs Neue, dass wir zusammengehören, dass uns nichts, absolut gar nichts, daran hindern kann gemeinsam durchs Leben zu gehen. Ist das nicht schön?

Sei ehrlich, wenn du DAS in einem Film siehst, greifst du dir an den Kopf und denkst dir: „Na, geh bitte! Dass die immer so übertreiben müssen!"

Ich freue mich, bald wieder von dir und deinem Michael zu lesen und schicke dir eine innige Umarmung.

Roswitha

Laura, 36 Jahre

An das Leben – es ist nie zu spät.

Ich habe meinen Vater verloren als ich 15 war.
Nein, eigentlich habe ich ihn schon früher verloren – und später.
Vielleicht war er auch nie da.

Als Kind habe ich meinen Vater vergöttert. Ich wollte ihm immer gefallen. Aber er war nur selten für mich da, arbeitete in einer anderen Stadt und war nur an den Wochenenden zu Hause. Wirklich anwesend war er aber auch dann nicht. Oft habe ich mich gefragt, ob es meine Schuld sei und was ich wohl falsch gemacht hätte.
Ich war schon als Baby nervös, hatte Probleme zu schlafen, habe viel geweint und geschrien. Ich habe wohl von Anfang an gemerkt, dass etwas nicht stimmt.
Zufällig fand ich heraus, dass mein Vater eine andere Frau und mit dieser auch eine Tochter hat. Damals war ich 15. Stück für Stück habe ich die ganze Wahrheit herausgefunden: Bereits vor meiner Geburt war er mit dieser Frau zusammen und ist es noch heute. Meine Eltern haben sich nie getrennt: Mein Vater führt seit über 35 Jahren ein Doppelleben. Meine Mutter erfuhr es, als sie mit mir schwanger war. Vielleicht daher mein Geschrei und meine Nervosität. Für mich brach damals meine Welt zusammen, mir wurde der Boden unter den Füßen weggezogen. Ich habe mit niemandem darüber gesprochen, nicht mit meinen Eltern, nicht mit meinen Brüdern. Alles, was ich bis dato für gegeben und sicher hielt, wurde zu einer Lüge.
Ich fühlte mich betrogen, belogen und verraten – von meinen eigenen Eltern. Meine eigene Existenz stellte ich in Frage. Warum gab es mich überhaupt, wenn mein Vater doch eine andere Frau hatte. War ich ein Unfall? Das Ergebnis seines schlechten Gewissens? War ich gewollt? Wurde ich geliebt? Konnte meine Mutter mich lieben? War ich für sie nicht nur ein zusätzlicher Klotz am Bein, der sie davon abhielt, sich von dem Mann zu trennen, der die betrog?
Selbstzweifel begleiten mich seitdem. Ich war jung, suchte meinen Platz in der Welt, musste lernen mit neuen Gedanken und Gefühlen umzugehen, musste mich damit auseinandersetzen, eine Frau zu werden, sollte lernen mit dem anderen Geschlecht zurechtzukommen. Aber stattdessen zerbrach meine Welt, und meine Eltern, die ich in dieser Zeit so sehr gebraucht hätte, wurden für mich zu Fremden oder gar zu Feinden. Ich hatte Selbstmordgedanken und Todessehn-

sucht. Jahrelang.

Irgendwann lernte ich, damit zu leben. Verdrängen. Überspielen. Meine Mutter sah ich im Laufe der Zeit als Opfer. Ich versuchte sie zu schützen, spürte ihre Emotionen, litt mit ihr. Meinen Vater hasste ich. Um nicht selbst von diesem Hass aufgezehrt zu werden, verdrängte ich ihn und all die Emotionen. Doch gut ging es mir damit nie. Selbstzweifel, Minderwertigkeitsgefühle, Depressionen, gescheiterte Beziehungen, Einsamkeit, die ich nicht ertragen konnte, Verlustängste - meine ständigen Begleiter. Kompensiert wurde das mit übertriebener Aktivität: Ausgehen, immer unter Menschen sein, viele wechselnde Männer, feiern, lachen, laut sein, sich nichts anmerken lassen.

Vor 7 Jahren, am Tag der Hochzeit meines Bruders, platzte ich wie eine Bombe. Eine alltägliche Kleinigkeit, die Kritik meines Vaters am Fahrstil meiner Mutter, brachte das Fass zum überlaufen. Der ganze aufgestaute Hass schoss in wenigen messerscharfen Sätzen aus meinen Mund. Beiden war daraufhin klar, dass ich alles wusste. Wochenlang Funkstille, dann ein Gespräch mit meiner Mutter, in dem sie ihre Version erzählte. Wir wurden zu noch engeren Verbündeten. Wiederum Wochen später ein Gespräch mit meinem Vater. Oberflächlich, Ausreden, Erklärungsversuche, Rechtfertigungen, Schönfärberei. Am Ende die erste Umarmung, an die ich mich überhaupt erinnern kann. Diese eine Umarmung war ein Hoffnungsschimmer auf eine neue, eine bessere Beziehung zu meinem Vater. Ohne Lügen. Ein Hoffnungsschimmer, der nicht lange hielt, denn schon am nächsten Tag saß er wieder auf seinem hohen Ross, lebte sein Leben wie gewohnt weiter und nichts änderte sich. Gefühlt hatte ich ihn da noch einmal verloren.

Doch auch danach ging es irgendwie weiter. Mit dem Verdrängen, aber auch mit den Selbstzweifeln, den Depressionen, den Minderwertigkeitsgefühlen, mit den gescheiterten Beziehungen, mit der Gewissheit, nicht gut genug zu sein.

Dann verlor ich meinen Vater erneut mit dem plötzlichen und unerwarteten Tod meiner Mutter vor fast 2 Jahren. In dieser Situation versagte mein Vater wieder. Er stand meiner Mutter in den letzten Stunden ihres Lebens nicht bei, hat sich nicht einmal im Krankenhaus blicken lassen, lud sämtliche Verantwortung auf mich und meinen Bruder ab. Er hat sich noch nicht einmal an der Gestaltung der Trauerfeier beteiligt oder uns in irgendeiner Form bei der Erledigung der Formalitäten unterstützt. Wir Kinder hatten unsere Mutter verloren – und unser Vater ließ uns alleine.

Der Tod meiner Mutter riss alte Wunden auf, verdrängte Themen und Gefühle standen wieder vor mir. Doch damit nicht genug: 3 Monate später brachte er die andere Frau in unser Elternhaus. Der Verrat schlechthin an meiner Mutter und uns Kindern, ein Schlag ins Gesicht. Mein Zuhause war zeitlebens mein Rückzugsort, ich war immer willkommen. Ich vergaß mich vor Wut. Es folgte ein Schlagabtausch per WhatsApp, der mich zu der Überzeugung brachte, den Kontakt zu meinem Vater endgültig abzubrechen und der ihn dazu veranlasste, die Schlösser an unserem Elternhaus auszutauschen. Er nahm mir meine Heimat und mein Zuhause. Ich verlor alles. Enttäuschung, Selbstzweifel, Wut, Minderwertigkeitsgefühle, Hass – all das ist seitdem wieder da. Manchmal aber auch Trauer um den Verlust des Vaters. Sehnsucht nach dem Vater, den ich nie hatte.

Ich habe meinen Vater verloren – mehr als einmal.

Den Kontakt zu meinem Vater abzubrechen, war die beste Entscheidung. Er hat nun keine Chance mehr, mir weh zu tun. Es ist der erste Schritt zu einem unabhängigen Leben. Unabhängig von der Vergangenheit. Unabhängig von einem Menschen, der mir so viel Leid zugefügt hat.

Ich habe viel verloren – aber mit Mitte 30 ist es noch nicht zu spät mit etwas Neuem zu beginnen: meinem Leben.

Lexi, 30 Jahre

Hey du,

ich erinnere mich noch ganz genau an den Moment vor 15 Jahren, als du mir zum ersten Mal deine hässliche Fratze gezeigt hast. Ich weiß noch, wie meine Atmung sich beschleunigte und der Puls laut in meinen Ohren hämmerte. Die Sicht vor meinen Augen verschwamm und ich spürte, wie mir das Bewusstsein entschwinden wollte. Die Welt kippte plötzlich und ich hörte mich schreien. Meine erste Panikattacke werde ich niemals vergessen. Zuerst dachte ich, es wäre eine Ausnahme, irgendetwas Komisches, das sich erklären ließ und nicht erneut auftreten würde. Doch es blieb nicht bei einer einmaligen Sache, es passierte wieder und wieder. Damals wusste ich noch nicht, was genau los war. Ein Tumor? Eine Krankheit, die ich nicht kannte? Allerdings ergaben 1000 Untersuchungen rein gar nichts. Zumindest kein physisches Problem. Der Grund lag auf einer anderen Ebene und es dauerte ein wenig, bis die Diagnose stand. Agoraphobie, eine Form der Angststörung. Doch auch damit wurde es nicht leichter für mich. Sie gaben dir einen Namen, aber was genau wolltest du und wie wurde ich dich wieder los? Eine körperliche Ursache wäre mir lieber gewesen. Ich wollte einfach nur eine Tablette schlucken, dich loswerden und mein Leben zurück. Aber es gab keine Pille, kein Heilmittel und keinen Zauberspruch. Stattdessen begann ein Kampf und am Anfang hatte ich das Gefühl ihn zu verlieren. Du nahmst mir meine Freude, mein Lächeln, mein Leben. Ich dachte, ich würde es nicht schaffen und wäre zu schwach. Denn selbst wenn Attacken zum Alltag werden, gewöhnen kann man sich an sie nicht. Es war jedes Mal so, als würde mir der Boden unter den Füßen weggerissen werden. Ich wollte keine Attacken mehr erleben, kein Herzrasen, keine Atemnot, also blieb ich da, wo du mich am wenigstens ereiltest: in meinem Zimmer. Lange Zeit verließ ich es nicht mehr, weil jeder Schritt nach draußen einem Akt der Unmöglichkeit glich. Ich ging nicht mehr zur Schule, da der Aufenthalt in einem Klassenzimmer die reinste Hölle für mich war. Ich brach sie deshalb ab, dabei wollte ich doch Abitur machen. Meine Jugend flog an mir vorbei, ohne dass ich sie ausleben und genießen konnte. Es gab keine Dates, keine Partys, nur eine Wand, die immer näher kam. Alle meine Freunde verschwanden. Sie nahmen sich nicht die Zeit mich zu besuchen, wollten mich nicht verstehen, sondern bloß nichts damit zu tun haben. Für sie war ich nur eine psychisch Kranke, die in eine Klapse gehörte. Sie hatten es leicht, ich konnte nicht einfach gehen, so sehr ich es auch wollte. Also blieben nur meine Eltern und ich. Und mein Hund. So komisch es auch klingt, er war der einzige Freund, den ich noch hatte. Der mich nicht verurteilte oder in eine Schublade steckte, sondern mich nicht anders behandelte als vorher. Ihm war es ganz egal, was ich hatte. Er liebte mich um meiner selbst Willen und war mein Funke in der Dunkelheit. Dennoch konnte er die Tränen nicht aufhalten, auch wenn er es ständig versuchte, genauso wenig wie die Depressionen. Sie waren zu mächtig und mit ihnen kamen die Selbstmordgedanken. Ich wollte nur, dass du aus meinem Kopf verschwindest und dass es ein Ende hat, dieses schreckliche Dahinvegetieren, das man nicht mehr Leben nennen konnte. Ich fühlte mich allein und eher tot als lebendig. Was sollte ich noch hier, wenn es einfach keinen Lichtblick gab? Das fragte ich mich immer wieder. Aber es gab zwei Menschen, denen ich die Konsequenz dieser Frage nicht antun wollte. Ich konnte meinen Eltern nicht ihre einzige Tochter nehmen. Außerdem brauchte mich mein Hund, was würde aus ihm werden, wenn ich fort war? Und gab es vielleicht doch noch Hoffnung für mich? Ganz und gar hatte ich sie nie aufgegeben. Während die anderen also feierten und ihre Jugend genossen, verbrachte ich meine Zeit in Kliniken, bei Therapien, Heilern und Schamanen. Denn da war noch ein kleines Flackern in meinem Inneren, das mich dazu brachte, nach jedem Strohhalm zu greifen, der sich mir bot. Nach und nach versuchte ich, diese zu verbinden, damit sie mich aus meiner persönlichen Hölle ziehen konnten. Ich kämpfte. Jeden Tag. Und suchte immer wieder nach neuen Möglichkeiten, dich aus meinem Leben zu vertreiben. Nichts ließ ich unversucht. Und auch wenn ich nicht die Lösung fand, die ich gesucht hatte, lernte ich, mir selbst zu helfen. In all den Jahren, in denen es auf und ab ging, hielt ich den Kopf über Wasser, ließ mich nicht vollends hinunterziehen und kämpfte gegen die Strömungen an. Heute kann ich sagen: es hat sich gelohnt! Ich gehe wieder raus, habe Spaß und treffe mich mit Freunden. Mit den Richtigen, die selbst in der Dunkelheit nicht verschwinden. So schwer die Zeit auch war, sie hat mich so vieles gelehrt. Zum Beispiel, was wirklich wichtig ist, was falsche Freunde sind und dass es sich immer lohnt, zu kämpfen. Ich bin um so viel gewachsen und stärker geworden. Auch heute bist du noch da und wahrscheinlich wirst du stets ein Teil von mir bleiben. Manchmal ringen wir miteinander, gerade in schwierigen Situationen, aber jetzt lasse ich dich nicht mehr gewinnen. Ich werde nie wieder zulassen, dass du mir erneut alles nimmst und mir förmlich das Leben aussaugst. Ich gebe dir nicht mehr die Kontrolle über mich oder mein Leben. Du wirst immer da sein, wie eine Stimme in mir, die versucht, die Macht zu übernehmen. Doch die hast du nicht. Nicht mehr. Auch, wenn ich noch nicht ganz da bin, wo ich hin möchte, bin ich zum Glück nicht mehr in diesem Zimmer und lasse mich zu Boden drücken. Ich bin auf dem Weg und dabei mich selbst zu finden, nachdem ich lange Zeit nichts weiter in mir gesehen habe, als dich. Wer bin ich überhaupt? Das versuche ich Stück für Stück herauszufinden. Ich habe Ziele, die ich erreichen möchte und nichts wird mich mehr davon abhalten. Auch du nicht.

Linda, 25 Jahre

Liebes Leben,

du hast mir eine Superkraft geschenkt, um die mich die meisten beneiden würden: Unsichtbarkeit.
Und dafür bin ich dir so unglaublich dankbar. Es war eine Fähigkeit, die ich brauchte, um zu überleben. Denn manchmal ist Verstecken das Einzige, das man tun kann, um sich zu schützen. Vor dem Unheil, der Erinnerung und auch ein bisschen vor sich selbst. Worüber viele nicht nachdenken, ist, dass Unsichtbarkeit nicht nur ein Segen sein kann, sondern auch ein Fluch. Denn irgendwann ist man alt genug, um sich zu wehren, um etwas aktiv zu tun, um seine Vergangenheit zu verarbeiten. Aber die Unsichtbarkeit ist kein Umhang, den man einfach an- und ausziehen kann, wie es einem passt. Es ist schwierig etwas aufzugeben, das einen so lange geschützt hat, selbst wenn es jetzt schadet. Unsichtbarkeit kann einsam machen. Und manchmal kann man sich selbst vor lauter Unsichtbarkeit nicht mehr sehen.
Wer bin ich? Das war eine Frage, die ich mir zuvor kaum gestellt hatte. Aber jetzt, war sie auf einmal da. Und ich hatte keine Antwort. Ich hatte all mein Handeln und meine Entscheidungen immer von anderen Menschen abhängig gemacht. Alles was mich ausmachte, all meine Gefühle und Gedanken, hatte ich versteckt. Es war zu gefährlich *ich* zu sein. Jetzt merkte ich plötzlich, dass ich auch eine Person war, die das Recht auf ein eigenes Leben hat.
Endlich probierte ich all die Dinge aus, für die in meiner Kindheit nie Platz oder Zeit gewesen war und mit jedem Schritt näherte ich mich der Person, die ich sein wollte. Aber für meine Freunde entfernte ich mich mit jedem Schritt von der Person, die ich immer gewesen bin. Sie verstanden nicht, warum ich mich änderte. Es gab so viele Dinge, die sie nicht über mich wussten.

Wie sollte ich ihnen sagen, dass meine Mutter alkoholkrank ist? Schlimmer als das waren die Dinge, die damit verbunden waren. Nichts lief zu Hause so, wie es soll. Niemand war da, der sich kümmerte. Stattdessen regierten Angst, Lügen und Chaos.
Doch nach außen hin schien alles normal. So oft wünschte ich mir verzweifelt, dass irgendjemand etwas merkte. Und doch hatte ich auch unheimliche Angst davor und versuchte normal zu wirken. Nicht aufzufallen. Unsichtbar zu sein.

Ich dachte, das alles wäre meine Schuld. Ich versuchte meiner Familie zu helfen, doch es wurde immer schlimmer.

Ich war sehr wütend auf meine Mutter. Ich hatte Angst vor ihr und ich hatte Angst um sie. Es gab Nächte, in denen ich mich vor ihr versteckte, mit klopfendem Herzen und gespitzten Ohren. Es gab Nächte in denen ich auf der Intensivstation um ihr Leben bangte, mit rauschenden Ohren und so vielen Gedanken im Kopf. Dabei sollte sie mir doch eigentlich Geborgenheit und Sicherheit schenken. Sie sollte mich doch mehr lieben als den Alkohol. Aber sie hatte in ihrem Leben so viele Probleme, dass da kein Platz mehr für ihre Kinder war. Es tut so weh, wenn es niemanden auf der Welt gibt, der für einen da ist. Wenn man alles allein machen muss. Wenn es niemandem gibt, dem man vertrauen kann. Eine Weile lang ist das möglich, aber irgendwann wird die Erschöpfung zu groß.

In unserer Welt gilt Alkohol als Normalität, als etwas Positives. Aber sobald jemand alkoholabhängig ist, stößt es die Menschen ab. Sie schauen lieber weg, als zu helfen. Und so bleiben auch die Kinder dieser Alkoholabhängigen vergessen und unsichtbar. Suchtkranke sind nicht immer so, wie sie in Filmen dargestellt werden, lallend und um sich schlagend. Sucht hat viele Gesichter und alkoholkranke Eltern können durchaus liebevoll sein. Das Problem ist, dass man sich nie darauf verlassen kann. Es ist ein ständiges Auf und Ab. Ich lernte schnell, zu kalkulieren, ob meine Mutter getrunken hatte oder nicht.

So sehr ich meinen Freunden von all dem erzählen wollte, ich konnte es nicht. Ich wollte sie nicht traurig machen oder enttäuschen, weil ich es nicht früher erzählt hatte. Und ich hatte Angst, dass sie sich von mir abwenden würden. Sie würden mich mit anderen Augen sehen. Doch ich wollte, dass sie mich weiterhin so sahen, wie ich bin. Es dauerte lange, bis ich realisierte, was mit meiner Mutter los war. Als ich es endlich verstand, änderte das viel. Plötzlich gab es einen Weg. Ich konnte in der Bücherei und im Internet Infos über Alkoholabhängigkeit herausfinden. Und schließlich fand ich eine Selbsthilfegruppe. Das Gefühl, mit seinen Problemen nicht alleine zu sein, änderte viel an dem Problem selbst.

Ich lernte, dass es keine Schande ist, Hilfe anzunehmen. Es ist nicht meine Schuld, dass meine Mutter alkoholsüchtig geworden ist. Und es ist auch nicht meine Aufgabe meine Mutter und ihr Tun zu ändern. Meine Aufgabe ist es, mich selbst zu schützen. Ich wurde selbstsicherer und fühlte mich allmählich sichtbarer. Doch schnell merkte ich: Sichtbar sein reicht nicht. Damit fing das Ganze erst an.

All die Jahre hatte ich meine Vergangenheit verdrängt. So stark, dass ich mich an viele Dinge nicht mehr erinnern konnte. Aber seit ich angefangen hatte, mich meiner Vergangenheit zu stellen, kamen alle verschlossenen Emotionen und Erinnerungen hoch. Und zwar vollkommen durcheinander. Es war, als werfe man eine schwimmunfähige und dazu wasserscheue Person in den reißenden Fluss.

Es gab Zeiten, in denen das Einzige, das mich über Wasser hielt, meine Bücher waren. Sie hatten immer ein offenes Ohr und einen guten Rat für mich. Sie schenkten mir Mut und Zuversicht. In so vielen Geschichten führt der Weg zum Happy End durch den finstersten Wald. In Büchern ist das aufregend. In der Realität einfach nur gemein und anstrengend. Ich wollte aufgeben. So viele Male. Aber ich machte weiter. Irgendwo musste es doch auch ein Happy End für mich geben.

Selbst wenn etwas vorbei ist, bedeutet das nicht, dass es verschwindet. Die Dinge, die mir passiert sind, werden immer da sein. Es wird immer Zeiten geben, an denen sie mich traurig, wütend oder einsam machen. Aber das bedeutet nicht, dass ich kein schönes Leben haben kann.

Die Realität besteht aus vielen kleinen Happy Ends. Man muss lernen sie zu sehen. Und so lernte ich, mich selbst zu lieben und meine Vergangenheit zu akzeptieren. Ich wäre nicht der Mensch, der ich heute bin, wenn meine Vergangenheit anders verlaufen wäre.

Hanna, 29 Jahre

Meine lieben Unverstandenen,

ich freue mich sehr, diesen Brief schreiben zu dürfen. Ich schreibe schon immer gerne. Seinen Gedanken und seinen Fantasien einfach freien Lauf lassen. In der Schulzeit liebte ich Aufsätze. Ein Lehrer sagte mal zu mir, dass ich schreibe, wie ich denke und es meinen Geschichten Leben einhaucht. Hier sind also meine Gedanken für alle unverstanden Frauen.

Generell bin ich davon überzeugt, dass jeder Mensch sein eigenes ganz persönliches Päckchen im Leben zu tragen hat. Ich wünsche wirklich allen, dass sie es schaffen dieses mit einem Lächeln zu tragen. Selbstverständlich ist mir klar, dass dies nicht allen Menschen vergönnt ist. Ich bin sicher, wir werden hier gemeinsam viele bewegende Geschichten lesen.

Meine Oma nennt mich immer Träumelinchen. Sie sagt, ich war schon als kleines Mädchen immer am Träumen und oft woanders, nicht im hier und jetzt. Ich war im Übrigen nie ein schüchternes Mädchen oder ein Einzelgänger. Auch wenn ich manchmal meine Bücher meinen Klassenkameraden vorgezogen habe. Ich las heimlich unter dem Tisch, gehend auf dem Schulweg und stehen auf dem Pausenhof. Ja, ich wurde gemobbt. Das ließ sich aber in der Schulzeit mit roten Haaren, aufgetragenen Klamotten und meiner auffallenden und lauten Aussprache nicht vermeiden. Dennoch hatte und habe ich immer wunderbare Menschen, die die Bezeichnung Freunde wirklich mehr als verdienen. Zugegebener Weise muss ich gestehen, dass meine Freunde mir im Teenie-Alter ganz sicher mehr gaben als ich ihnen. Das lag daran, dass ich aus einem - sagen wir mal - schwierigem Elternhaus kam und meine engsten Freunde wussten, dass ich zu Hause Ängste hatte. Sie standen mir beiseite. Die Pubertät ist eh sehr prägend. Natürlich ist man zu der Zeit in einem Ausnahmezustand, man ist extrem emotional. So fing ich an, zuhause ruhiger zu werden und die Kommunikation in meiner Familie (meiner Eltern und meiner beiden großen Schwestern) in mich aufzusaugen. Es ging nicht um die Gespräche zwischen meinen Eltern. Meine Eltern sind nicht geschieden. Es wurde in meinem Elternhaus viel getriezt und aufgehetzt. So kam ich zwar lachender Weise aus dem Schulbus, verkroch mich aber am liebsten, sobald ich zuhause war. Das klingt jetzt vermutlich hochnäsig und das ist es vielleicht auch, aber so trennte ich mich zuhause von ehrlichen und interessierten Gesprächen. Ich gab also auch nur noch patzige und trockene Antworten. Ich möchte nicht weiter auf mein Elternhaus eingehen, nur so viel: Zorn, Sarkasmus, Schikanen und Desinteresse gehörten zum Alltag. Heute ist die Situation wesentlich angenehmer.

Ich kann den Zeitpunkt nicht bestimmen, wann ich bemerkt habe, dass meine Art der Kommunikation und auch meine Art des Denkens von der Norm abwich. Und sowieso: Wer zum Henker gibt schon die Norm vor. Heutzutage möchte jeder das besondere, glitzernde Einhorn sein. Aber verflucht noch mal, es ist nicht alles Gold was glänzt! Ich habe mir so oft gewünscht ruhig, gesittet und so wortgewandt wie manch andere zu sein. Ich habe es auch versucht. Meine Versuche endeten dann immer im Schweigen. Und Schweigen ist wirklich furchtbar. Aber auffällig zu sein ist oft eine Belastung, nicht nur für mich, sondern auch für die anderen.

Bei mir scheint es, als würde ich eine unbekannte Sprache sprechen. Dazu kommt noch, dass das was aus meinem Mund kommt, anscheinend nie das ist, was ich eigentlich sagen möchte und somit wird mein Gesprochenes oft zum Desaster. Ein Desaster aus Fehlinterpretationen und Unverständnissen. Es ist zum Haareraufen und bringt mich oft zum Verzweifeln. Beruflich bin ich in der Dienstleistungsbranche und Gott sei Dank hatte ich auf der Arbeit selten Probleme damit. Auf der Arbeit kann ich diskret und seriös sein, auf der Arbeit tickt mein Kopf anders. Daher arbeite ich auch so gerne hart und viel. In meinem Studium hatte ich einen Lehrer in Rechnungswesen. Er versuchte mich zu verstehen und wenn er nicht weiter kam, fragte er in die Klasse: „Wer erkennt Hannas Gedankengang?". Einmal stellte er eine Frage und meine Hand schoss tatsächlich mal für eine Antwort in die Höhe. Er sagte: „Dich nehmen wir später. Dein Lösungsweg ist ein anderer und verwirrt sicher wieder alle anderen, auch wenn die Lösung korrekt ist." Was soll ich sagen, so war es! Warum können andere in Linien denken, während ich erst durch ein Labyrinth gehen muss um beim selben Punkt Anzugelangen?!

Ich war im Übrigen gerade heute zu einer ganz tollen Reiki-Behandlung bei einer tollen Reikimeisterin. Ich wusste nicht, ob ich heulen oder lachen sollte. Sie sagte zu mir, dass da bei mir ja ordentlich was im Argen liegt. Ob ich Schwierigkeiten hätte mich auszudrücken. Lasst mich kurz überlegen. Ja! Auch wenn ich einfach nicht weiß warum.

Meine Familie hat mich leider so hingenommen wie ich in deren Augen bin. Sie interpretieren meine Aussagen meistens nicht korrekt. Beziehungsweise sie verstehen mich nicht. Vielleicht stimmt irgendeine mathematische Formel in meinem Mund nicht. Ein "Ach Hanna wieder" "Sie ist halt kompliziert" oder "Du weißt doch, wie sie ist" ist nicht schön! Denn genau das wissen sie in diesen Fällen nicht. Absurderweise habe ich immer viel zu sagen, ich bin gerne ehrlich und direkt. So direkt wie ich es nun mal sein kann. Ich mag es nicht, wenn Dinge nicht angesprochen werden oder werden dürfen. Reden hilft. Die Welt hat so viel Gutes und Böses und Graues und Buntes. Möchte nicht jeder das Leben etwas besser verstehen? Dafür muss man sich auf die Gedanken anderer Menschen einlassen. Sein Gegenüber verstehen.

Ich habe Menschen, die versuchen mich zu verstehen und ich bin unsagbar dankbar dafür. Eine Freundin sagte mal zu mir: „Hanna, wenn man dich verstehen möchte, dann tut man das auch, man muss es nur wollen und sich etwas anstrengen." Das brachte mich, zur Abwechslung mal wieder zum Nachdenken und verdammt sie hatte Recht! Ich habe großartige Freunde, die mich wirklich verstehen *wollen*. Daraus entstehen manchmal köstliche Sätze wie: "Hanna meint dies und jenes", "Nein du musst das mit Hannas Gedanken betrachten" oder „Ja, ja ich weiß schon, du meinst eigentlich folgendes". In meiner Ausbildungszeit hatte ich eine Mitbewohnerin und wir hatten eine tolle und wilde Zeit. Ihr fiel mal auf, dass ich den "Betreff" bei einer Geschichte vergesse. Ich platze mit meinen Gedanken heraus, um sie zu erzählen. In meinem Kopf habe ich ja bereits darüber nachgedacht und diesen Teil lasse ich dann beim Aussprechen weg. Also haben die Mädels angefangen, einfach nur noch "Betreff" zu sagen und ich wusste, dass ich nochmal anders ansetzen musste.

Zur Verteidigung aller: Ich verstehe mich auch nicht immer. Ich empfinde meine Aussagen als deutlich, aber ich verstehe sicher nicht immer, was in meinem Kopf vorgeht. "Mal einen Tag in deinem Kopf sein", "In deinem Kopf schneit es den ganzen Tag Glitzer" "Konfetti im Kopf". Aber das ist mehr als in Ordnung. That's the way I am! Meine Bitte also an alle gesegneten mit einer klaren Ausdrucksweise: Bemüht euch eure Mitmenschen zu verstehen und seid nicht so schnell mit Vorurteilen. An alle Unverstandenen: Baut auf die Menschen, die es versuchen. Eine bessere Wertschätzung kann man nicht erhalten.

Von Herzen, Hanna

Ella, 37 Jahre

Liebes Leben,

wenn ich dich als Person betrachten darf, um mit dir zu sprechen und
zu diskutieren, dann möchte ich dir gerne für alle Höhen und Tiefen,
die du mir beschert hast, danken. Auch wenn die schlechten Zeiten,
wenn man diese gerade durchlebt, furchtbar sind. Trotzdem danke
ich dir, denn ich wüsste das Gute nicht zu schätzen, wenn du mir
nicht gezeigt hättest, was es bedeutet zu leiden.
Ich wünsche mir, dass meine Kinder, wenn sie sich irgendwann einmal diesen Brief durchlesen, verstehen, dass nicht alles, was nicht
sofort klappt, schlecht ist. Dann sollte es eben nicht sein! Denn wenn
bei mir alles so perfekt gelaufen wäre, wie ich es im ersten Moment
wollte, dann wäre ich nicht da, wo ich jetzt bin. Ich wüsste dann gar
nicht, dass es noch besser geht. Ein Mann, der besser zu mir passt,
eine Stadt in der ich mich viel wohler fühle und ein besserer Abschluss, der mir sogar mehr Geld einbringt. In jeder Stadt habe ich
neue Freunde gewonnen, liebe Menschen kennengelernt und natürlich viel dazugelernt. Alles was passiert ist hatte einen Grund und im
Nachhinein denke ich:
Ach, hätte ich lieber eine Party gefeiert, als ich meinen Job verloren
habe, anstatt nächtelang zu weinen. Hätte ich doch lieber "Tschakka"
geschrien, als ich mit neunzehn ohne Wohnung, ohne Mann und mit
unvollendeter Fachhochschulreife wieder zuhause auf die Couch
gezogen bin, anstatt vor lauter Kummer in den Alkoholkonsum zu
flüchten. Wenn du mir damals nicht diesen Assi-Freund geschickt
hättest, dann wüsste ich es sicher nicht in dem Maße, wie ich es heute
tue, zu schätzen, wie toll mein Ehemann ist. Er ist wunderbar! Vielen
Dank! Ich wusste damals nämlich ganz genau, was ich nicht mehr will
und dann hast du ihn mir geschickt, in perfekt!

Du hast mir gezeigt, dass ich mir selbst vertrauen kann und mir keine
Gedanken machen muss, was andere wollen oder von mir denken.
Es werden sicher noch einige schwere und harte Zeiten auf mich
zukommen. Leider ist das im Leben so! Zum Glück habe ich gelernt,
den Moment zu genießen und im Augenblick zu leben, denn das
Leben ist JETZT. Hätte, sollte, wollte und könnte habe ich aus meinem Vokabular gestrichen. Ich tue es einfach … Ich schreibe Bücher,
verkaufe Schmuck, gehe lieber in einen Gitarrenkurs, statt die Wäsche
zu machen. Anstatt mich irgendwelchen gesellschaftlichen Zwängen

zu unterziehen, schaue ich über den Tellerrand und überlege mir, was für mich das Richtige ist.

Ich liebe es, einzuatmen und dich in meinen Lungen zu spüren. Ich sehe dich, wenn ich meine Kinder ansehe und bin dir so unendlich dankbar dafür, dass du mich ausgewählt hast diese Reise mit dir zu machen. Ob kurz oder lang, obwohl lang auch sehr kurz für unsere gemeinsame Zeit ist, hast du mich gewählt. Du bist mein und ich bin dein mit allem, was dazu gehört. Bis der Tod uns scheidet. Ich liebe dich, MEIN LEBEN!
Hochachtungsvoll,

deine Ella

Renate, 58 Jahre

Hey, Leben.

Du da! Ja, Du!
Wie wäre es, wenn Du mich ansiehst, wenn ich mit Dir rede?
Ich verstehe Dich einfach nicht. Ein paar Mal wollte ich Dich abgeben, aber Du hast an mir geklebt wie ein Parasit. So, als würdest Du mich mögen. Andererseits hast Du alles dafür getan, dass ich Dich nicht mag. Kann mir das mal jemand erklären? Alle Suchmaschinen dieser Welt geben mir dazu keine Antwort. Gedankenverloren sitze ich im Führerhaus eines Umzugswagens. Meine Kinder fahren bei meiner Schwester mit. Die Landschaft zieht an mir vorüber, aber ich nehme sie nicht wahr. Ich habe schreckliche Angst vor dem, was auf mich zukommt. Bald werden meine drei Kinder und ich in einer Notunterkunft wohnen. Das Täuschungsmanöver am Morgen war perfekt: Ich habe mich wie immer von ihm verabschiedet, als er zur Arbeit ging. Zehn Minuten später stand der Lkw vor der Tür. Wir sind gegangen. Weg. Wir haben uns in Luft aufgelöst. Auf Nimmerwiedersehen! Nur das Notwendigste haben wir gepackt. Ich bin meinen Job los. Die Kinder sind ihre Freunde, Schule, Kindergarten los. Es ist einfach schrecklich.
Wie konnte das passieren? Habe ich einen Soziopathen geheiratet ohne es zu merken? Einen Narzissten, Borderliner, Gewalttäter, jemanden ohne Regeln, ohne Anstand, Moral und Achtung vor dem Gesetz? So muss es wohl gewesen sein.
Warum, Leben – hey, ich spreche immer noch mit Dir! – hast Du mich mit so viel Naivität ausgestattet? Du schaust mich nur an und gibst keine Antwort. Ehrlich gesagt habe ich auch nichts anderes von Dir erwartet. Du hast doch nie etwas anderes getan als stumm daneben zu stehen, wenn ich mal wieder nichts gemerkt habe. Hättest Du mir nicht einen kleinen Tipp geben, mich irgendwie warnen können?

Wir sind in der Notunterkunft. Wir sind traumatisiert. Es ist eine heruntergekommene Wohnung und niemand ist da, um uns aufzufangen. Wir sind auf uns allein gestellt. Die Kinder sind noch klein und ich muss erst einmal zum Sozialamt. Erniedrigend. Durch den geheimen Umzug konnte ich noch nicht mal meinen Arbeitskollegen auf Wiedersehen sagen.
Ich melde mein ältestes Kind in der Schule an. Schwierig. Neue Stadt, neue Schule, alles anders. In seinem Gesicht spiegelt sich immer noch

ein gewisses Entsetzen über diese plötzliche Flucht und den Verlust des Lebens, das er bis dahin kannte, wider. Während ich den Kinderwagen mit der Kleinen schiebe und das Kindergartenkind an der Hand halte, geht mir unsere finanzielle Misere durch den Kopf. Ich brauche nun dringend einen Job. Vom Sozialamt zu leben, kommt in meinem Repertoire nicht vor.

Aber hey, Leben: Mal was Positives über Dich: Du hast mir zwar keinerlei Menschenkenntnis mit auf den Weg gegeben, dafür aber wenigstens gute Fähigkeiten im Job und Organisationstalent. Eine Freundin schenkt mir Geld zum Geburtstag. Davon kann ich endlich mal wieder ausreichend Lebensmittel kaufen. Die ersten Vorstellungsgespräche habe ich auch schon absolviert. Es sieht ganz gut aus. Die Frage, ob es die richtige Entscheidung war, zu gehen, wird mich die kommenden 20 Jahre begleiten. Allein erziehen heißt eben genau das: allein. Und eben auch für alles, was nicht gut läuft allein die Verantwortung zu tragen, daran „schuld" sein.

Es klingelt an der Tür. Ich öffne und bekomme einen Schock: Er steht davor in Begleitung seines Cousins. Finster, bedrohlich. Er behauptet der Tisch und die Stühle aus dem ehemaligen Esszimmer würden ihm gehören, stürmt in die Wohnung und holt die Möbel raus. Wehren kann ich mich nicht. Meine Kraft und mein Selbstbewusstsein sind in den letzten Jahren auf Mausgröße geschrumpft. Jetzt kann ich mit den Kindern noch nicht einmal gemeinsam am Tisch sitzen und essen. Und wo sollen sie ihre Hausaufgaben machen? Welcher Vater tut so etwas?

Nach vier Monaten Suche nun endlich eine Jobzusage. Halbtags, reicht kaum zum Leben, aber immerhin. Nur nicht abhängig sein von irgendeinem Amt. Frei sein. Den ersten Befreiungsschlag habe ich durchgestanden, jetzt folgt der zweite. Und Du, liebes Leben? Du schaust mich immer noch mit einem schiefen Grinsen an, als wolltest Du sagen: Hab ich Dir doch gleich gesagt, dass Du es schaffst! Hast Du? Und warum musste ich das zweimal durchstehen? Warum immer das gleiche Beziehungsmuster? Der Therapeut meiner Gruppentherapie meinte, sicher sei mein Vater ein unbeherrschter Trinker gewesen und ich würde mir unbewusst solche ähnlichen Typen suchen. Wenn das Leben – ja, Du! – doch immer so einfach wäre. Da hat der gute Therapeut nun mal leider nicht Recht. Tja, liebes Leben, was soll ich nun mit Dir anfangen? Durch Dein unstetes Auf und Ab hast du mich an den Rand der Verzweiflung

getrieben. Wie bitte? Was hast Du gesagt? Ich soll das Beste daraus machen? Guter Versuch, ist aber ein ziemlich lahmer Ratschlag, oder? Aber wahrscheinlich der einzige, den Du geben kannst. So nach dem Motto: „Schau hin, was Du hast: Drei gesunde Kinder, ein Dach über dem Kopf, einen Job, Familie, Freunde. Damit kannst Du nach vorne sehen. Vergangenes hinter Dir lassen und eine Zukunft gestalten."
Ich albere mit den Kindern herum. Wir spielen Verstecken und lesen uns dann gegenseitig vor, kuscheln unter der Bettdecke und erzählen uns Witze. Das ist es. Genau das. Mit jeder Faser das Leben spüren. Ich schaue Dich an. Dein Grinsen ist jetzt noch breiter geworden. Und in diesem Moment weiß ich, dass wir beide eines Tages Freunde werden.

Lange wusste ich einfach nichts davon. Alles war wie immer. Wir waren mit dir schwimmen, einmal in der Woche. Dort brachtest du mir alles bei, damit ich jetzt keine Angst mehr haben muss unterzugehen. Zur Kirmes sammeltest du Gutscheine für uns und als es dann soweit war, gingen wir zur Losbude und versuchten unser Glück. Naja, gewonnen haben wir nie wirklich etwas. Aber es war eine Tradition. Manchmal hast du dich sogar mit uns in ein Karussell getraut, und wenn nicht, musste es zumindest das Riesenrad sein.

Jedes Jahr aufs Neue haben wir euer Haus betrachtet und nie wurde es langweilig. Immer wenn wir dich besuchten, spielten wir Monopoly und ich glaube niemand hätte so lange durchgehalten wie du. Man muss sagen: Wir haben dieses Spiel immer sehr ernst genommen und einfach aufzuhören hätten wir nicht gelten lassen. Jedes Mal, wenn ich zu dir gekommen bin, durfte ich mir etwas vom Süßigkeitenteller aussuchen und ich hab mir immer das leckere Marzipan genommen. Irgendwann war es normal dich mit weniger Haaren zu sehen. Wir haben sogar deine Perücken aufgesetzt und damit rumgealbert. Du hast einfach ganz normal weitergemacht. Zu Weihnachten die Eierkuchen und das Schwarz-Weiß-Gebäck, auch wenn du eigentlich gar nicht so gut backen konntest, aber das weißt du ja auch. Und wie stolz du immer warst, wenn wir dir unsere Zeugnisse gezeigt haben, vielleicht auch, weil du selber Lehrerin warst.

Jedes Jahr ging es mit allen in den Skiurlaub und lange bist du auch noch selber gefahren. Einfach weil die Familie für dich immer an erster Stelle stand und wir Enkel für dich das größte Glück waren. Aber irgendwann konntest du nicht mehr. Trotzdem bist du noch jede Woche zum Sport gegangen und jeder kannte dich als fröhlichen Mensch, der niemals auch nur eine Miene verzog. Zum Sportabzeichen bin ich eigentlich nur wegen dir gegangen. Leider haben wir es niemals geschafft, alle zusammenzukommen, obwohl du es verdient hättest. Aber so etwas merkt man erst, wenn es schon zu spät ist. Dein Fallschirmsprung hat sich in mein Gedächtnis gebrannt, mit über 60 so etwas noch einmal zu wagen, das macht nicht jeder. Aber auch das konnte es nicht aufhalten. Mit der Zeit wurde ich älter und deine Krankheit schritt immer weiter fort. Vielleicht wurde es mir auch einfach nur bewusst. Ich sah, wie du schwächer wurdest, auch wenn ich es einfach nicht wahrhaben wollte. Deine Aufenthalte im Krankenhaus wurden länger und zum ersten Mal in meinem Leben besuchte ich jemanden dort. Du hast dich immer wieder aufgerafft und hast immer weitergemacht. Aber irgendwann konntest auch du nicht mehr. Da musste auch ich realisieren, dass es so nicht mehr lange weitergeht. Mir war klar: Du kommst nicht mehr nach Hause. Also besuchte ich dich, sooft es ging. Manchmal brachte ich es nicht übers Herz, weil es mich überfordert hat. Bei meinen Besuchen schliefst du manchmal einfach nur und trotzdem tat es gut, dich zu sehen. Wenn du wach warst, haben wir einfach gescherzt und so getan, als ob nichts wäre.

Irgendwann hast du dich dann entschieden zu gehen. Und jetzt, nachdem der Schmerz ein wenig vergangen ist, weiß ich, dass es genau richtig war. Erst in solchen Momenten merkt man, wie schön es ist eine Familie zu haben, die immer zusammenhält. Und Freunde, die immer für einen da sind.
Dir geht es jetzt besser und du kannst ganz in Ruhe auf mich hinunterschauen und sehen, wie ich mein Leben meistere.
Du wirst sehen, wie ich irgendwie ins Erwachsensein stolpere und mir wahrscheinlich viel zu viel Stress mache. Aber du wirst lächeln können, weil du weißt, dass ich das schaffe. Du hast dafür gesorgt, dass ich jetzt glücklich auf die Zeit mit dir zurückblicken kann. Ich bin froh darüber, dich in meinem Leben gehabt zu haben und mir wird immer mehr bewusst, wie viel ich von dir gelernt habe. Ich möchte dir den Traum von Urenkeln erfüllen und auch wenn sie dich nicht kennenlernen, sollen sie aus meinen schönen Erinnerungen wissen, was für ein toller Mensch du warst. Ich glaube, dass du mir immer wieder den richtigen Weg zeigen wirst, und dass ich mir immer sicher sein kann, du bist bei mir.

Ich vermisse dich, Oma.

Franziska

Sara, 26 Jahre

Mit 14 Jahren habe ich von meiner Mutter erfahren, dass ich vielleicht auf normalen Wege keine Kinder bekommen kann, weil ich Probleme in meinen Eierstöcken habe. Aber mit 14 habe ich mir noch keine richtigen Gedanken gemacht, dachte, dass sich alles noch ändern kann.

Mein Mann und ich haben geheiratet und ein Jahr später ein Haus gekauft. Danach haben wir unser Leben organisiert und überlegt, ein Kind zu bekommen. Mein Mann kaufte uns eine Hündin, um mir eine kleine Freude zu machen. Er war der Meinung, dass unsere Hündin Cessi mir noch viel Kraft geben würde. Im Januar 2015 haben wir beschlossen, ein Kind zu bekommen, dass wir bereit sind. Als mein Mann und ich uns dazu entschieden haben, wussten wir, dass es nicht leicht werden würde. Es würde ein langer Weg und harter Kampf sein. Wir würden viel Geduld haben müssen.

Im Januar habe ich auch meine Pille abgesetzt. Wir haben ein halbes Jahr gewartet, bis ich zum Frauenarzt ging. In Juni 2015 ging ich zu meiner Ärztin und ließ alle Untersuchungen machen. Meine Ärztin meinte, dass wir erst einmal dafür sorgen sollten, dass meine Periode regelmäßig kommt und dann können wir alles andere machen. Aber, dass es keine Probleme geben würde und dass ich bis Ende des Jahres bestimmt schwanger wäre. Nach circa drei Monaten kam meine Periode regelmäßig, aber leider hatten wir noch kein positives Ergebnis. Sie gab mir Tabletten, die mir helfen sollten, aber leider brachten sie nichts.

Wir haben es bis April 2016 mit Tabletten versucht. Ich hatte bald schon keine Geduld mehr und keine Lust, mir immer anhören zu müssen: „Sie sind noch jung und haben Zeit, machen Sie sich keinen Stress. Wir kriegen das hin."

Schließlich habe ich bei einem anderen Frauenarzt angerufen, um eine andere Meinung einzuholen. Dort habe ich für Juni 2016 einen Termin bekommen. Dieser Doktor war spezialisiert auf Frauen, die Schwierigkeiten hatten, schwanger zu werden. Meine Hoffnung stieg wieder. Ich hatte sehr viel Gutes gehört. Als ich endlich meinen Termin hatte ,war ich sehr nervös, aber wer ein Ziel erreichen will, muss bis zum Ende kämpfen.

Der Doktor war sehr lieb und hat mich gefragt, ob ich schon in ärztlicher Behandlung bin. Ich bejahte und legte ihm alle Medikamente vor. Er hat sich alles genau angeschaut und mir gesagt: „Wir kriegen das hin, ich muss mir nur erst alles genau anschauen, was wir machen müssen und diese Medikamente brauchen wir nicht mehr. Die sind nicht für Sie geeignet."

Wir haben noch alles besprochen und dann die ganzen Untersuchungen gemacht. Ich musste warten, bis ich meine nächste Periode hatte, um zu schauen, wie groß meine Eierstöcke waren und ob ich genug Eizellen hatte. Zwei Wochen später bekam ich meine Periode und am fünften Tag meiner Periode musste ich hin. Wir haben alle Untersuchungen gemacht und der Doktor kam zum Entschluss, dass ich eine Hormonbehandlung machen sollte und dass es schnell gehen würde. Das heißt, ich musste regelmäßig zum Doktor und mir Hormonspritzen geben lassen. Ich musste mir zwölf Tage lang um dieselbe Zeit Hormonspritzen geben, am besten abends. Ich hatte mich für 20 Uhr entschieden. Trotzdem musste ich alle drei Tage zum Doktor, um meine Eierstöcke untersuchen zu lassen, ob die groß genug waren und ob ich genug Eizellen hatte. Jedes Mal musste ich auch Blut entnehmen lassen und Urinproben abgeben, um zu schauen, wie mein Körper reagierte. Leider kam noch dazu, dass ich eine Schilddrüsen-Unterfunktion habe, aber das hatte man mit Medikamenten schnell in den Griff bekommen. Am Tag meines Eisprungs musste ich mir um 20 Uhr noch eine Spritze im Bauch injizieren, die dafür sorgte, dass ich einen größeren Eisprung habe. Darauf hatten ich und mein Mann zwei Stunden Zeit Geschlechtsverkehr zu haben, und am nächsten Tag genau um die gleiche Zeit nochmal. Also alles getaktet.

Der Druck war echt groß und ich hatte Angst, dass ich mir zu viele Gedanken mache und dass es deswegen nicht klappt. Jede Frau reagiert anderes auf die Behandlung. Ich wurde immer ungeduldiger und war nervlich am Ende. Ich hatte auf nichts Lust. Noch nicht mal rauszugehen oder zu arbeiten, ich hatte immer schlechte Laune und wurde schnell aggressiv. Meine Familie, mein Mann und der Doktor haben mich immer wieder hochgepuscht. Ich konnte nach ein paar Monaten nicht mehr. Bei jeder Kleinigkeit bin ich durchgedreht, leider nicht nur privat. Meine Arbeitskollegen, mein Chef und meine Familie hatten sehr viel Geduld mit mir. Ich war nur am Schreien und am Meckern. An schlechten Tagen habe ich einfach unter der Dusche geweint, meinen Frust rausgeheult. Mein Mann und meine Hündin haben mir viel Kraft gegeben. Wenn ich alleine mit meiner Hündin war, habe ich sehr viel geweint und mit ihr gekuschelt, habe meine Hündin behandelt wie mein eigenes Kind. Sie hat mir echt viel Kraft gegeben, um nicht aufzugeben.

Jeden Monat mussten wir fast das Gleiche machen. Der einzige Unterschied war, die immer größer werdende Dosis der Hormonspritzen. Dezember 2016 wollten wir es ein letztes Mal versuchen. Ich war nervlich am Ende. In Absprache mit meinem Frauenarzt wollten wir ab Januar eine Bauchspiegelung machen und dann ein bis zwei Monate Pause machen. Ich musste mich beruhigen und wieder mein Leben genießen. So konnte es nicht weitergehen. Am 09.01.17 musste ich zum Blutabnehmen, um zu schauen, ob es endlich geklappt hatte. Wir waren mal wieder sehr nervös, konnten kaum schlafen, wollten einfach das Ergebnis wissen.

Am nächsten Morgen rief ich vor der Arbeit aus beim Arzt an, um zu erfahren, wie es aussah. Ich war sehr negativ, habe daran gar nicht mehr geglaubt. Als die Arzthelferin mir am Telefon sagte: „Frau Pinto, es sieht sehr gut aus", habe ich nur angefangen zu weinen und mich nur bedankt. Sie sagte, ich solle noch Geduld haben, es sei noch zu früh. Ich solle in zwei Tagen wiederkommen, um wieder Blut abnehmen zu lassen. Ich habe meinen Mann vor Freude aus dem Bett geschmissen. Wir haben uns nur angeschaut und geweint und es kaum glauben können. Ende der Woche hatte ich die 100%-ige Bestätigung, dass ich schwanger bin. Ich war die glücklichste Frau der Welt, und konnte es kaum fassen. Meine Schwangerschaft verlief perfekt. Keine Übelkeit, keine Hormonschwankungen, einfach nichts. Die Monate verliefen so schnell, dass ich es gar nicht mehr erwarten konnte.

Am 23.09.2017 um 12.45 Uhr kam nach 16,5 Stunden meine kleine Prinzessin FABIENNE auf die Welt. Mein Mann und ich waren überwältigt und haben alle Probleme und Kämpfe vergessen, waren nur überglücklich, eine gesunde Tochter auf die Welt gebracht zu haben. Zuhause hat sehnsüchtig unsere Cessi auf Fabienne und mich gewartet. Die beiden kommen gut miteinander aus. Seit dem Tag sind wir eine kleine, glückliche FAMILIE.

Danke dafür Jeffrey, Fabienne und Cessi. Ich liebe euch!

Maria, 24 Jahre

Liebes Leben,

warum gibt es für dich eigentlich keine Gebrauchsanweisung? Es wäre an manchen Stellen wirklich sinnvoll. Darin könntest du zum Beispiel reinschreiben, dass das Erwachsenenleben mit dem Erreichen des achtzehnten Lebensjahres eine Illusion ist. Das richtige Erwachsensein beginnt jetzt, da du auf dem Weg bist, 25 zu werden. Plötzlich muss man sich um lauter Erwachsenen-Kram kümmern, wie z. B. sich selbst zu versichern. Die Frage: „Wann bist du fertig mit dem Studium und wann gibt es von dir Nachwuchs?", hört man plötzlich wie eine hängende CD, ständig auf der REPEAT-Taste. Ich war schon immer eine Meisterin darin, liebes Leben, wenn du mir mehrere Optionen gabst, die Option zu wählen, die am meisten herausfordert. So habe ich mir auch zu der Lebenskreuzung zum 25. Geburtstag nicht nur die üblichen Herausforderungen ausgesucht, sondern auch noch den ersten Studienabschluss in den Kopf gesetzt. Mit 25 muss man ja auch schließlich mal was in der Hand haben, haben alle gesagt.

Liebes Leben, an dieser Stelle wäre eine Gebrauchsanweisung zu dir richtig klasse, am besten mit einem fetten Warnhinweis: „Achtung! Übernehmen Sie sich nicht!". Aber wie bereits zu Beginn festgestellt, fehlt dir dieser äußerst nützliche Zettel. Danke an dieser Stelle für gar nichts. Wie meistert man einen holprigen Weg zu einem Ziel ohne Karte und Kompass in der Hand, wird sich der eine oder andere fragen? Wie die Pilger unter uns wissen müssten, ist bei einer Wanderung ein gutes Equipment von enormer Bedeutung. Aber, liebes Leben, was ist das Equipment, welches du mir zur Verfügung stellst? Das beste Equipment, das mich auf diesem steinigen Weg begleitet hat, sind wunderbare Menschen. All die Menschen, die auch auf dem Weg zu ihren Zielen meinen Weg gekreuzt haben. Ich bin Widder von Sternzeichen und so ist es bereits in meinem Gemüt geprägt, dass ich ein sturrköpfiger Mensch bin und am liebsten mit dem Kopf gegen die Wand schlage. Bis ein Loch entsteht oder noch viel weiter. Dies betreffend sind die Menschen mir so wichtig gewesen, die ganz anders sind als ich und mich somit immer wieder ins Gleichgewicht gebracht haben.
An erster Stelle muss hier mein Glücksbringer Jessica erwähnt werden. Sie geht ihren Weg gerne im Zickzack. Manchmal legt sie einen

Sprint ein, aber im Großen und Ganzen geht sie ihren Weg mit Gelassenheit, weil sie fest davon überzeugt ist, dass sie ihren Weg machen wird. Das tut sie auch. Ihre Gelassenheit und lieben Worte, die von Herzen kamen, haben mich durch so manche Nacht gebracht, in der ich, liebes Leben, dich und mich ans Limit gebracht hatte.

An nächster Stelle müssen Kevin und Sophie genannt werden. Diese zwei werden die klugen Köpfe von morgen fördern und waren auf meinem Wege mein tägliches Proviant, meine liebsten Schnittchen. Du fragst dich, warum ich sie meinen Proviant nenne? Weil sie mir mit ihrem unglaublichen Glauben an mich den Magen gefüllt und mein Herz erwärmt haben. Es heißt nicht umsonst, dass Glauben Berge versetzen kann.

Neben einem Glücksbringer und Proviant braucht man aber für eine erfolgreiche Wanderung noch einiges andere an Equipment. Als Nächstes möchte ich mein Paar Schuhe erwähnen, diese zwei, die unterschiedlicher nicht sein könnten. Als ich etwas jünger war, hatte ich eine unzählige Sammlung an Schuhen, aber mittlerweile haben gibt es nur noch meine liebsten. Das Paar Schuhe, welches mich auf meiner Wanderung zum Abschluss und zum 25. Geburtstag begleitete, habe ich schon seit der Schulzeit und beide kennen mich in- und auswendig. Der rechte Schuh ist gut eingelaufen und gibt mir in den schwersten Zeiten immer guten Halt. Der linke Schuh hat zwar bereits ein paar Löcher, aber bewährt sich immer besonders gut auf steinigeren Wegen.

In meinem Rucksack, der geflochten ist aus all den wunderbaren Menschen, die mich über Jahre hinweg begleiteten und unterstützten, befinden sich noch zwei andere wichtige Dinge, und zwar: eine Box voll Streichhölzer und ein Kompass. Die Box voll Streichhölzer war auf dem Weg zum Abschluss meine Prüferin. Sie ist Oldschool und deshalb ist sie kein Feuerzeug. Bei einem Streichholz weiß man nicht, ob das Anzünden immer sofort klappt. So war es auch bei den Impulsen, die sie mir gegeben hat: Manche haben mir bei der Bachelorarbeit Licht ins Dunkel gebracht und andere in das Leben.

Als Letztes möchte ich den Kompass erwähnen, den du, liebes Leben, in Form meines Partners in mein Leben gebracht hast. Ich weiß den Kompass nicht immer richtig zu benutzen, bin ich dessen Nutzung doch seit der Grundschule gar nicht mehr gewöhnt, doch hilft mir er mir, das große Ganze in meinem Leben nicht aus den Augen zu verlieren: Mein Ziel zu erreichen, Lehrerin zu werden.

Was für eine Wendung diese Geschichte doch genommen hat, liebes Leben: Während ich mich zu Beginn noch beschwert habe, dass mir die Gebrauchsanweisung zu dir fehlt, bin ich nun glücklich darüber, dass du mich stets mit dem richtigen Equipment ausstattest. Den Weg zu meinem Studienabschluss habe ich erfolgreich beendet und mein 25. Geburtstag steht in wenigen Tagen bevor.

Das Leben besteht aus vielen Wegen und diese haben verschiedene Schwierigkeitsgrade. In diesem kurzen Brief konnte ich nur eine Auswahl an Menschen erwähnen, welche du mir als Equipment zur Verfügung gestellt hast, um einige meiner Lebensziele zu erreichen. Vor meinem 25. Geburtstag, dem Erwachsenwerden, habe ich nun keine Angst mehr und werde diesen Tag nutzen, um ihn im Kreise meiner Liebsten zu verbringen und ihnen zu applaudieren. Warum? Liebes Leben, jeder Mensch, der dich auch ohne Gebrauchsanweisung zum Laufen bringt, hat einen Applaus verdient!

In diesem Sinne, deine Maria

Marina, 27 Jahre

Liebes Leben,

man nimmt, was du – viele mögen auch sagen das Schicksal – einem gibst und macht für sich das Beste daraus. Mir hast du eine durchschnittliche Grundschulkarriere geschenkt und direkt im Anschluss neun mehr oder weniger spannende Jahre im Gymnasium. Ich hatte damals einfach kaum Lust und nur wenig echte Freunde. Was kaum einer weiß: Ich war in der Oberstufe die größte Blaumacherin des Jahrgangs und wurde sogar zu der solchen in der Abschlusszeitung gewählt (wer hätte das gedacht bei einer jetzigen Lehrerin).

Nach dem Abitur ging es erstmal ein wunderschönes Jahr lang in die USA, wobei ich sehr viel über mich selbst und das ganz andere Leben in den Staaten lernte. Ich reiste viel und fühlte mich einfach frei und glücklich in dieser Zeit.

Durch meinen Job als Au-pair, aber vor allem auch als jahrelange Tanztrainerin, habe ich viel Erfahrung darin sammeln können, jemandem etwas beizubringen. Du sorgtest dafür, dass ich das Lehramt für die Sekundarstufe 1 studierte, also eher für die größeren Kinder und teilweise auch schwierigeren Fälle. Mein Studium habe ich immerhin mit mehr Elan bestanden als noch das Abitur. Es ging schließlich endlich mal um das, was mich wesentlich mehr interessierte, als Mathe oder Chemie. Nach dem Studium begann für mich das, wovor alle Lehramtsanwärter, -studierende und sowieso jeder, der meint, er hätte einen Plan von diesem Beruf, gewarnt hatten: Das REFERENDARIAT (man muss sich das jetzt wie im Film bei einem Schock- oder Angstmoment vorstellen). Ende Juli 2016 startete ich also, einerseits mit den schlimmsten Befürchtungen, andererseits mit den besten Hoffnungen, in mein neues Dasein als *Lehramtsanwärterin für die Fächer Deutsch und Englisch*. Das Studienseminar und meine neue Schule befanden sich in Niedersachsen. Ein Umzug und ein komplett neuer Start waren dementsprechend vorprogrammiert. Aber du wolltest das scheinbar alles so. Ich vertraute dir und alles ergab sich irgendwie.

Mit gemischten Gefühlen, aber durchaus positiver Stimmung (typisch für mich), ging ich an meinem ersten „Schultag" in die neue Schule. Dennoch muss ich wirklich sagen: Schnell konnte ich viele der Vorurteile zum Vorbereitungsdienst über Bord werfen und wurde wirklich herzlich in meiner neuen Schule begrüßt. Ein Kollegium, in dem man direkt toll aufgenommen wurde, weitere Lehramtsanwärter, die einem immer weiterhelfen, angenehme Seminarleiter/innen und auch ganz viele tolle Schüler/innen, mit denen man gut klarkam, waren dabei große und wichtige Eckpfeiler, die die eineinhalb Jahre sehr angenehm machten. Ich danke dir für dieses Glück.

Die Zeit ging dabei gefühlt sehr schnell um: Alle paar Wochen kam einer der Seminarleiter, manchmal mit der Schulleitung, für einen Unterrichtsbesuch vorbei. Zusätzlich gab es häufig Vorbereitungen für die Seminare. Nach einem Jahr musste ich noch eine Hausarbeit abgeben (als wenn man nicht schon genug zu tun hat). Der Druck war hoch, aber ich denke, du gibst einem diese stressigen Zeiten immer mal wieder im Leben, damit man die ruhigen, schönen Zeiten umso mehr zu schätzen weiß!

Ziemlich früh gingen dann die Vorbereitungen für die finale Abschlussprüfung los. Generell hat man als *LiV* (*Lehrkraft im Vorbereitungsdienst*) immer viel zu tun. Man engagiert sich schließlich nicht nur nebenbei für die Schule. Jeden Tag musste ich den Unterricht vorbereiten, manchmal nachbereiten, mich manchmal fragen, wie man nun diesen einen besonders schwierigen Schüler wieder in die richtigen Spuren lenken könnte, sich mit Kollegen in Konferenzen oder Fachbesprechungen treffen oder auch Klassenarbeiten vorbereiten oder korrigieren. Apropos Klassenarbeiten ... Es graut mir schon vor meinen Korrekturfächern, denn ich merke bereits, dass das immer viel mit Vorbereitungen und Korrekturen verbunden sein wird. Was ich jedoch von dir lernen konnte: Es wird immer wieder alles gut, man muss nur die schwierigen Zeiten durchhalten! Was mir seit dem Start im Vorbereitungsdienst jedoch besonders aufgefallen ist und was mich mittlerweile ziemlich nervt: Die Anerkennung dieses wichtigen Berufes sinkt. Wir sind für so vieles verantwortlich! Nicht zuletzt für die Erziehung und Zukunft aller Heranwachsenden. Viele Menschen denken aber, nur weil sie einmal selbst als Schüler/in in der Schule waren, wissen sie genau, wie mein Beruf ist und meinen, dass Lehrer ja eh immer nur Ferien und mittags bereits frei haben. Ich kann euch sagen: Es ist DEFINITIV nicht so, schon gar nicht mit korrekturbelasteten Fächern. Vor allem die engagierten, guten Lehrer/innen sitzen auch noch bis abends oder nachts und sogar jedes Wochenende sowie in den Ferien vor dem Schreibtisch. Sie bereiten vor oder nach, korrigieren fleißig oder schlagen sich nebenher mit Förderkonzepten einzelner Schüler oder skurriler Eltern herum. Es wird auch nach der Schule kopiert, laminiert, Klassenarbeiten, Stationen oder Arbeitsblätter vorbereitet ... Die meisten sehen die ganze zusätzliche Arbeit nicht. Und nicht nur das: Heutzutage scheinen viele Eltern überfordert zu sein mit der Erziehung ihrer Kinder. Das müssen wir dann irgendwie wieder ausbügeln - oder es zumindest versuchen. Die große Heterogenität und die ganzen kulturellen Unterschiede heutzutage machen es nicht leichter, allen gerecht zu werden. Ja, man kann seine Zeit flexibler einteilen und ja, eine Verbeamtung hat auch Vorteile. Aber manchmal wünschen sich Lehrer/innen auch einfach, dass sie von sieben bis vier regulär arbeiten und dann die Arbeit und den Stress einfach hinter sich lassen könnten ... Viele unterschätzen diesen Beruf gewaltig!

Nun ja. Ich habe vor einigen Monaten meine Abschlussprüfung sehr erfolgreich bestanden, meinen ersten richtigen Job gefunden und bin stolz auf mich und meine Leistungen. Ich weiß: Es lohnt sich, für seine Ziele zu kämpfen! Was die Menschen von mir oder meinem Job halten, ist mir egal. Du wirst mir meinen Weg schon zeigen.

Lehrer zu sein macht mich stolz, ist trotz allem eine Berufung für mich. Ich werde jederzeit versuchen, meinen Schüler/innen zu helfen und sie fair und freundlich behandeln. Ich liebe meinen Job! Ich bin froh, dass du, liebes Leben, bis hierhin so verlaufen bist. Was die Zukunft bringt, wird man sehen. Ich versuche immer alles positiv zu sehen, das Beste aus jedem einzelnen Tag zu machen. Meiner Meinung nach ist das das einfachste Rezept, Leben und Job zu genießen und wertzuschätzen.

Das Geheimnis des Glücks liegt darin, gerne zu tun, was man eh tun muss! (Aldous Huxley)

Iris, 49 Jahre

Der Super 8 Film.

Ihr wundert euch bestimmt, warum ich die Überschrift „Der Super 8 Film" gewählt habe.
Ja, weil das mein Leben ist: ein Film mit vielen Höhen und Tiefen.
Lebensabschnitt 1:
Es ist Nacht, ich halte mir das Kissen auf die Ohren, will es nicht hören. „Papa ist wieder betrunken." Es wird wieder passieren, wie fast jedes Wochenende. Ich habe totale Angst vor dem, was passiert, höre Mama durch das Haus rennen. Sie weint, kommt in mein Zimmer und wir versuchen, über den Balkon durch den Garten zu entkommen. Es ist Nacht und kalt, wir haben nur Nachthemden an, aber wir verstecken uns dort draußen stundenlang. Leider können wir uns nicht immer verstecken.
Meine Mutter hat das jahrelang über sich ergehen lassen müssen, denn für sie gab es nie einen anderen Weg. Mein Vater verstarb mit 54. Mit 16 bin ich ausgezogen.

Lebensabschnitt 2:
Verheiratet, vier Kinder, mein Mann Soldat. Die ersten Jahre waren schön. Gesunde Kinder, das Haus, der Garten: alles toll.
Na ja, so toll war es dann doch nicht. Nach elf Jahren kam die Trennung: Haus weg, Mann weg und kein Geld. Wieder neu anfangen mit vier kleinen Kindern. Zum Glück haben wir eine Wohnung im Heimatort gefunden. Mein Ex-Mann hat sich schnell eine neue Frau gesucht. (Ich behaupte mal, Männer können nicht alleine leben - besonders Soldaten).
Er kam auf die Idee, keinen Unterhalt zu zahlen. Und da ging der Kampf erst richtig los: Sozialämter abklappern, wo bekomme ich Geld zum Überleben her? Aber ich habe es hinbekommen mit dem Geld. Juhu! Den Kindern war es mehr oder weniger egal, denn was interessiert Kinder schon Geld. Sie wollten nur ihren Papa sehen. Er sie aber nicht. Er hat ihnen in seiner Sprache gesagt, dass er jetzt eine neue Familie und keine Zeit mehr hätte. Der älteste Sohn war da gerade zehn, die Jüngste drei. Und seine Neue meinte auch noch zu den Kindern: „Schade, dass euer Papa keine Kinder mehr machen kann, sonst hätten wir unser Wunschkind."
Ja, ich rede hier über erwachsene Menschen. Unter anderem über einen Vater, der seine Kinder seelisch kaputt gemacht hat. Und jetzt

sein eigenes Leben lebt.

Aber das alles hat meine Kinder und mich stärker gemacht und noch näher zusammengebracht.

Wichtig ist für mich, dass man aus jeder Situation eine Lehre zieht und weiter macht. Es gibt immer noch etwas Schlimmeres, zum Beispiel, ein Kind zu verlieren.

Lebensabschnitt 3:
Ein Kind zu verlieren … Ja, das hatte ich auch schon fast.

Aber nicht wegen einer Krankheit und nicht wegen einem Unfall.

Nein, DROGEN!

Als Mutter liebt man nur und will vieles nicht sehen. Zumindest ich. Mir ist bei ihr aufgefallen, dass sie viel abgenommen hat. Na ja, machen die Teenies doch mal. Erst später kam die persönliche Veränderung, sie wurde schlechter in der Schule. Sie wurde immer frecher, lauter, beschimpfte andere immer häufiger und beleidigte. Hielt sich an keine Abmachungen mehr. Sie war ein liebes, ruhiges Kind. Wir hatten nie Probleme gehabt. Als auch noch Sachen wie Kameras und so weiter verschwanden, wusste ich Bescheid: „So, jetzt brauche ich Hilfe! Drogenberatung, Jugendamt."

Aber mir – beziehungsweise uns - hat keiner geholfen. Das Kind wollte keine Hilfe, es war ja nicht süchtig. Und das war auch das Argument der Drogenhilfe und des Jugendamtes. „Wenn das Kind sich nicht helfen lassen will, können wir nichts machen." Also auf Deutsch: „Lass dein Kind verrecken!" Ich bin Mutter und ich wäre beinahe daran zerbrochen. Machtlos daneben zu stehen und zuzusehen, wie dein Kind kaputt geht. Aber wie soll ich es sagen? Es gab da zwei Schutzengel. Und die liebe ich über alles! Denn die sind dafür verantwortlich, dass meine Tochter noch lebt. Und zwar drogenfrei!

Danke L. und L., ich liebe euch!

Lebensabschnitt 4:
Vor 3 Wochen im Brustzentrum. Mammographie. Knoten in der linken Brust! Aber auch das werde ich überstehen!

Aber ihr Lieben, ihr sollt nicht denken, mein Leben sei schlecht oder ich sitze im dunklen Zimmer und heule nur! Nein, nein!

Ich lebe, ich lache, ich weine auch mal.

Ich habe mit jedem Lebensabschnitt gelernt, darunter auch viel Positives …

Mirjam, 21 Jahre

„Klick, klick, klick, klick, klick ..." Stöffelchen arbeitet wieder fleißig. Ich habe mich an seine Geräusche gewöhnt, auch wenn es hieß, das höre nach ein paar Tagen wieder auf. Aber es ist doch schön von den Mitbewohnern in seinem Körper etwas zu hören, vor allem, wenn sie dafür sorgen, dass es einem gut geht und man am Leben bleibt.
Stöffelchen und ich sind mittlerweile echt gute Freunde. Wir sind Freunde fürs Leben. Auch wenn unsere Freundschaft erzwungen ist, wir verstehen uns super.
Man kann sogar von Liebe auf den ersten Blick, oder wohl eher den ersten Klick, sprechen.
Aber wer ist Stöffelchen überhaupt? Stöffelchen ist mein ventrikulo-peritonealer Shunt. Ein relativ langes Fachwort, ich weiß. Ich versuche es mal, ganz einfach zu erklären: Unser Gehirn ist von Hirnwasser, manche nennen es auch Nervenwasser, umgeben. Und dieses Hirnwasser muss regelmäßig von unserem Körper abgeleitet werden, damit der Hirndruck nicht steigt. Bei manchen Menschen funktioniert das aber nicht, oder nicht mehr. Und mein Stöffelchen sorgt dafür, dass mein Hirnwasser abgeleitet wird, weil mein Körper das selber nicht mehr kann.
Stöffelchen besteht aus einem Schlauch, der in meinem Gehirn beginnt und in meinem Bauchraum endet, aus einem sogenannten Reservoir, dass sich oben auf meinem Kopf befindet und einem Ventil, welches hinter meinem rechten Ohr seinen Platz gefunden hat und regelt, wann Stöffelchen „trinken" soll. Immer wenn er „trinkt", also mein Hirnwasser von meinem Gehirn über den Schlauch in meinen Bauchraum abgeleitet wird, höre ich es klicken. Bei mir ist es aber nicht angeboren, sondern die Folge eines schweren Schädelhirntraumas, das ich neben anderen Verletzungen bei einem schweren Unfall im September 2016 erlitt.

Ich bin unendlich dankbar, dass ich lebe und so vieles wieder kann. Noch vor einem Jahr hätte wohl keiner gedacht, dass ich jetzt diesen Brief ans Leben verfassen werde. Und nochmal drei Monate davor, also im Oktober 2016, haben viele Menschen gedacht, ich würde ein Schwerstpflegefall bleiben. Jetzt seht mich an, was aus mir geworden ist: Ich kann laufen, ich kann sprechen, ich atme selbständig, ich kann sehen, ich kann zur Toilette gehen, eigenständig meine Blase entleeren und mein Geschäft verrichten. Ich kann die Schule wieder besuchen, ich kann lesen, ich kann schreiben, ich kann rechnen, ich kann fühlen, ich kann empfinden und ich bin ein ganz anderer Mensch als vor dem Unfall. Vor dem Unfall war ich wohl sehr schüchtern und selbstbewusst war das komplette Gegenteil von mir. Jetzt ist das ganz anders. Ich bin offen und weiß, was ich kann und was ich nicht kann und stehe auch dazu. Wenn ich etwas nicht in Ordnung finde, sage ich das und vertrete meine Ansichten.

Es gibt natürlich auch Dinge, die ich nicht so gut kann: Ich kann nicht alleine mit öffentlichen Verkehrsmitteln fahren oder mehrere Tage alleine leben. Ich kann nicht super laufen, aber ich kann laufen und das ist die Hauptsache. Ich bin ziemlich vergesslich, was aber wahrscheinlich weniger am Gedächtnis, als an meiner Aufmerksamkeit und Konzentration liegt.

Dass mit der Aufmerksamkeit ist so eine Sache. Viele verstehen es nicht, aber das ist mir egal. Ich muss es verstehen und wissen, welche Situationen ich nicht alleine meistern kann und was ich üben muss. Meine selektive Aufmerksamkeit ist nämlich gestört. Wenn ich beispielsweise mit der Straßenbahn fahre, nehme ich alles wahr und kann mich nicht nur auf eine Sache, wie zum Beispiel die Haltestelle konzentrieren. Ich höre also die nette Stimme, die die aktuelle Haltestelle ansagt, aber ich höre auch das Kindergeschrei und die Musik, die mein Sitznachbar hört. Ich höre das Gespräch der älteren Damen über ihre Enkelkinder und ich bekomme das Telefonat der Frau neben mir mit ihrer Arbeitskollegin mit. Und dann bin ich auch schon an der Haltestelle vorbeigefahren, an der ich hätte aussteigen müssen. Das ist natürlich kein Weltuntergang und auch nicht lebensgefährlich, aber ärgerlich ist es trotzdem, wenn ich deswegen einen Termin verpasse.

Lebensgefährlich kann es dann werden, wenn ich alleine im Straßenverkehr unterwegs bin und ich eine Straße überqueren möchte, dort aber keine Ampel ist. Ich schaue nach links, nach rechts und nach links. Währenddessen nehme ich die Musik des Radios von dem stehenden Auto neben mir wahr, höre, wie sich ein Pärchen streitet und den Hund höre ich auch noch bellen. Auch den älteren Herrn, der sich über den Hundehalter aufregt, weil dieser den Kot seines Hundes nicht entfernt. Und vor lauter Einflüssen, vergesse ich doch fast, dass ein hupendes Auto auf mich zukommt und ich entweder rennen muss, um nicht vom Auto erfasst zu werden, oder ein paar Schritte zurückgehen muss. Rennen geht nicht, also wähle ich Variante Nummer zwei und gehe ein paar Schritte zurück. Da habe ich nochmal Glück gehabt!

Noch mehr Glück habe ich, eine so tolle Mama wie meine zu haben. Sie ist immer, wirklich immer, für mich da, obwohl ich schon volljährig bin. Sie begleitet mich zu Arztterminen und zu den Therapien, von denen ich nicht gerade wenige besuche. Und um den Schulweg hat sie sich auch gekümmert. Dorthin bringt mich ein Taxi und fährt mich auch wieder zurück.

Mein Leben ist trotz ein paar Defizite und Handicaps toll und lebenswert. Ich bin so froh, dass ich dieses zweite Leben geschenkt bekam, dass ich es so gut leben kann und darf.

Auch wenn der Unfall sehr schlimm war, vor allem auch für meine Eltern, bin ich auf eine gewisse Weise froh, dass er geschehen ist, denn ich bin ein komplett anderer Mensch. Ich bin selbstbewusst und mache mich nicht vor anderen klein. Ich traue mich, meine Wünsche und Bedürfnisse zu äußern und durchzusetzen.

Danke für dieses zweite Leben!

Danke an mein Leben!

Anna, 35 Jahre

Oh du mein Leben,

ich schreibe dir diesen Brief, weil ich manchmal so gar nicht verstehe, was du eigentlich von mir willst!

Im Großen und Ganzen schlagen wir uns recht tapfer, nicht wahr? Wir gehen durch dick und dünn, durch gute und durch schlechte Zeiten, bemühen uns die guten voll und ganz auszukosten und rücken nach überstandenen Niederschlägen das Krönchen wieder zurecht, rappeln uns auf, atmen tief durch, lecken unsere Wunden, kleben Pflaster auf die Schrammen und schreiten, leicht humpelnd, weiter voran. Ja ja, manchmal zerfließen wir in Selbstmitleid und übermalen all die leuchtenden Farben mit dunkelstem Grau. Ziemlich doof, ich weiß. Aber es ist so schwer, alte Gewohnheiten aufzugeben! Dann, wenn uns das schwarze Loch verschlingt, scheint alles bleischwer. Himmelhochjauchzendzutodebetrübt. Yin und Yang, die helle und die dunkle Seite, das Leben und der Tod, das Männliche und das Weibliche, Freude und Trauer... so ist es schon immer, nicht wahr? Ganz oder gar nicht! Vielleicht ist ein Mittelweg für uns gar nicht vorgesehen? Schließlich stehen wir ja auch nicht so sehr auf Pastelltöne und erst recht nicht auf Mittelmäßigkeit und Einheitsbrei! Wir erwarten viel: ich von dir und du von mir und wir von unseren Mitmenschen. Vielleicht sollten wir daran ein wenig arbeiten? Die Erwartungen etwas runter schrauben? Würde es uns dann besser gehen? Ich bin mir da nicht so sicher. Auf dem Schreibtisch des Menschen, der uns stärker beeinflusste, als wir annahmen – aber das wurde uns, wie so vieles, erst bewusst, als er unwiederbringlich verschwunden war (ja, der Tod ist meistens ein ganz schönes Arschloch und trifft so oft die Falschen) – lag immer ein Zettel, auf dem stand: „Der Untergang des Guten ist das Durchschnittliche". Das hat sich eingebrannt. Vielleicht machen wir auch deshalb alles, was wir tun entweder besonders gut oder besonders schlecht? Du findest das lustig, nicht wahr?

Manchmal bin ich so erfüllt von dir, dass ich platzen könnte vor Liebe und Glück und überhaupt! Und dann, auf einmal, ganz und gar aus der Kalten heraus, zack, reißt du mir den Boden unter den Füßen weg, katapultierst mich in Situationen, auf die ich nicht vorbereitet bin. Wieso tust du das? Ich weiß doch mittlerweile, dass ich stärker bin, als ich jemals gedacht hätte! Du musst mich nicht wieder und wieder zwingen, das unter Beweis zu stellen! Ey, und ich weiß dich mittlerweile auch wirklich zu schätzen, du musst mir nicht immer wieder zeigen, wie vergänglich du bist! Ich, für meinen Teil, könnte darauf wirklich so langsam ganz gut verzichten! Hast du Angst davor, dass ich mich sonst mit dir zu Tode langweilen würde?

Hm, eventuell hast du Recht und mich ganz gut durchschaut! Vielleicht kennst du mich ja besser als ich, weißt, was ich noch zu lernen habe, zwingst mich nach Höhenflügen zurück auf den Boden der Tatsachen, lässt mich aber auch nach kleinen Ausflügen in die Hölle wieder in den siebten Himmel schweben!

Zum Glück schickst du mir meistens die richtigen Menschen zur richtigen Zeit! Oh man, dafür bin ich dir wirklich dankbar! Da ist - nur um das wichtigste Beispiel zu nennen - Ella, dieser wunderbare, kleine, großartige Mensch, der ganz unerwartet zu uns kam und uns zwang alles umzukrempeln, zeigte, dass wir durchaus Verantwortung übernehmen können, wenn es darauf ankommt. Manchmal ist es anstrengend, natürlich. Doch das, was zunächst ein Unglück zu sein schien, stellte sich als das Beste heraus, das uns geschehen konnte! Die Umstände waren äußerst ungünstig und sind es wohl noch immer, aber wir geben unser Bestes, nicht wahr? Durch sie habe ich eine ganz neue Sicht auf so vieles und auch auf dich bekommen, gelernt, was es heißt zu lieben, einfach so. Sie bringt mich dazu, zu hinterfragen und mir immer wieder bewusst zu werden, worauf es eigentlich ankommt. Sie bringt mich zum Nachdenken und hat es geschafft, dass ich dich und mich wirklich respektiere. Erst seit sie da ist, bin ich so freudig erstaunt über jeden wunderbaren Moment. Über die Sonnenstrahlen, die durch den Nebel auf den Waldboden fallen und alles golden schimmern lassen, über die Vögel, die am Himmel entlang ziehen, über all die sonderbaren Wesen, die das Meer bewohnen, über Insekten, die die verrücktesten Strategien entwickelt haben um zu überleben, über den Sternenhimmel, der mir bewusst macht, wie unendlich klein ich bin, über Musik, in der das gesamte Leben steckt, aber auch darüber, wie großartig es ist eine Frau zu sein und Leben schenken zu können!

Das Verzeihen und Vergessen fällt mir oft noch etwas schwer. Wahrscheinlich rühren unsere Probleme größtenteils daher, dass ich anderen und auch dir und mir manches einfach nicht verzeihen kann. Obwohl ich weiß, was der Sinn dahinter ist, weshalb jeder einzelne so handelt und gehandelt hat, wie er es tat und tut, und dass es besser wäre, das, was war, einfach hinter sich und loszulassen, fällt mir doch genau dies noch immer ziemlich schwer. Wahrscheinlich bitte ich aus diesem Grund andere so häufig um Verzeihung, weil eigentlich ich diejenige bin, der dies so schwer fällt? Irgendwann werden wir auch das schaffen, nicht wahr? Zwischenzeitlich klappt es ja auch ganz gut, das Vergeben und Vergessen. Nur, wenn etwas schiefgeht, kommt leider noch immer alles hoch, was je für Schmerzen sorgte und ich bin mir ziemlich sicher, dass das nicht gesund ist. Wir kriegen das irgendwann hin, oder? Die Vergangenheit ist ja schließlich vergangen und letztendlich kommt es nur auf das Hier und Jetzt an. Ich hab ja nur dich, nur dieses eine Leben! Ist es da nicht besser dich als meinen gleichwertigen Partner anzusehen und Freundschaft mit dir zu schließen, egal, wie mies und hart du manchmal bist? Wer weiß denn schon, ob es etwas nach dir gibt? Also ist dies wohl erstmal unsere einzige Chance und die sollten wir in vollen Zügen genießen, nicht wahr?

So long,

in verwirrter Liebe, deine Anna

Kitty Cat, 35 Jahre

Einfach nur tough

„Aber du bist doch eine starke Frau. Du schaffst das!" Diese Sätze höre ich oft, wenn ich Leuten von meinen Sorgen und Ängsten erzähle. Ja, es mag einen im ersten Moment sicherlich aufbauen. Aber was heißt es konkret eine starke Frau zu sein. Heißt es, dass man unerschütterlich ist? Quasi, Wonderwoman der neuen Zeit? Tough. Ja dieses Wort ist bestimmt jedem von uns geläufig. Die „Toughe", die sich nicht aus dem Konzept bringen lässt, die immer weitermacht, die nie weint und Schwäche zeigt. Moment? Ist Weinen eine Schwäche? Also ich finde, dass Weinen keinesfalls eine Schwäche ist. Weinen ist für mich eine Befreiung. Wenn ich weine, dann habe ich das Gefühl, dass all diese Anspannung und all diese negative Energie aus mir rausfließt. Wie ein Fass, das überläuft. Nach einem Weinanfall fühle ich mich gestärkt. Gestärkt wie nie. Also stimmt es nicht, dass Weinen eine Schwäche ist. Jedenfalls für mich nicht.
Ja, das Leben ist nicht immer einfach. Doch was ist schon einfach? Und ja, es ist nicht schlimm, wenn man immer wieder Niederlagen hat. Es ist wichtig, dass man wieder aufsteht. Weitermacht. Immer wieder aufs Neue. Dies musste ich auch erst lernen. Als Kind war ich sehr schüchtern und unsicher. Leider konnte mich mein Elternhaus, sprich meine Eltern, darin nicht unterstützen, dass aus mir ein selbstbewusstes Kind wurde. Ich bin ihnen auch nicht böse. Ich hatte es nicht immer leicht mit meiner Mama, die nach ihrer Scheidung von meinem Papa endlich einen Mann fand, der sie liebte und verehrte. Doch leider war dieses Glück nicht von langer Dauer. Denn mein Stiefvater starb nur sechs Monate nach der Hochzeit. Und da stand sie, eine junge Witwe mit ihrem kleinen Mädchen. Wie sollte sie mir also was auf den Weg geben, was mich stark und selbstbewusst macht? Sie war doch viel zu viel mit sich selbst beschäftigt. Zu meinem Vater hatte ich keinen Kontakt. Seit dieser Zeit war ich auf mich alleine gestellt. Nein, meine Mama ist keine Rabenmutter. Sie hat ihr Bestes gegeben. Hatte mir alles ermöglicht. Sei es Urlaub, Spielzeug oder ein Stück weit auch Liebe. Doch Selbstbewusstsein konnte sie mir nicht mit auf den Weg geben. Wie denn auch? Sie war ja selber unsicher. Also musste ich mir selber ein Geschenk machen und mir Selbstbewusstsein schenken. Sich selbst Selbstbewusstsein schenken? Wie geht denn das?

Nun sicherlich ist es ein langer Weg. Doch ich bin froh, diesen gegangen zu sein. Ich bin für jede Erfahrung in meinem Leben dankbar. Sei sie noch so schmerzhaft gewesen. Ob falsche Freunde, Mobbing am Arbeitsplatz oder die falschen Männer. Wobei es für mich keinen falschen Mann gibt. Es ist immer der Richtige. Ja richtig. Während andere immer nur auf Mr. Right warten, bin ich diesem schon mehrmals begegnet. Vielleicht war es nicht der richtige, um zu heiraten und eine Familie zu gründen. Jedoch war er zur richtigen Zeit da und hat mir das gegeben, was ich zu diesem Zeitpunkt brauchte. Genauso war oder ist es mit Freunden und Job. Für einen Moment waren es die richtigen Freunde und der richtige Job. All das hat mich weitergebracht und mich zu dem Menschen gemacht, der ich heute bin. Ich bin dankbar für all diese Erfahrungen, die ich machen durfte. Es war nicht immer einfach und ich musste oft weinen, mich befreien. Letztendlich hat mich all das stark und selbstbewusst gemacht. Jetzt bin ich endlich so, wie ich als Kind schon sein wollte. Stark und selbstbewusst.

Als eine sehr gute Freundin meiner Mama, die übrigens meine Kindheit sehr geprägt hat, früh an Krebs starb, habe ich das Leben Revue passieren lassen und mir einfach gesagt, dass es doch das Wichtigste ist, dass man gesund ist. Mir wurde auch klar, dass man das Leben noch mehr genießen sollte. Einfach leben. Nicht nachdenken. Okay, ab und zu schon. Aber manchmal sollte man einfach nur leben. Die Freundin meiner Mama war nie verheiratet, war kinderlos, aber dennoch eine starke Frau. Und da sind wir schon bei meinem Lieblingswort. Starke Frau. Ja, sie war stark. Sie war unabhängig und konnte alleine durchs Leben gehen. Aber ich denke, dass sie auch einsam war, es jedoch nie zugab. Ich werde sie nie vergessen. In ihren manchmal zu schrägen Outfits. Doch hey, ein bisschen verrückt ist doch in Ordnung.

Also sei nicht traurig, wenn etwas nicht läuft, wie du es dir wünscht oder erhoffst. Es ist schon richtig so. Alles im Leben hat seinen Grund. Lebe einfach dein Leben. Tue dir Gutes. Sei gut zu dir selbst. Hör auf mit Selbstmitleid oder Selbstvorwürfen. Glaube an dich!

Alice, 21 Jahre

Liebes Leben,

heute habe ich mich wohlgefühlt. Was für ein seltsames Gefühl. Aber ich weiß nicht, wie ich das sonst sagen soll. Ich habe schon auf den letzten Seiten geschaut. Dieses Gefühl hatte ich noch nie.
Ich hatte nur schwarz an. Dank der blauen Haare kann ich das jetzt machen. Keiner meckert, dass ich ganz in Schwarz unterwegs bin, wenn ich blaue Haare hab. Ich hasse blau. In Schwarz fühl ich mich wohl. Die Schwarztöne waren fast gleich. Und ich hatte die Schuhe an, in denen man mich nicht gehen hört.

Liebes Leben,
heute waren wir am See. Die Tage sind schön am See, auch wenn ich Angst vor dem Wasser habe. Wir haben ausgeschlafen und wurden dann abgeholt, abends waren wir wieder in der Pizzeria. Wir haben beschlossen, dass das eine Tradition wird.

Liebes Leben,
ich habe heute viel geschlafen, aber Abend waren wir weg. Wir haben Apfelstrudel bestellt und ich dachte, es käme Essen, aber es kamen Shots. Der Abend war so witzig und ich bin dir so dankbar, dass ich so tolle Menschen um mich hab.

Liebes Leben,
ich weiß nicht, was ich dir sagen soll. Wie soll ich dir schreiben, wie es mir geht, wenn es mir Tag für Tag, Stunde für Stunde und Minute um Sekunde anders geht? Gestern habe ich geheult, war glücklich mit meinem Essen, wurde umarmt und hab es zugelassen und abends war ich spontan. Ich bin für eine Stunde in die Stadt gefahren und hab Alkohol getrunken. Einfach so. Ohne Vorwarnung.

Heute habe ich Nudeln gekocht, war müde, hab mir die Haare gefärbt und geschnitten und bin nicht zur Vorlesung gegangen.
Ich war schon lang nicht mehr auf dem Friedhof. Seit der Beerdigung nicht mehr, aber davor auch schon lange nicht. Ist das gut? Ich kann niemanden fragen. Meine Therapie ist heute seit einem halben Jahr vorbei. Seit drei Jahren jeden Abend Tabletten nehmen und mich zwingen, dir zu schreiben. Tag für Tag. Immer anders und immer geplant.
Seit zwei Wochen kann ich lächeln, ohne dass es mir gut geht.

Liebes Leben,

die Welt ist so fies. Es leben mehr Papageien in menschlicher Obhut als in der Natur. Menschen essen Fleisch und kaufen Plastik. Sie heizen und verschwenden Wasser. Sie fahren mit Autos und denken nicht nach. Ich weiß nicht, wieso diese Welt so schrecklich ist. Wieso es Menschen gibt.

Liebes Leben,

ich habe abgeschlossen. Ich weiß jetzt, warum ich dir nicht mehr schreiben kann. Es hat keinen Sinn. Weil du für mich keinen Sinn hast. Ich habe niemanden mehr. Ich weiß, dass das niemand versteht. Ich gebe niemandem die Schuld. Aber reden ist etwas Anderes als erklären. Und auf den Friedhof kann ich nicht mehr gehen. Dabei hat mich das sonst immer beruhigt.

Liebes Leben,

das ist kein Abschiedsbrief. Ich danke dir für die Zeit.

Petra, 44 Jahre

Danke Schicksal…

Unsere Geschichte beginnt im Jahre 1987. Ich war damals 13 Jahre alt und fuhr mit meinen Eltern in den Sommerferien für drei Wochen nach Österreich. Wir verbrachten schon die letzten Jahre in dem kleinen Ort Mörbisch am Neusiedler See. Doch dieser Urlaub sollte ein ganz besonderer werden…
Nach ein paar Tagen lernte ich im Fernsehraum – ja, damals gab es noch keine Fernseher auf dem Hotelzimmer – einen Jungen kennen: Christian, 16 Jahre alt. Er kam aus der Steiermark in der Nähe von Graz und begann gerade zum Beginn unseres Urlaubs seine Kochlehre im Hotel. Ich verliebte mich in ihn und er sich in mich… Das erste Mal Schmetterlinge im Bauch, der erste Kuss, die erste große Liebe. Wir verbrachten eine wunderschöne Zeit, die drei Wochen gingen viel zu schnell vorbei und ich spürte das erste Mal in meinem Leben, wie weh es tut, wenn es heißt Abschied zu nehmen.
Unser Kontakt beschränkte sich die Monate danach auf's Briefeschreiben, da in Zeiten ohne Internet und viel zu teuren Telefonkosten ins Ausland, dies die einzige – und rückblickend wunderschöne - Alternative war. Das „eigene" Leben hatte uns wieder und die Briefe wurden weniger, bis sie irgendwann ganz aufhörten.
Umso aufgeregter war ich, als meine Eltern ein Jahr später verkündeten, dass wir wieder in Mörbisch im selben Hotel Urlaub machen werden. Ob er wohl noch da ist? Wie wird es sein, wenn wir uns wiedersehen? Wie wird es sich anfühlen? Oh, wie war ich nervös…
Und dann stand er vor mir… ein Jahr später, gleicher Ort, gleiche Gefühle. Es war, als wäre ich nie weggewesen. Wieder verbrachten wir eine sehr intensive Zeit miteinander und wieder gingen die drei Wochen irgendwann zu Ende. Es folgten wieder Monate der Sehnsucht, des Vermissens und wunderschöner, gefühlvoller Briefe. Und wieder wurden die Briefe weniger, bis sie irgendwann nach einem halben Jahr erneut ganz aufhörten.
Getreu dem Motto „aller guten Dinge sind drei" wiederholte sich das Ganze auch im dritten Jahr. Mit einem Unterschied: Es war der letzte Urlaub, den ich mit meinen Eltern verbrachte, und der letzte Sommer seiner Lehre. Beim Abschied war uns bewusst, dass es dieses Mal ein Abschied für lange Zeit war, vielleicht ein Abschied für immer?
Mein Leben nahm weiter seinen Lauf: Schule, Studium, Beziehungen,

Arbeit, Ehe, Kind, viele Erfahrungen und Lernprozesse, mit allen Höhen und Tiefen. Jahre in denen ich gewachsen bin und mich entwickelt habe, sowohl im Äußeren als auch in Inneren, mit Erfahrungen, die mich zu der Frau machten, die ich heute bin.

Auch wenn ich immer wieder in all den Jahren an Christian gedacht habe, so war er doch lange Zeit in meinem Leben nicht präsent (ich konnte mich nicht einmal mehr an seinen Nachnamen erinnern). Bis zu dem Tag im Sommer 2015 – ziemlich genau 26 Jahre später…

Ich war gerade an einem Punkt in meinem Leben angelangt, an dem ich erkannte, dass es so nicht weitergehen kann. Meine Ehe war am Ende und ich musste mir – mal wieder – eingestehen, dass das Leben oft anders verläuft, als ich es geplant hatte. Ich lebte ein Leben, das nicht meines war und das mich nicht glücklich machte. Mir war bewusst, wäre unser zweijähriger Sohn nicht, wäre ich schon lange nicht mehr da, wo ich bin. Mir fehlte der Mut, diesen Schritt zu gehen. Wie würde mein Umfeld reagieren? Schaffe ich das alleine? Kann ich das meinem Kind antun?

Dann dieser Nachmittag, der mein Leben von einem Moment auf den anderen auf den Kopf stellte: Ich saß an meinem PC und surfte im Internet, da war er plötzlich da, dieser Gedanke an Christian. Und auch an den Nachnamen erinnerte ich mich plötzlich. Aus dem Nichts… Heute bin ich mir sicher, dass es himmlische Fügung war. Ich öffnete Facebook, gab seinen Namen ein und da gab es doch einige Namensvetter. Ich schaute mir die Profilbilder an und dann, ja, unverkennbar, das muss er sein, das ist er! Dieses Lächeln, die Augen… wie damals. Ich freute mich einfach, ihn gefunden zu haben, nach all der Zeit vielleicht endlich Antwort auf die Fragen zu bekommen, wie es ihm geht und wie sein Leben so verlaufen ist. Ich schrieb ihm eine Nachricht und die Antwort ließ nicht lange auf sich warten: „Hallo Petra, ich freue mich …"

Ich bekam nicht nur die Antwort auf meine Fragen, sondern noch viel mehr. Da war ein Mensch, über 800 Kilometer von mir entfernt, der sich ein Jahr zuvor in Facebook angemeldet hatte, um mich zu finden (was ihm aufgrund meines anderen Nachnamens nicht gelang). Ein Mensch, der die gleichen Werte hat wie ich und der meine (Herzens-)Sprache spricht. Ein Mensch, der so besonders und außergewöhnlich ist, dass ich heute noch, jeden Tag aufs Neue, überwältigt bin.

Durch die Gespräche und den Austausch mit ihm über Gott und das Leben, lernte ich nicht nur den wundervollen Mann kennen, zu dem sich der junge Christian entwickelt hatte, sondern ich fand das Wichtigste im Leben überhaupt wieder: MICH! Ich erkannte, dass es im Leben in erster Linie darum geht, glücklich zu sein. Ich erkannte wieder den Menschen, die Frau in mir, die ich eigentlich war und die ich in der letzten Zeit zu sehr vernachlässigt hatte. Ich erkannte, dass es meinem Kind nichts nützte, in einer Familie groß zu werden, in der seine Mama unglücklich ist. Ich erkannte, dass ich nicht irgendwann in 20 Jahren meinem Sohn die Last auf die Schultern legen wollte: Wegen Dir bin ich geblieben.

Es gibt Menschen, die nennen den Schritt, den ich gegangen bin, egoistisch. Ich nenne es Selbstliebe. Und nur auf dem Fundament dieser Selbstliebe konnte nach und nach auch die Liebe zu Christian wachsen. Aus der jungen zarten Pflanze von damals wurde mit der Zeit eine bedingungslose Liebe mit starken Wurzeln. Eine Liebe bei der Entfernung keine Rolle spielt. Die auf Vertrauen basiert, nicht nur zueinander, sondern in das Leben: Das es uns zum richtigen Zeitpunkt Türen öffnen mag. Türen für unseren Weg, welcher unausweichlich gemeinsam ist, denn…

„Manchmal begegnen sich zwei Seelen und verabreden sich stillschweigend für später, um ihren Menschen die Zeit zu lassen, die sie brauchen." (unbekannt)

Lene, 26 Jahre

Seit ich denken kann, liebe ich Kinder. Als Erzieherin habe ich das Glück jeden Tag mit Kindern verbringen zu dürfen. Ich darf mich durch die kleinen Augenpaare für eine Welt anstecken und faszinieren lassen, die natürlich auch mal schlechte und traurige Seiten hat, aber größtenteils eine faszinierende, bunte, wundervolle Welt ist.
So stand für mich auch schon früh fest, dass ich ein eigenes Kind bekommen möchte, welches voller Freude und Glück auf mich zuge-laufen kommt, wenn ich es aus dem Kindergarten abhole. Ein Kind, für welches ich die Mama bin.
Dies schien für mich das größte Glück der Welt zu sein. Dement-sprechend groß war meine Freude, als ich wirklich schwanger wurde. Von Anfang an warst du ein Wunschkind. Von Anfang an war ich voll Glück und Faszination, wenn du in meinem Bauch gestrampelt hast. Von Anfang an, konnte ich den Moment der Geburt nur herbei-sehnen. Und dann wurdest du geboren. Du hast diese Erde – und damit mein Leben – betreten. Du hast meinen allergrößten Wunsch in Erfüllung gehen lassen. Aber als ich dich sah, hattest du keine Ähnlichkeit mit mir. Du solltest ein Teil von mir sein? Ich habe wirk-lich lange gebraucht, um das zu verstehen. Du sahst so anders aus. Du hattest nicht meine dunklen Haare, nicht meine dunklen Augen. Nein. Leuchtend helle Haare hattest du und wunderschöne, strahlend blaue Augen.
Wie oft habe ich Mütter sagen hören: „Es war Liebe auf den ersten Blick.", „Von Anfang an, habe ich dich geliebt." All das schoss mir durch den Kopf. Und es hat wirklich lange gebraucht, bis ich verste-hen konnte, dass ich diese Gefühle nicht von Anfang an hatte. Und noch viel länger hat es gebraucht, bis ich verstanden habe, dass es in Ordnung ist.

Aber was sollte ich machen - du warst da. Ein ganz hilfloses, kleines, zauberhaftes Geschöpf, das auf mich angewiesen war. Das mich for-derte. Tag und Nacht. Was macht man da!?
Ich habe vor kurzem einen Text gelesen, in dem wird dieses Gefühl als finsteres Monster betitelt, das sich in der Brust niederlässt und das Herz zerreißt. Die Gedanken mit einem dunklen Schleier stilllegt. Es war keine Explosion, die auf einmal da war. Nein. Es kam langsam und leise schleichend. Tag für Tag das Gleiche erleben. Tag für Tag einfach nur funktionieren. Für dieses kleine Lebewesen, das doch so

wundervoll und jetzt in meinem Leben ist. Was ich mir schon immer gewünscht habe.

„Warum bist du nicht glücklich?" Permanente Vorwürfe im Kopf. „Genieße die Zeit", sagen sie alle. „Diese Zeit kommt nie wieder", „Die Kinder werden so schnell groß." Vorwurf. Vorwurf. Vorwurf. Alles, was ich mir gewünscht hatte, ist wahr. Warum bin ich also nicht glücklich? Was ist bei mir kaputt? Ich stehe morgens auf und das Monster hat wieder meinen Körper in Besitz genommen. Ich wache auf mit schlechter Laune, mit schlechten Gedanken. Das Kind kann mich so sehr anstrahlen, es kann so glücklich sein. Es kann die ganze Welt zum Strahlen bringen - aber nicht mich und mein Herz und meinen Kopf. Weil das Monster stärker ist. „Genieße die Zeit", sagen sie alle. „Diese Zeit kommt nie wieder", „Die Kinder werden so schnell groß."

Es ist nun Monate her. Wie viele genau, weiß ich nicht. Ich sehe, dass du immer größer wirst und dich immer mehr entwickelst. Immer mehr wahrnimmst von deiner Welt um dich herum. Und ich bin gefangen in meinem dunklen Körper, mit dem dunklen Monster. Immer mehr Kopfschmerzen plagen mich. Jeden Tag wache ich mit Kopfschmerzen auf.

Ich gehe zu vier Ärzten. Ohne Ergebnis. Mein Körper ist gesund. Aber ich weiß, dass etwas nicht stimmt. Ich konnte nicht mehr richtig für dich da sein. Ich konnte es nicht ertragen, wenn du geschrien hast. Es gab Tage, da bin ich gar nicht aus dem Bett gekommen. Es hat mich fertiggemacht, nicht glücklich zu sein, und die Zeit mit dir nicht zu genießen. Die Zeit kommt nie wieder. Und du mein kleines Mädchen hast mich gebraucht. Irgendwann stieß ich auf einer Internetseite auf das Thema *Postnatale Depression*. Auf einmal dachte ich: Das! Das ist es! Das klingt nach mir! Das klingt wie das, was ich denke und fühle.

Niemand hat es je so betitelt. Und doch, bekomme ich jetzt, langsam Luft. Meiner Meinung nach war es dafür ganz wichtig, dass ich den Weg zum Psychotherapeuten gewählt habe. Mit ihm wurden meine Gedanken langsam klarer und heller.

Auch wenn ich für die Außenwelt immer funktioniert habe und immer fröhlich war, sah es in mir doch anders aus.

Ich habe es noch nicht ganz geschafft - den Weg ins Helle. Aber der tägliche Kopfschmerz war vorbei. Und das war für mich der deutlichste Beweis dafür, dass ich nun endlich wusste, was mit mir los ist. Ich kehre langsam aus dem tiefen Abgrund nach oben. Schritt für Schritt. Und jeden Tag wache ich morgens auf und freue mich mehr, dass du da bist und verfluche es nicht mehr.

Und du? Du bist immer da.

Ich merke, dass es egal ist, was andere sagen. Dass die Zeit wertvoll ist und dass man sie nutzen soll und dass man sie genießen soll. Wichtig ist einzig und allein, was du sagst. Und was du mir zeigst. Bedingungslose Liebe.

Jetzt sehe ich dich und den Zauber, der dich umhüllt.

Du, mein wunder-wunderschönes, kleines Mädchen. Mit deinen ganz eigenen, strahlenden, hellen Haaren und deinen noch viel strahlenderen, hellen Augen. Du, mit deinem frechen Blick und deinem frechen Lachen. Du, mit deiner Lebensfreude, deinem Mut. Du, die ganz selbstbewusst und tapfer durch ihr Leben schreitet – bereit, es mit allem aufzunehmen. Du, die weiß, wo ihr sicherer Hafen ist. Bei mir. Und ich bin es gerne. Weil ich mir dich schon immer gewünscht habe. Weil du mein allergrößter Traum bist. Weil du mir eine wundervolle Welt zeigst. Eine Welt voller Magie und Freude und Faszination. Eine Welt, die bunter und größer und phantastischer ist, als man sie sich vorstellen kann. Weil du mir jeden Tag und jede Minute wertvoll machst. Mit deinem Lachen. Deinem Weinen. Deinem Quatschen. Deiner Freude. Deiner Zufriedenheit. Deiner Lust am Leben. Ich bin deine Mama, mein kleines Mädchen. Und ich liebe dich über alles.

Svenja, 27 Jahre

Mein lieber geheimer Freund,

ich möchte dir eine Geschichte erzählen.

Mit drei Jahren kam ich in den Kindergarten. Ich liebte es da und kann mich noch gut an Dinge erinnern. Auch, dass ich mich, im Gegensatz zu den anderen Kindern, nie auf die Schule gefreut habe. Nicht, weil ich nichts lernen wollte, nicht, weil ich Angst hatte alleine zu sein. Viele Kinder aus der Nachbarschaft würden ja auch mit mir zur Schule gehen. Ich wollte einfach lieber im Kindergarten bleiben. Aber natürlich wurde ich eingeschult, als ich sechs Jahre alt war. Und so schlimm war es auch nicht. Zuerst. Meine Lehrerin war toll und das Lernen gefiel mir. Doch als alle anderen Kinder schon Freunde gefunden hatten, war ich immer noch alleine. Schlimmer noch: Ich war eine Außenseiterin, die ungewollte Person im Klassenzimmer und alle ließen es mich spüren. Außer das Mädchen, neben dem ich saß, welches offensichtlich ganz nett war und mit der Zeit freundeten wir uns auch an, aber alle anderen Kinder waren sehr gemein und gaben mir gemeine Spitznamen wie „Ekelpaket". Du magst jetzt vielleicht denken, dass es ja sicher nur ein Spaß war und dass die Kinder das nicht so meinten. Aber leider muss ich dich da enttäuschen. Sie machten immer weiter. Das ging Jahre so und als ich endlich die Grundschule verlassen durfte, wurde es leider nicht besser.

Meine Freundin aus der Grundschule kam mit mir in die neue Klasse und wir setzten uns gleich nebeneinander. Welche andere Wahl hätte ich auch gehabt?

Wir spielten immer viel und gerne miteinander. Mädchenspiele mit Pferden oder Prinzessinnen. Wir waren viel draußen, tobten herum und hatten viel Spaß miteinander. Zumindest ließ ich sie stets in dem Glauben, denn, wenn ich keinen Spaß mit ihr gehabt hätte, wäre sie ja nicht mehr meine Freundin. Das durfte ich auch oft so erleben. Wenn sie keine Lust mehr auf mich hatte, wandte sie sich von mir ab und ließ mich alleine. Sie machte, was sie wollte. Zum Beispiel spritzte sie mich, nur so rein aus Spaß, natürlich aus ihrer Perspektive, mit dem eiskalten Wasser aus dem Gartenschlauch nass, obwohl ich „Nein!" schrie, obwohl ich längst klitschnass war und trotz der Kleidung, die ich trug.

Immer bestimmte sie, was wir spielten und stets war sie die Beste und Tollste und ich nur die Nebenbuhlerin. Ich stand in ihrem Schatten, aber was machte das schon. Sie war meine Freundin. Meine einzige Freundin und ich wollte ihr gefallen. Um jeden Preis. Als sie einmal eine Antwort von mir haben wollte, die ich ihr nicht geben wollte, sperrte sie uns zusammen in ihr Zimmer ein, obwohl mein Vater mich abholen wollte.

Mehrmals erpresste sie Spielzeug von mir, welches ich lieber selbst behalten wollte und drohte mir, damit ich auch ja nichts verraten würde.

Und das Schlimmste war, als sie meine Familie beleidigte. Von da an durfte ich, zu meinem Glück, nicht mehr mit ihr befreundet sein.

Aber das ist erst in der 6. Klasse passiert. Sie hatte vorher genug Zeit, mich nach ihrer Pfeife tanzen zu lassen. Und ihr einziges Druckmittel war ihre Freundschaft. Aber ich wollte nun mal nicht alleine sein. Ich wollte eine beste Freundin.

Vor allem wollte ich eine Freundin, die mir Halt gab und mich in der schweren Zeit begleitete, die sich meine Schulzeit nannte. Egal, was war, ich war immer die Außenseiterin und niemand wollte etwas mit mir zu tun haben. Ob im Sportunterricht, in den Pausen oder auf dem Weg nach Hause. Immer wurde ich schräg angeschaut oder auch beleidigt oder ausgestoßen. Du kannst dir ja sicher vorstellen, dass es eine harte Zeit war und das schon von Kindesalter an.

Ich konnte von Glück reden, dass es nur Beleidigungen und Ausgrenzung war. Niemand wurde mir gegenüber handgreiflich, aber ich war der Fußabtreter.

Besser wurde es erst langsam in der 8. Klasse. Ich freundete mich mit einem Mädchen an und nach und nach kamen noch drei weitere zu unserem kleinen Freundeskreis dazu. Wir unternahmen viel miteinander und endlich lernte ich echte Freunde kennen. Freundinnen, mit denen ich ehrlich lachen konnte, mit denen ich ein bisschen das Leben kennenlernte.

Aber auch in dieser Zeit gab es immer wieder Leute, die mich entweder ausgrenzten oder eben beleidigten und ärgerten. Mit voller Absicht. Und hier wurden die Mittel dann auch schlimmer. Nicht nur beleidigende Worte, sondern auch Dinge wie geplatzte Safttüten in der Schultasche oder kaputte Gegenstände kamen vor. Aber ich wehrte mich nie. Ich ließ alles still über mich ergehen und zuhause saß ich dann in all meinem Trübsinn. Ich glaube, nicht einmal meine Eltern haben das so richtig mitbekommen.

Aber das ist jetzt sowieso egal, mein lieber geheimer Freund, denn ich bin nun erwachsen, und stehe über all dem. Und ich bin daran nicht zerbrochen. Denn es waren ja nur Worte. Meistens. Und was sollte es denn schon ausmachen. Nach der Schulzeit konnte ich allen den Rücken kehren und solange konzentrierte ich mich nur auf meine Freunde.

Allerdings ist in meinem Inneren manchmal noch immer diese Leere und diese Unsicherheit. Ich kann bei manchen Menschen nicht erkennen, ob sie wirklich wahre Freunde sind und von diesen distanziere ich mich emotional, so gut mir das gelingt. Doch mittlerweile habe ich gelernt, damit zu leben und fühle mich gut damit. Ich lebe mein Leben gerne und habe meine Freunde, von denen ich weiß, dass sie mich genauso lieben, wie ich sie. Jetzt bin ich endlich glücklich. Ich bin stark.

Und im Laufe der Zeit kamen immer wieder Freunde. Die meisten gingen auch wieder, aber die wichtigsten habe ich bis heute und ich bin sehr stolz darauf, sie meine Freunde nennen zu dürfen.

Das Wichtigste in meiner Welt sind jetzt die wahren Freunde und die Familie.

Meine beste Freundin.

Mein Mann.

Meine Familie.

Und die anderen wenigen, aber sehr guten wahren Freunde.
Ich hoffe, mein lieber geheimer Freund, dass du zu den glücklichen Menschen gehörst, die solch eine Zeit nie durchmachen mussten.
Einen lieben Gruß von einer starken Frau.

Stefanie, 37 Jahre

Liebe Leserin, lieber Leser,

ich schreibe Ihnen, um zu erklären, warum ich finde, dass es sich lohnt zu lieben. Zu lernen und zu verzeihen. Ich schreibe Ihnen dafür einen wichtigen Abschnitt aus meinem Leben.

Betrogen und weggeschickt, nach einem Umzug über ein dreiviertel Bundesland. Die große Liebe liebt dich nicht mehr. Und jetzt?

Ich bin gegangen, habe ihn in Ruhe gelassen, bin auf seine unmögliche Art und das fragwürdige Verhalten seiner Mutter nicht eingegangen. Ich hatte niemandem etwas getan. Ruhig bleiben, irgendwie stark bleiben, für die Kinder. Nicht streiten. Alles friedlich regeln.

Den Liebeskummer hebe ich mir dann mal für abends auf. Oder für „einsame" Momente. Innerlich wie abgestorben, galt es trotzdem zu funktionieren. Für die tollen Mädchen. Und den klitzekleinen Jungen. Es musste wieder eine Schule organisiert werden, wieder ein Kindergarten. Zu Ämtern und Behörden. Und wir sind schon wieder umgezogen.

Geträumt und schlecht geschlafen. Er und sie, seine Jugendfreundin, verliebt im eigenen Haus mit Garten. Aufwachen und feststellen, er ist wirklich nicht mehr bei mir.

Die offene und lebenslustige Jugendfreundin, die Geschenke brachte für das Baby, mit mir Kaffee trank, zum Plaudern vorbei kam. Weil ich ja dort unten „noch niemanden hatte". Wie nett, dachte ich ...

Das Baby war kein einfaches. Es weinte. Viel. Tagsüber, nachts. Stundenlang.

Der Haushalt top, das Essen gekocht. Das erwartete er von mir. Schnellstmöglich zusätzlich wieder die „perfekte Liebhaberin". Das erwartete ich von mir. Er sollte glücklich und zufrieden sein, wenn er von einem harten Arbeitstag nach Hause kam. Aber offensichtlich konnte ich es nicht ganz recht machen. Schleichend begannen Ungereimtheiten, seltsames Verhalten, Unzufriedenheit, Kälte. Interessen, die es vorher nicht gab. Es stellte sich heraus, dass ihm wohl alles zu viel war. Anders als erwartet. Er brauchte jemanden, bei dem er sich erleichtern konnte. Nicht nur verbal. Seine Jugendfreundin bot sich großzügig an. Ich bemerkte, sprach an. Weinte, redete, fragte. Er meinte nur, ich würde mir das alles einbilden und sei krankhaft eifersüchtig. Dann eine SMS an sein Handy gerichtet, aber auch auf meinem mit Partnerkarte angekommen. Ein blöder Zufall. Nur der zweite Teil einer längeren Nachricht, doch eindeutiger ging nicht. Ich besuchte ihn. Er renovierte im neu gemieteten Domizil. Zum Glück leugnete er nur kurz. Allerdings war danach aus seiner Sicht alles meine Schuld. Ich bot ihm an, sich auszutoben, Abstand zu gewinnen. Hätte ihn in Ruhe gelassen. Gewartet ...

Aber nichts! Ich sollte weg und das bitte gleich. Also wieder in die Heimat. Mit der Unterstützung meiner großartigen Familie.

Dann Besuche hin und her, wegen des Babys. Man sah sich, wir waren nett zueinander. Gelegentlich auch sehr nett. Und nach etwa fünf Wochen dann sein Geständnis an mich: Er liebe mich noch und könne sich nicht erklären, wie er sich so verhalten konnte. Ich liebte ihn von ganzem Herzen, daher gab ich uns die zweite Chance.

Ich bin nicht mehr umgezogen. Natürlich nicht. Zuerst pendelte er jedes Wochenende zu uns, dann von uns aus zur Arbeit, mit langen Fahrtzeiten, bis er schließlich bei uns Arbeit fand.

Wir haben aus unserem persönlichen Drama gelernt, wir sind daran gewachsen und wachsen weiter, sind verliebt bis über beide Ohren und gleichermaßen erfüllt von tiefer Liebe und Freundschaft zueinander. Auch ein Ehepaar sind wir mittlerweile.

Einige verstanden nicht, warum ich ihn zurückgenommen habe. Zu Recht, er hatte sich wirklich nicht sehr edel verhalten. Doch es wäre zu viel Text für diesen Brief.

Seine Reue, seine Tränen und vor allem seine Liebe zu mir waren echt. Ich habe ihn wieder an mich herangelassen, weil ich ihn aus tiefstem Herzen liebe.

Das tue ich bis heute, jeden Tag etwas mehr. Es war genau die richtige Entscheidung. Für das Baby, für die Mädchen und für uns.

„Man sieht nur mit dem Herzen gut." Dieses Zitat von Antoine de Saint-Exupéry ist mir seit diesen Tagen sehr wichtig.

Stella, 18 Jahre

Mein Vater war Alkoholiker, Jahre bevor ich geboren wurde, und fast zwei Jahrzehnte, nachdem ich geboren wurde. Ich habe es, als ich klein war, nie wirklich verstanden. Er roch immer komisch und benahm sich manchmal seltsam, aber er war mein Held. Er hatte ein Haus, einen Hund, eine Frau und einen sicheren Job. So wie man es sich vorstellt.

Ich habe immer zu ihm aufgesehen.

Meine Eltern lebten getrennt und manchmal wollte ich nicht zu meinem Vater. Abends, wenn ich im Bett lag und seine Frau und er dachten, dass ich schlafe, fingen sie an, sich zu streiten. Lauthals. Ich bin zur Hälfte Engländerin und sie stritten sich auf Englisch, so dass ich sie nicht verstehen konnte. Aber es war so laut, dass ich oft panische Angst verspürte. Und das war für mich als kleines Mädchen, das sehr an ihrem Vater und ihrer Mutter hing, jedes Mal ein prägendes, negatives Erlebnis.

Mein Vater war auch oft betrunken, ohne dass ich es bemerkte. Zum Beispiel einmal, als er sich mit seiner Frau stritt und ich schon schlief. Ein belangloser Streit. Am Ende schickte sie ihn raus.

Er rief die Polizei und ließ bei sich selbst einbrechen, um mich rauszuholen. Ich hatte panische Angst und versteckte mich bei ihr unter der Decke. Die Scheibe klirrte und mehrere Schritte waren zu hören. In der Dunkelheit kamen auf einmal bewaffnete Menschen mit Taschenlampen auf uns zu.

Die Polizisten konnten dazu kein Deutsch, nur Englisch und das einzige, das ich damals sagen konnte, war, wo ich wohnte und „I want to go home."

Die Frau warf uns raus, ohne alles. Wir übernachteten in einer Wohnung von einem Freund, mit nur zwei Betten und Wasser. Ohne zu wissen, wo wir waren. An dem Tag war die Angst immens groß, dass ich meine Mutter nie wiedersehen könnte. Aber mein Vater schaffte es und für mich war er wieder der Held. Ich machte mir nun nur noch Sorgen, wie er sicher nach Hause kam. Oft, sagte mir meine Mutter, hatte er mich auch sitzen lassen, dann war ich traurig und sie musste mir erklären, warum mein Vater mich denn nicht sehen möchte. Meine Mutter und ich hatten nie wirklich Geld, mein Vater hingegen schon. Oft versprach er Großes, das er nicht hielt und meine Mutter musste es ausbaden. Er und sie waren nicht gut aufeinander zu sprechen. Sie stritten sich nie vor mir und ich glaube, dass es auch nie wirklich Streit gab, da sie sich aus dem Weg gingen.

Mein Vater ist ein überaus lustiger, netter und liebevoller Mensch. Jedoch war er dies nur, wenn er keinen Alkohol intus hatte. Er sagte böse Dinge, wenn die Flüssigkeit ihn betäubte. Das Schlimmste, das mir jedoch mit meinem Vater passierte, geschah, als ich eines Tages vom Spielen bei einer Freundin zurückkam. Er stand vor der Tür. Gerade noch voller Glück und Spaß, kam ich nach Hause und an der Haustür begrüßte mich ein einziger Karton. Ich wusste es irgendwie. Meine Mutter ließ mich rein und ich weinte eine Stunde. Mein Vater war weg. Nur einige Minuten vorher war er da gewesen und gab den Karton mit ein paar Sachen meines Zimmers in seinem Haus ab. Er konnte nicht warten. Er war wohl wieder gut angetrunken, fragte zwar, wo ich sei, machte aber keine Anstalten, mir auf Wiedersehen sagen zu wollen. Nun stand ich da. Ohne Vater. Er hatte einfach den nächsten Flug nach England genommen, um dort ein neues Leben, ohne seine Tochter zu beginnen.

ahrelang habe ich nichts mehr von ihm gehört. Ich weiß nicht mehr, wie der Kontakt wieder zustande kam, aber das tat er. Ich war froh, ich nahm ihm sehr wenig übel. Ich habe schlechte Dinge über ihn gehört, aber irgendwie nicht für voll genommen. Dann kam er nach langer Zeit mit seiner neuen Freundin nach Deutschland. Es war, als hätten wir uns nur einen Monat nicht gesehen. Er kaufte mir teure Geschenke, um sein schlechtes Gewissen wieder rein zu waschen. Kurze Zeit danach flog ich nach England. Ich wohnte eine Woche bei meinem Vater und erlebte viel mit ihm. Es war, als hätte ich diesem Menschen nicht viele schlechte Erinnerungen und Verlustängste zuzuschreiben. Es war, als wäre er mein Vater. So einer, wie ihn jeder verdient hat. Er trank zwar Alkohol, aber wurde nie wirklich benommen. Er vertrug viel. Auch da wieder, teure Geschenke. Wir hatten immer wieder konstanten Kontakt. Fast drei Jahre später flog ich noch einmal hin, um mit ihm mein Jahr 2017 zu beginnen. Vielleicht bin ich auch einfach zu naiv. Aber für mich war es die beste Entscheidung mit ihm mein Jahr zu starten. Mein Vater weinte, weil er glücklich war. Hier möchte ich einfügen, dass mein Vater Soldat bei der British Army war. Er hatte einen sehr hohen Rang, und hat viele schlimme Dinge auf dieser Welt gesehen. Wir gingen am Neujahrsabend auch nicht raus, weil er Angst vor den Knallern hatte, die ihn an seine Zeit in der Army erinnerten. Bei mir wurde immer nur der Kopf wütend, mein Herz aber war weiterhin voller Liebe. Wahrscheinlich hatte er immer nur versucht, sich taub zu trinken. Zu viel gesehen, zu viel zu verarbeiten. Man kommt nie wieder als der

Mensch zurück, der man war. Nun ist er trocken und ich bin sehr stolz auf ihn, da er sehr lange an diesem Gift hing. Ich werde immer vorsichtig mit seinen Worten umgehen, aber dennoch wird er immer mein Vater sein. Irgendwann werden wir uns zusammen hinsetzen und über alles reden.

Ich habe daraus gelernt, dass jeder Mensch, Gutes in sich trägt, egal wie verdorben er scheint. Es zeigt mir, wie viel Liebe in mir steckt und dass jeder Mensch Chancen verdient hat, manchmal auch mehr als zwei. Drei Dinge empfinde ich für meinen Vater: Liebe, Verständnis und ja, auch etwas Trauer. Er hat so viel nicht mitbekommen. Ich hoffe, ich werde ihn im Laufe meines Lebens zu dem guten Menschen machen, der er ist.

Ich glaube daran! Ich wünsche euch allen noch ein gutes Leben. Und seht auch die guten Seiten an einem Menschen, der allem Anschein nach voller Probleme und Fehler steckt!

Elvira, 41 Jahre

Liebes Leben,

so beginnen meine Briefe an Menschen, die ich schätze, gern habe oder liebe, denen ich meine Achtung und meine Wertschätzung ausdrücken möchte. Und dir, liebes Leben, möchte ich vollumfänglich danken – dir meine Liebe zu dir und meine Dankbarkeit für deine Geschenke ausdrücken.

Danke für meinen gesunden Körper, der in der Lage war, zwei wundervolle, bezaubernde Kinder zu gebären. Diese Kraft, die eine Geburt bedeutet, diese Strapazen, Schmerzen und doch so viel Zauber, Natur und Wundervolles – das ist für mich pures Leben. Es gab keine bedeutsameren Augenblicke als das erste Mal meine beiden Söhne zu sehen, zu spüren und zu nähren. Ich danke dir von ganzem Herzen dafür, dass ich zwei Mal das Wunder der Geburt erleben und mich so lebendig wie nie zuvor und nie wieder danach fühlen durfte.

Ich danke dir für meine Sinne:

… meine Augen, mit denen ich deine Schönheit sehen kann und die es mir auch nicht erlauben, sie vor dem Leid und weniger Schönen auf der Welt zu verschließen. Das bist du, liebes Leben - voll von Dualität.

… meine Ohren, mit denen ich die Klänge der Natur, das Plätschern der Bäche, Meeresrauschen, den Wind in den Bäumen und fröhlich, leichtes Kinderlachen hören kann, und mit denen ich anderen Menschen mein Gehör schenken kann.

… meinen Mund, mit dem ich Botschaften von Freude und Liebe und Frieden und Glück in die Welt schicken kann. Ich schenke meine Stimme auch denen, die selbst keine haben oder denen der Mut fehlt, für sich selbst zu sprechen.

… meine Hände, mit denen ich Menschen berühren, gute Taten vollbringen und anpacken kann. Ich kann in Verbindung mit Menschen kommen, durch einen Händedruck oder eine Umarmung zur Begrüßung, durch das Fühlen der Haut des anderen, … Meine Hände sind einfach großartig, sie sind wundervolle Werkzeuge, die erschaffen (und genauso zerstören) können.

… und ganz wichtig für mein fühlendes Herz, das jeden Tag, jeden Atemzug, jede Sekunde meines Lebens unermüdlich für mich schlägt. Es verbindet sich mit meinem Verstand und meinem Bauch und hilft mir Entscheidungen zu treffen. Manchmal führt es, manchmal höre ich es nicht. Es berührt und ist eine niemals versiegende Quelle von Liebe. Es fühlt Freude, Glück, Vertrauen, Frieden, Verbindung, Harmonie und auch Schmerz, Leid, Mitgefühl, Zorn. Und genau diese Fülle an Gefühlen lässt mich erleben, dass ich lebendig bin, dass ich ein (mit)fühlendes Wesen bin, das zu einem großen Ganzen gehört, weil wirklich jeder Mensch ein Herz hat. Ob jeder Mensch die Weisungen seines Herzens wahrnehmen und ihnen folgen kann, das kann fraglich sein.

Jeder möchte auf seine Weise geliebt, gehört und wahrgenommen werden. Die Mittel dazu nutzt jeder auf seine Art, manchmal vielleicht auch für andere nicht nachvollziehbar. Für mich bedeutet Leben, Liebe und Verbindung mit anderen Menschen. Ich bin mir ziemlich sicher, dass wir alle unterschiedliche „Sprachen" der Liebe sprechen. Ich rede hier nicht über Liebesbeziehungen zwischen zwei Menschen, sondern über eine Liebe zum Leben, zur Familie, zu Menschen überhaupt, zu Tieren, zur Umwelt, zu allem, was uns umgibt. Jeder drückt seine Liebe auf seine Weise aus. Und bei so vielen Ausdrucksmöglichkeiten ist es nur verständlich, dass wir uns manchmal nicht verstehen! Für mich stellt es im Leben immer eine wichtige Lektion dar, die immer auf ein neues Level steigt. Gerade wenn ich denke: „Oh ja, jetzt hast du es verstanden, so könnte es gehen", meldest du dich, liebes Leben, und zeigst mir, dass alles ein unendlicher Prozess ist – in Entwicklung und im Fluss.

Manchmal stellst du Aufgaben an mich, von denen ich denke, dass ich sie nicht bewältigen könne. Tiefe Verzweiflung macht sich in mir breit und ich weiß eine Zeit lang nicht, was zu tun ist. Ich denke, ich bin mutterseelenallein auf dieser Welt. Keiner ist mir zugewandt, keiner kann mir helfen. Oft bete ich abends zu dir und wende mich an dich als höheres liebendes Selbst. Ich bitte dich aus tiefster Seele, mir zu helfen oder mir jemanden zur Seite zu stellen, der mir helfen kann. Dann erinnere ich mich an eine Szene aus „Herr der Ringe". Die Situation, in der die Elbenkönigin zu Frodo spricht: „Diese Aufgabe wurde an dich gestellt, Frodo. Wenn du keine Lösung findest, sind wir verloren." Wenn ich die Lösung nicht finde, sind zwar nicht alle verloren, dennoch verharre ich in der unglückseligen Situation und vielleicht, die die daran beteiligt sind.

Also, liebes Leben, wenn ich dieses Gefühl habe, in keiner Verbindung zu anderen zu sein, frage ich mich, ob ich vielleicht gerade keine Verbindung zu mir selbst herstellen kann? Höre ich auf mich und meinen Körper? Was sind meine Bedürfnisse? Respektiere ich diese überhaupt?

Und weißt du was? Diese Situationen helfen. Sie zeigen mir: hier ist eine Pause angesagt. Schau auf dich. Schau auf dein Verhalten. Sammle deine Kräfte. Sei dir selbst die beste Freundin, die du sein kannst. Statt mich zu verurteilen für Schwäche, Weichheit, Weiblichkeit, wende ich mich mir wieder liebevoll zu und nehme wahr was ist. Wende mich den Verletzungen zu und prüfe, was jetzt das Beste für mich ist.

Und wenn ich wieder vollkommen, ganz bei mir und im Fluss mit mir selbst bin, zeige ich mich wieder, in voller Schönheit, Blüte, Harmonie, als Wunder des Lebens, das ich nun einmal bin. So wie jeder Mensch ein Wunder und ein Geschenk für die Welt ist.

Am Ende dieses Briefes, liebes Leben, bleibt mir nur eins zu sagen – du bist ein Geschenk. Manchmal muss ich mich daran erinnern, wenn ich aufgeben möchte oder den Sinn nicht sehe. Du bist voller Wunder und Entdeckungen, voller Schönheit und Vielfalt.

Du bist auch Krieg, Leid, Schmerz und Kummer. Nur gehört das eben auch zum Leben dazu. Ohne Nacht kein Tag, ohne Schatten kein Licht, ohne Tod kein Leben. Das Leben besteht aus Dualität. So ist das Spiel. Es muss nicht immer alles Spaß machen, aber gespielt wird bis zum Ende. Und letztlich entscheide ich selbst, wann und wo und wie ich Spaß haben will… Also was soll's – lass uns spielen, so lange wie es dauert.

Szilvia, 51 Jahre

Was ist, wenn die Träume erfüllt sind? Ich will den bedeutungsvollsten Augenblick noch einmal durchleben und wie ein Neugeborenes hochhalten: „Das bin ich!"

Also liebes Leben,
ich hoffe, Du amüsierst dich, wenn Du meine Geburtsstunde aus der Sicht meiner Mutter liest:
Der Herbst 1966 war nicht so wie erwartet. Nach heißen Oktobertagen kam eine düstere Regenzeit, doch in den ersten Novembertagen kehrte noch einmal der Altweibersommer zurück.
Ich gestaltete in diesen Jahren meine eigene Freiheit. Keine Verpflichtungen, keine Grenzen, keine Tyrannei, keine Konformität. Und das mitten im Sozialismus! Ja, ich tat, was ich konnte. Trotz geschlossener Grenzen, konformer Erwartungen und engstirniger Eltern. Ich wollte mit 24 Jahren frei sein, geliebt, bewundert und bestätigt werden und das Elend vergessen. Hilfreich waren dabei Alkohol und Männer.
Der Herbst neigte sich dem Ende zu, was bedeutete, ich würde bald Geburtstag haben. Aber was für ein Geburtstag? Etwas wuchs in mir und nahm mir die Freude. Seit September konnte ich es nicht mehr verbergen. „Du bist eine Hure!", hat mein Vater geschrien, während meine Mutter jammerte.
Doch es könnte meine letzte Chance auf ein neues Leben sein! In manchen Momenten empfand ich sogar Gefallen daran, Mutter zu werden. Schon die ganze Woche habe ich keinen Alkohol getrunken, was mir diesmal nichts ausgemacht hat. Sogar an meinem 25. Geburtstag war ich nüchtern. Trotzdem fühlte ich mich am Freitag wie gerädert. Früh am Morgen um vier Uhr wachte ich mit Kopfschmerzen auf. Ich entschied, dass ich heute nicht arbeiten gehen würde. Ich legte mich wieder hin und ignorierte das leichte Ziehen im Bauch. Doch als es nach einer Stunde stärker wurde, stand ich auf. Aus dem Fenster blickend sah ich, dass es schneite, so dass bereits eine saubere, weiße Schicht die sonst graue Plattenbaulandschaft erhellte. Es war der zweite Dezember.
Danach ging alles ziemlich schnell. Ein brennender, scharfer Schmerz in meiner Leistengegend ließ mich laut aufschreien. Ein Schwall heißer Flüssigkeit ergoss sich über meine Beine und breitete sich am Boden aus. Ich fiel auf die Knie und klammerte mich an die Türklinke. Der Schmerz wurde allgegenwärtig, überfiel meinen ganzen Körper und beherrschte alle Sinne. Ich schnappte nach Luft und wollte schreien, doch ich biss mir auf die Lippen und kauerte mich am kalten, schmutzigen Boden zusammen. Ich sah noch wie meine Eltern kamen und fiel in Ohnmacht.

Als ich erwachte, lag ich in einem hellen Raum auf einem Entbindungstisch im Krankenhaus. Ich schaute an mir herab. Ich sah über meinem nackten, runden Bauch meine Füße an einem Gestell hochgebunden und in die Decke ragen. Die Schmerzen waren weg. Ich merkte, wie mich eine Hebamme untersuchte. Besorgt sagte sie dann zu einem Mann im weißen Kittel: „Eigentlich wäre sie soweit". Er nahm seinen Mundschutz ab, lächelte mich an und sagte mit ausländischem Akzent:

Wenn Sie jetzt nicht mitmachen, können wir das Kind verlieren."

„Was mitmachen?" hauchte ich erschrocken. Ich habe bisher nicht realisiert, dass ich nicht nur eine Beobachterin bin, sondern eine tragende Rolle in dieser Geschichte habe.

„Sie müssen pressen, wenn sie die Wehe spüren", antwortete der Arzt.

„Aha", sagte ich, doch ich wusste nicht genau, was er meinte.

Bald kam ein zweiter Arzt in den Raum mit einer Spritze.

„Wir werden etwas Neues ausprobieren", sagte er. „Es wird die Wehen verstärken."

„Nein!" Ich wollte nicht nochmal solche Schmerzen erleiden. „Bitte nicht", sagte ich, „es tut so weh."

Der zweite Arzt antwortete herablassend: „Das hätten Sie sich früher überlegen müssen, jetzt ist es zu spät zu jammern. Aber wissen Sie, es tut bei Unverheirateten wie bei Ehefrauen gleichermaßen weh", und er setzte die Spritze an.

Ich empfand abrupt eine Leere in mir. Ich war verblüfft von dieser Dreistigkeit. Ich habe mich plötzlich furchtbar geschämt. „Entschuldigung", flüsterte ich und merkte, wie meine Tränen kamen.

„Vielen Dank, Kollege", sagte der ausländische Arzt mit scharfem Ton, „ich mache hier weiter." Der zweite Arzt zuckte mit den Schultern und verließ den Raum.

„Und jetzt entbinden wir zusammen Ihr Kind. Ich werde Ihnen helfen. Es wird wehtun", sagte er mit französischem Akzent.

Das spürte ich bereits. Dieses zerreißende Drücken, eine Naturgewalt, die mit allen Kräften aus mir raus wollte. Dieses pulsierende Reißen in meinem Schoß. Ich wollte nur eins: dass es vorbei ist. Nach der dritten Presswehe, als das Kind doch noch nicht kam, sahen sich Arzt und Hebamme noch besorgter an.

„Ich kann nicht mehr! Ich will nicht mehr!", schrie ich.

Da kniete sich der Arzt auf den Tisch hoch und legte seine beiden Unterarme in meine Magengrube.

„Bei der nächsten Wehe müssen Sie nach unten drücken! Bitte!", schrie er mich laut flehend an. Als die nächste Schmerzwelle kam, spürte ich, als ob ich von innen entzwei gespalten würde. Er stemmte seine Ellenbogen von oben in meinen Bauch hinein und presste mit. Ich spürte eine jähe Berührung an meinem Oberschenkel und eine unglaubliche Erleichterung. Meine Lungen füllten sich mit

Luft, ich atmete auf, nichtsahnend, dass ich es meinem Kind gleichtat. Und plötzlich hörte ich ein fremdes Geräusch. Erst ein leises „Hallo" und dann ein starkes „Ich bin da!" Und die Quelle dieses Lautes brachte man mir sogleich. Und da war sie! Plötzlich, frisch geboren. Das wunderbarste Geschöpf auf Erden, dass ich je gesehen habe.

Es war der zweite Dezember, 15.30 Uhr.

Meine Mutter nahm, nachdem sie mich entbunden hatte, bald wieder ihre frühere Lebensweise auf. Hat sie mich geliebt? Weiß ich nicht. Sie war eine Alkoholikerin, die tief in der Sucht steckte. Die Verbundenheit mit ihrem Kind hat nicht ausgereicht, um sich zu ändern.

Doch heute weiß ich: Mein Leben ist anders, ich bin anders! Ich darf die bewundernswerten Fähigkeiten, die bezaubernden Persönlichkeiten und betörende Herzlichkeit meiner Kinder erleben! Es ist, als würden sich alle meine Träume erfüllen.

In lieber Dankbarkeit, deine Szilvia

Karin, 35 Jahre

Liebes Leben,

das mit uns beiden lief anfangs nicht so gut, wie ich mir das vorgestellt hatte. Ich kam ohne Einladungskarte auf diese Party und merkte schnell: Ich passe auch gar nicht rein.

Meine Eltern hatten mich nicht geplant. Für solche Pläne waren sie noch zu jung gewesen und so landete ich als kleiner, folgenschwerer Unfall in einer Familie, die noch darum rang, eine zu werden. Natürlich sagte mir niemand, dass ich nicht erwünscht war, aber das war auch nicht nötig. Dass alles irgendwie nicht zusammenging, merkte ich, bevor ich solche Gedanken in Worte fassen konnte. Ich schlich auf Zehenspitzen an den Eltern meines Vaters vorbei, um Streit zu vermeiden. Mit meiner Großmutter, die im selben Haus wohnte, durfte ich nicht sprechen.

Später sagte man mir, sie hätte mir immer den Namen meiner älteren Cousine gegeben, weil sie meinen Eltern eins auswischen wollte. Ob das stimmt, weiß ich ehrlich gesagt nicht. Damals war ich zu klein. Ich weiß nur noch, dass mich die Oma einmal von einem Holzstapel herunterholen wollte, auf dem ich herumgeturnt war. Natürlich bin ich oben geblieben. Ich kletterte immer darauf herum, da gehörte ich hin.

Überhaupt war ich lieber draußen als drinnen, lieber allein als mit anderen zusammen. Das Zusammensein, besonders in geschlossenen Räumen, das ging bei uns oft schief. Wenn nicht mit mir geschimpft wurde, kein offener Streit entbrannte, dann lag eine Spannung in der Luft, die jeden Atommeiler ersetzt hätte. Unausgesprochen schwangen düstere Wellen zwischen den Eltern, die sich gegenseitig ignorierten oder zwischen zusammengebissenen Zähnen scheinbar harmlose Worte von sich gaben, mit denen sie einander trafen.

Ich spürte schon, wenn ich von draußen, von dort, wo ich mit dem Wind, den Wolken, dem Rotklee in den Wiesen alleine war, nach drinnen kam, wie schlimm es diesmal stand. Als Kind war ich zeitweise ziemlich mager. Einfach weil ich nichts herunterwürgen konnte, während meine Eltern sich gegenseitig anfunkelten. In der Schule, na ja, du weißt, ich hatte kaum Freunde. Und besonders gut war ich dort auch nicht, weil es mich nicht groß interessierte. Und überhaupt machte es keinen großen Unterschied. Eine Eins mit voller Punktzahl? „Passt schon", hieß es. Dabei war ich so stolz, weil es ja nicht oft passierte. Passt schon. Das tat weh.

Es tat auch weh, über den Zaun zu schauen. Zu den Nachbarn, deren Kinder alles hatten, was Kinder damals haben konnten. Einen Fernseher mit Videorekorder, eine Stereoanlage im Zimmer, ein Rudel Barbies, coole Möbel und natürlich Klamotten, die nicht so geblümt und voller Schmetterlinge waren wie meine. Sie hatten eine Tante, die mit ihnen einkaufen ging, ihre Mutter fuhr mit ihnen nachmittags an den See, räumte ihr Zimmer auf, trug ihnen Snacks hinterher.

Ich strich alleine durch den Wald. Hoffte, dass es nicht so bald Zeit zum Abendessen wurde, schimpfte meinen Bauch, wenn er knurrte.

Ich hatte auch eine Tante und einen Onkel. Meine Eltern mochten sie nicht, ich weiß nicht warum, aber für mich, waren sie toll. Warmherzig und spendabel. Sie schenkten mir das Lego-Set, das meinen Eltern zu teuer war. Mein Onkel zimmerte mir eine Spielküche, alles nur für mich. Aber es war gar nicht das Materielle, das mich so anzog, obwohl ich das auch genoss. Es war einfach ihre Selbstverständlichkeit, mit der sie mich teilhaben ließen, mit der sie sich bemühten, mir etwas Gutes zu tun.

Ich wusste es damals nicht, aber sie waren wichtig für mich.

Das merkte ich erst, als irgendwann um meinen zehnten Geburtstag herum die Welt komplett in Flammen stand. Meiner Mutter ging es plötzlich erschreckend schlecht. Sie lag tagelang weinend auf der Küchenbank und magerte ab, ihre Wangen fielen ein, mein Vater lief schimpfend und wütend herum, brüllte seine Mutter an (der Vater war inzwischen tot) und zeterte mit hochrotem Kopf ins Telefon. Man hat es mir nicht erklärt, aber es war nicht zu übersehen. Meine Familie stand nicht mehr unter Spannung. Sie zerbrach.

Meine Eltern waren wütend auf alle anderen - immerhin hielten sie jetzt zusammen, wollten mit niemandem mehr etwas zu tun haben.

Wir saßen gerade in der Küche, als das Telefon klingelte. Mein Vater ging hin.

„Deine Paten", sagte er und hielt mir den Hörer hin.

Mir war flau, ich konnte ihn kaum halten.

Finster funkelten die Augen meiner Mutter, mein Vater behielt mich genau im Blick.

„Hallo?", sagte ich.

„Wir wollten nur wissen, wie wir das künftig mit deinen Geschenken machen sollen", sagte mein Onkel. Er brauchte nicht mehr sagen, ich wusste es schon.

Und ein Blick zu meinen Eltern sagte mir auch, was ich antworten würde.

„Schon gut, ich brauche keine Geschenke mehr."
Ich weiß nicht, was er antwortete oder was meine Eltern sagten. Sowas wie „Passt schon" wird es wohl gewesen sein.
Ich weiß nur, ich habe den Hörer zurückgegeben, bin nach draußen gegangen. Meine Tante und den Onkel habe ich nie mehr wiedergesehen. Mit meiner Oma nur noch einmal heimlich gesprochen, mit schlechtem Gewissen und Angst im Bauch.
Inzwischen sind viele Jahre vergangen. Als ich alt genug war, bin ich auf und davon. Meine Eltern? Ich habe gemerkt, dass es besser für mich ist, sie nicht mehr zu sehen.
Leben, du weißt, wie schlecht es mir lange ging. Nicht gewollt zu sein, immer irgendwie im Weg und falsch, einfach ungenügend. Kein Verständnis für mich, für das, was ich war.

Ich habe dich gehasst, Leben, zurückgehasst, denn du wolltest mich nicht, niemand wollte mich.
Bis ich eines Tags in den Himmel schaute, die Vögel fliegen sah und spürte, wie weit mein Herz aufging, so weit, dass die ganze Welt darin versinken konnte. Und plötzlich begriff ich etwas. Leben, du wahnsinniges, wunderbares, unerklärliches Phänomen! Wie konnte mir das so lange entgehen?
Du hast mich geliebt, du hast mich gewollt. Von Anfang an. Mich, so wie ich bin, an genau diesem Ort. Denn sonst, sonst wäre ich nicht da.
Lass dich umarmen, Leben, lass dich fühlen, lass mich mit Haut und Haar zu dir gehören.

In Liebe,

deine Karin

Tess, 27 Jahre

Liebes Leben,

nun kennen wir uns schon ziemlich lange. Wären wir verheiratet, hätten wir schon unsere silberne Hochzeit hinter uns. Und trotzdem ist unsere Beziehung noch immer ambivalent. Man sollte meinen, dass wir uns nach all der Zeit ohne Worte verstehen würden, schließlich haben wir schon so viel miteinander durchlebt. Du hast mich mehr als einmal betrogen und trotzdem bin ich dir immer treu geblieben, habe dir blind vertraut und dich gebeten, dasselbe für mich zu tun. Und du lässt mich einfach stehen. Ich weiß wirklich nicht, wie ich dir das noch einmal verzeihen soll.

Ich habe mich so oft nach dem Warum gefragt und immer zuckst du nur mit den Schultern und weißt keine Antwort.

Du hast mich an Orte geschleift, an die ich gar nicht wollte. Berlin zum Beispiel. Wenn du wenigstens einen Kompromiss mit mir eingegangen wärst! Wenn du gesagt hättest: „Pass auf, wir gehen jetzt nach Berlin und da studierst du Design." Oder Dolmetschen. Oder Literatur. Es ist ja nicht so, dass meine Interessengebiete nicht weit gefächert waren. Aber nicht einmal dazu warst du bereit. Stattdessen bin ich irgendwie in der Medizin gelandet und weiß selbst gar nicht so genau, wie das eigentlich passiert ist. Und du standest nur daneben und hast gelacht. Hast gesagt: „Ach, dann such dir neben dem Studium doch einfach ein neues Hobby!"

Auf die Idee, Finnisch zu lernen, konntest auch nur du kommen. „Wozu Finnisch?", habe ich dich gefragt, aber du hattest wieder nur dieses süffisante Lächeln auf den Lippen, das deiner Antwort nicht gerecht werden konnte. Du behauptest immer, dass du spontane Situationen ergreifst, aber mittlerweile bin ich mir nicht mehr so sicher, ob du das nicht alles von langer Hand geplant hast. Kann es denn ein Zufall sein, dass ich zwei Jahre später in einem Praktikum in Turku gearbeitet habe? Nein, ich denke nicht.

Wie du mich dazu bekommen hast, mit dem Tango tanzen anzufangen, ist mir heute noch ein Rätsel.

„Das wird Spaß machen!", hast du gesagt. „Du wolltest doch schon immer mehr Sport machen."

Inwieweit argentinischer Tango als Sport zu klassifizieren ist, sei jetzt mal dahingestellt. Wenn man erst einmal mit einer Zehenspitze in diesen geheimnisvollen Berliner Untergrund getreten ist, merkt man, dass mehr dazugehört als eine wöchentliche Tanzstunde. Diese nächtlichen Tanzabende in versteckten Hinterhöfen zu spanischer Herzschmerzmusik; ich hätte ahnen müssen, dass da mehr dahintersteckt. Ich glaube, dass ich weiß, was dich daran gereizt hat, wo du mir doch immer Spontanität und Improvisation predigst. Ein Tanz, bei dem es keine festen Schritte gibt, sondern jede Bewegung eine intuitiv entstehende Kommunikation zwischen den Tanzenden ist – ja, das muss für dich der Himmel gewesen sein.

Aber kannst du mir bitte verraten, warum du mich damals nicht gewarnt hast? Vor diesen schönen Augen, diesen fließenden Bewegungen, diesem Gefühl, als würde meine Welt den Atem anhalten, wenn er mit mir tanzte? Vor spontanen Reisen nach Prag, Athen und Kalifornien; im Handgepäck unsere Zahnbürsten und ein paar Tanzschuhe? Vor all den Nächten, in denen wir bis zum Morgengrauen geredet haben, in denen wir lachend auf dem Balkon saßen und Kirschsaft aus Weingläsern tranken? Nächte, in denen wir in Bussen durch Berlin irrten und uns die Füße an S-Bahn-Bahnsteigen gefroren? Vor den Momenten, in denen ich Angst hatte zu fallen und mich in seine Arme flüchtete?

Du hast mich nach Paris begleitet, um mir dort vor Augen zu führen, wie seltsam es sein kann, jemanden zu vermissen, den man eigentlich gar nicht vermissen will.

„Man kann nur dann aufrichtig lieben, wenn man das Risiko eingeht, verletzt zu werden", hast du gesagt. Aber weißt du, du hättest dich klarer ausdrücken können.

„Du kennst ihn fast solange wie mich", hast du gesagt und erst jetzt wird mir klar, dass du diese Worte in einem neutralen Tonfall gesprochen hast. Denn jedes Mal, wenn ich glaubte, dich nun endlich durchdrungen zu haben, hast du mich eines Besseren belehrt. Mit jedem Jahr, das verstrich, mit jeder Entscheidung, die wir trafen, musste ich lernen, dass ich eigentlich gar nicht weiß, wer du bist. Wieso sollte es dann mit Menschen anders sein?

Da stehst du nun also und schaust mich an, als könnte dich kein Wässerchen trüben. Wo die große Leere ist, bist du zurückgeblieben. Du bist noch immer da. Und wahrscheinlich ist es das, was unsere Beziehung so besonders macht. Für dich gab es nie jemand anderen. Du hast mich zwar oft enttäuscht, aber du hast mich nie im Stich gelassen. Du hast mir immer gezeigt, dass es irgendwie weitergehen wird.

Als ich das Gefühl hatte, wertlos zu sein, bist du an meiner Seite geblieben. Als ich dachte, nicht genug zu sein, hast du mich nicht aufgegeben. Als ich fürchtete zu scheitern, hast du an mich geglaubt. Jetzt weiß ich, dass ich mit jedem Tag, den wir gemeinsam verbringen, stärker werde. Dass ich an jedem Tag wachse und ein Stückchen mehr ich selbst geworden bin. Du hast aus jeder vermeintlich falschen Entscheidung, aus jedem Unglück, aus jedem Liebeskummer und aus jeder Niederlage etwas hervorgezaubert, ohne dass ich heute nicht mehr sein könnte. Es gibt viele Dinge, die ich gern bereuen würde, aber es fällt mir schwer, das zu tun, weil aus ihnen andere, wunderschöne Augenblicke erwachsen sind, die ich um nichts in der Welt missen möchte. Weil sie neues Leben kreierten.

Du hast mich in meinen Entscheidungen nie eingeschränkt, weil du wolltest, dass ich Dinge probiere, die ich mir nicht zugetraut hätte. Du wolltest, dass ich über mich hinauswachse und dass ich erkenne, dass es so viel mehr da draußen gibt. Du hast es mir alles zeigen wollen: Die Ausgelassenheit, die Anstrengung, das Kämpfen, das Sprechen, das Reisen, das Tanzen, das Lieben und den Schmerz. Weißt du, liebes Leben, auf den Schmerz hätte ich gut und gern verzichten können. Auch auf all den Schmerz, der noch kommen wird. Manchmal fällt es mir sehr schwer, daran zu glauben, dass es einen neuen Lichtblick geben wird, dass du aus diesen Scherben ein neues Bild formen kannst.

Aber ich weiß, dass du es schaffen wirst, dass wir es schaffen werden.

Und dafür bin ich dir zutiefst dankbar.

Susan, 36 Jahre

Liebes Leben,

ich wollte dir gerne schreiben, wie sich mein Leben in den letzten circa acht Jahren verändert hat. Wie sehr ich dich zum Teil gehasst habe und wie stark meine Verzweiflung war. Letzten Endes wurde alles gut und ich wünsche mir kein anderes Leben, als das, was du dir für mich ausgesucht hast.

Vielleicht kannst du dich noch an das Jahr 2009 erinnern? Im November wollten mein Mann und ich am Sonntag Mittagessen gehen, als du meintest, ich könnte auf mein Schnitzel verzichten und sechs Wochen früher ins Krankenhaus gehen, weil meine Fruchtblase geplatzt war.

Ich musste vier Tage bleiben, bis unser Sohn endlich am Donnerstag zur Welt kam und unser Leben komplett umkrempelte. Und zwar gleich um 360 Grad, denn er kam mit einem Herzfehler zur Welt, den keiner vorher bemerkt hatte.

Als wir das von den Ärzten erfuhren, wurde uns der Boden unter den Füßen weggezogen und ich verfluchte dich zum ersten Mal!

Unser Sonnenschein musste zwei Monate im Krankenhaus bleiben, bis er nach München zur Herz-OP verlegt wurde und wir in das Elternhaus nebenan einziehen durften. Mittlerweile hatte ich mich zwar an den Gedanken gewöhnt, dass unser Sohn eine Operation am offenen Herzen benötigte, doch als der Tag dann bevorstand, war ich allerdings ein reines Nervenbündel. Ich fühlte mich hilflos und es brach mein junges Mutterherz, ihn den Ärzten an der Schleuse zum Operationssaal zu übergeben. Nach Stunden des Wartens, in denen ich dem Wahnsinn so nah, wie nie zuvor war, holten uns die Ärzte endlich wieder zu ihm. Die OP war gut verlaufen und wir erleichtert. Leider teilten uns die Ärzte noch mehr mit. Unter unseren Füßen tat sich erneut ein riesiges Loch auf.

Was sollte das, liebes Leben? Das war absolut nicht in Ordnung! Uns wurde erklärt, dass unser Sohn einen anatomisch zu kleinen Kehlkopf hatte und daher nur äußerst schwer zu intubieren war. Sie mussten einen Tubus verwenden, der für extreme Frühchen mit nur ein paar hundert Gramm war.

Für uns hieß das Folgendes: Sobald unser Sohn eine erneute Operation benötigen sollte, mussten wir das den Ärzten mitteilen. Uns wurde in Aussicht gestellt, dass sich alles verwachsen könnte und er später keine Probleme haben würde, aber vorerst immer darauf hinzuweisen sei.

Wir waren etwas beruhigter. Dem Herzen ging es gut und es gab kein Anlass für eine weitere OP.

Ende Januar durften wir das Krankenhaus endlich verlassen. Wir freuten uns wie Schneekönige. Es war ein unbeschreibliches Gefühl. Euphorisch, aber auch ängstlich. Schließlich hatten wir jetzt keine Monitore mehr um uns herum, die alle Funktionen unseres Sohnes überwachten.

Zu Hause spielte sich alles recht schnell ein und wir übergossen unseren Liebling mit noch mehr Liebe.

Drei Monate ging alles gut. Eines Nachts hörte ich seltsame Geräusche aus dem Babybettchen, das direkt vor unserem Bett stand. Unser Sohn atmete merkwürdig. Ich weckte meinen Mann, es war mitten in der Nacht und wir beschlossen beide, dass es das Beste wäre in die Notaufnahme des Kinderkrankenhauses zu fahren. Dort wurde er untersucht und zur Beobachtung aufgenommen, da er wahrscheinlich erkältet war. Seine Atmung wurde auch am nächsten Tag nicht besser und auch die nächste Nacht nicht. Er musste inhalieren und ständig sah eine Schwester nach ihm. Der RSV-Test, der zuallererst in der Notaufnahme vorgenommen wurde, fiel negativ aus. Da sich die Situation nicht besserte, sondern sogar noch verschlimmerte, wurde ein zweiter Test gemacht und dieser war positiv. Zu diesem Zeitpunkt schwoll der zu kleine Kehlkopf unseres Sohnes so sehr zu, dass er zu ersticken drohte. Es wurde der Anästhesist gerufen, die Intensivstation für alles Notwendige vorbereitet und wir wurden weggeschickt.

Ich verfluchte dich ein zweites Mal und konnte nicht glauben, dass du uns nochmal so etwas Schreckliches mitmachen ließest. Unser Sohn wurde mit dem Hubschrauber nach München geflogen und wir rasten mit dem Auto hinterher. Auf dem Weg in die Klinik fiel mir ein Spruch ein, den mir mal irgendwer gesagt hatte: Jeder bekommt das Kind, für dessen Schicksal er stark genug ist.

Hieß das, wir waren stark genug, auch diese Krise zu meistern? Und was würde passieren, wenn wir es nicht waren? Ich wusste, dass unser Sohn ein Kämpfer war, also mussten wir es auch sein!

Es folgten weitere Jahre, in denen wir im Kinderkrankenhaus bekannt waren wie ein bunter Hund, weil wir in jeder Erkältungssaison mit Pseudokrupp eingeliefert wurden. Dabei spielte es keine Rolle, ob es nachts (was es hauptsächlich war) oder tagsüber war. Wir fingen an, uns mit der Situation abzufinden und uns darauf einzustellen. Wir wurden im Umgang mit den Medikamenten routinierter und auch mit den Fragen der Notärzte. Im Klartext, wir wurden abgebrüht. Uns konnte nichts mehr schocken! Umso stolzer bin ich auf meine kleine Familie heute. Wenn ich zurückdenke an die Schwierigkeiten, an die vielen Arztbesuche, an die Klinikaufenthalte … Was haben wir nicht alles gemeistert. Und mit jedem Jahr wurden wir stärker, der Zusammenhalt wurde größer, wir konnten uns immer mehr aufeinander verlassen, wir wurden zu einem eingespielten Team. Ich freue mich jeden Tag über diese große Aufgabe von dir, liebes Leben, und dass wir sie mit Bravour bestanden haben. Heute sind alle gesund! Der Junior hat ein tolles Leben, nette Freunde, er geht sogar ins Taekwondo und ist immer gut gelaunt.

Wir können alles schaffen, was wir uns vornehmen. Wir wachsen in Extremsituationen über uns hinaus! Und letztendlich denken wir doch meist nur an die schönen Erinnerungen, die wir in unserem Leben haben durften. Auch ich denke bei meinem heranwachsenden Sohn an das Positive: Wie er das erste Mal lachte, seine ersten Schritte, den ersten Kindergartentag und dann den ersten Schultag. Es gibt noch so vieles zu entdecken und zu bewältigen und ich bin froh, dass ich das alles mit meiner Familie teilen darf. Ich danke dir, liebes Leben, du bist einfach wunderbar!

Es grüßt dich herzlich,

Susan

Beate, 46 Jahre

Ausbruch aus dem Alltag - auf nach Afrika

Nach langen Überlegungen, Gesprächen und organisatorischen Planungen war die Entscheidung gefallen, sich ganz alleine, ohne Familie oder Freunde, auf den Weg nach Namibia zu machen, um dort eine Freundin zu besuchen. Der Alltag samt Kindern, Arbeit und damit zusammenhängenden Verpflichtungen wurde zu Hause gelassen.

Nach 10-stündigem Flug und einigen hundert bis tausend Kilometern im Auto durch atemberaubende Landschaften, ausgetrocknete Canyons, endlos wirkende Wüstenlandschaften, unbeschreibliche Weiten, der größten Düne der Welt (Sossusvlei) und beeindruckenden Sonnenuntergängen mit prächtigem Farbenspiel der Natur, erreichten wir unser letztes Ziel: Den Etosha Park.
Hier gingen wir mit dem Landy auf Tiersuche. Da die Regenzeit gerade geendet hatte, war es nicht ganz so einfach, Tiere zu finden. Die Wasserlöcher waren zwar reichlich mit Wasser gefüllt, doch hatten die Tiere genügend Flüssigkeit in den Sträuchern und Bächen, sodass sie nicht zwingend zum Wasserloch kommen mussten.
Also fuhren wir durch die Gegend und gaben uns erst einmal mit Zebras, Springböcken, Straußen und einer Giraffe zufrieden. Doch wollten wir in den nächsten Tagen auch noch etwas ganz Besonderes, Beeindruckendes sehen.
Am nächsten Morgen gingen wir um 6.00 Uhr mit unserem Landy auf die Pirsch. Schon bald konnten wir im Gebüsch ein großes Tier ausmachen. Wir waren jedoch zu weit weg, um das Tier genauer zu sehen. Also fuhren wir näher heran. Und da konnten wir erkennen, dass es sich um ein Black Rhino handelte. Diese schwarzen Nashörner gelten als gefährlich und unberechenbar. Die Aufregung stieg, als das Nashorn aus dem Busch auf die Straße trat und wir uns direkt gegenüberstanden (natürlich im Auto). Wir konnten dem Nashorn direkt in die Augen schauen. Jetzt waren wir nah genug dran. Meine Freundin hatte Erfahrung mit Tieren und wusste, dass die Situation wegen der Unberechenbarkeit der Black Rhinos gefährlich werden konnte. Ich bemerkte die angespannte Lage und spürte mein Herz schlagen, traute mich kaum, zu atmen. Das Nashorn nahm uns voll ins Visier, sodass meine Freundin vorsichtig den Rückzug vorschlug. Doch wurde daraus leider nichts. In der Aufregung bekam sie den Rückwärtsgang nicht rein und wir konnten den Abstand zu diesem

gefährlichen Tier nicht vergrößern. Unser Herz schlug schneller und die Angst stieg, dass das Nashorn gleich anlaufen und uns samt unserem Auto auf sein Horn nehmen würde. Doch je hektischer meine Freundin wurde, den Rückwärtsgang einzulegen, desto mehr scheiterte sie. Der Rückwärtsgang wollte einfach nicht reingehen. Wir hielten die Luft an und mussten abwarten und... auf unser Glück hoffen. Und so war es auch. Das Nashorn verlor das Interesse an uns und lief gemütlich auf die andere Seite der Strasse in den nächsten Busch. Wir konnten wieder Luft holen und waren heilfroh mit einem heftigen Schrecken davon gekommen zu sein. Manchmal im Leben ist man nicht mehr Herr der Lage und muss auf sein Glück vertrauen. Und genau das wünsche ich euch in eurem Leben, dass das Glück euch treu bleibt, auch wenn ihr mal keinen Einfluss auf eine bestimmte Situation nehmen könnt.

Das zweite unvergessliche Ereignis geschah an einem Wasserloch. Hier kann man hinter einem sicheren Zaun auf Bänken sitzen und die Tiere am Wasserloch beobachten. Wir machten uns bei Dämmerung auf den Weg und verbrachten einige Stunden dort, leider ohne Tiere zu sehen. Dafür saßen wir in einer unbeschreiblichen Atmosphäre in der Stille der Nacht. Wir waren mittlerweile die einzigen Besucher an diesem Ort, starrten in die Dunkelheit und genossen die Stille der Natur. Ein bisschen traurig waren wir schon, schließlich hatten wir nicht ein einziges Tier gesehen. Doch hielt uns eine Flasche Wein, die oft unerkannten Geräusche der Natur und die mystische Atmosphäre der Prärie weiter am Wasserloch.

Ganz plötzlich, aus dem Nichts, zuckten wir zusammen und saßen stocksteif da. Unsere Ausdauer zu warten hatte sich gelohnt. Nein, es war kein Tier am Wasserloch zu sehen, doch durchbrach ein lautes, atemberaubendes Löwengebrüll die nächtliche Stille und ging uns durch Mark und Bein. Wer solch ein Gebrüll in freier Natur je gehört hat, wird erleben, dass auch bestimmte Geräusche nachhaltig unter die Haut gehen und in unvergesslicher, beeindruckender Erinnerung bleiben können. An diesem Abend konnten wir leider keine Tiere beobachten, doch war das Löwengebrüll noch viel beeindruckender und wird uns für immer in freudiger bis erschreckender Erinnerung bleiben.

Manchmal werden wir im Leben auf Erlebnisse und Situationen stoßen, die für unsere Augen unsichtbar sind. Wir können andere Sinnesempfindungen erfahren, die von großer Bedeutung sind.

„Vor allem sieht man mit dem Herzen gut. Das Wesentliche ist für die Augen unsichtbar." Das beschrieb auch schon Antoine de Saint-

Exupéry in „Der kleine Prinz". So hört auf eure Gefühle und lasst euch in eurem Leben von eurem Herzen leiten! Euer Gefühl wird euch den Weg zum Glück zeigen. Sicher wird der Weg auch mal Kurven und Sackgassen haben, aber am Ende sollt ihr alle euren Weg zum Glück finden, das wünsche ich Euch!!

Aurora, 29 Jahre

Leben,

ich muss sagen, du bist eine richtige Bitch. Ich habe häufig das Gefühl, du hättest einem anderen die Chance geben sollen, mit dir etwas anzufangen. Ich warte oft auf die Erleuchtung oder den einen Moment, in dem es „Klick" macht und ich endlich weiß, was ich mit dir anstellen soll, was meine Berufung, meine Bestimmung ist. Dieser Moment wird niemals kommen.

Wer auch immer uns beide miteinander verbunden hat, muss ein richtiger Scherzkeks gewesen sein. Ich denke, dass ich einfach nur eine riesige Enttäuschung für dich bin. Ich mache nichts aus dir. Eigentlich wollte ich über etwas ganz anderes schreiben, aber nun fühlt sich das hier umso richtiger an. Mit meinen 29 Jahren stehe ich vor dem Nichts. Ich habe nichts geschaffen, mir nichts aufgebaut. Ich habe nichts aus dir gemacht. Aber wohin soll man gehen, wenn man die Richtung nicht kennt? Im „Irgendwas" machen bin ich immer gut gewesen, aber so kommt man eben auch nirgendwo an.

Mit meinen 29 Jahren denke ich beizeiten über (nennen wir es mal altersgemäße) Themen wie Hausbau oder Kinder nach. Zu welchem Ergebnis komme ich dann? Zu gar keinem. Irgendwie habe ich da keinen Standpunkt zu. Während alle in meinem Umfeld in eine Richtung losmarschieren, stehe ich einfach nur da und sehe mich um. Ich habe oft das Gefühl, dass ich noch gar nicht fertig, bin mit mir selbst. Wie soll ich da die Verantwortung für etwas so Großes, so Bedeutendes tragen?

Zuletzt bin ich dieser Orientierungslosigkeit mit großem Hass entgegengetreten. Wie ein Tier, das sich in die Ecke gedrängt fühlt und der Welt die Zähne zeigt, weil es selbst nicht mehr weiter weiß.

Eines ist mir mittlerweile bewusst geworden: Dieser hasserfüllte Weg ist nicht mein Weg. Zuletzt habe ich ihn mir als grünes Gas vorgestellt, das durch die Nase hoch in den Kopf steigt und die Seele vergiftet. Es hat dich fest im Griff und hilft dir, die Dinge leichter zu ertragen. Es gibt einen Menschen in meinem Leben, mein Seelenzwilling, mit dem ich diese Gedanken teile. Er hat sich für diesen Weg entschieden. Die Welt hat ihm ihr hässlichstes Gesicht gezeigt, darum verstehe ich, weshalb er ihr nicht mehr anders begegnen will. Der Hass macht es leicht, Dinge in schwarz und weiß zu unterteilen. Aber die Dinge sind nicht nur schwarz und weiß, genauso wenig wie Menschen. Allerdings haben Menschen und Dinge eines gemeinsam: Sie sind einfach. Man kann alles und jeden auf ein paar Sätze oder Eigenschaften herunter brechen. Wenn man das einmal verstanden hat, ist das Leben, bist du, ziemlich simpel.

Mit diesen Gedanken im Hinterkopf bin ich dir noch einmal entgegengetreten. Ich hatte ja nichts mehr zu verlieren. In Gedanken hatte ich mich schon tausend Mal von dir verabschiedet. Ich ließ mich von dem Strudel meiner tiefschwarzen Gedanken hinunterziehen und suhlte mich in meinem Selbstmitleid, warst du doch so schrecklich und aussichtslos. Dann kam der Punkt, an dem ich wusste: hopp oder top. Und ich kam ins Grübeln.

Warum ging ich nicht den leichten Weg, warum machte ich es mir nicht leicht? Die Antwort war so erstaunlich wie einfach: Weil ich dich liebte, weil ich an dir hing. Aber warum? Wenn doch alles aussichtslos, alles tiefschwarz war, wieso bedeutetest du mir noch etwas, hattest du mich doch zu Boden geworfen und hieltest mich dort?

Weil es nicht immer so war. Du und ich, wir hatten eine wundervolle Liebesgeschichte, bis ich mir selber das Genick brach. Und ich erkenne in diesem Moment: Nicht du trägst die Schuld. Und ich tue es auch nicht. Schuld bringt niemanden weiter, am Allerwenigsten uns zwei. Und ich erkenne: Du hast mich auf diesen Weg geschickt, damit ich erkenne. Und damit ich es nicht besser, aber anders mache.

Darum ist die Frage, die sich am Ende stellt vielleicht gar nicht: „Was willst Du von mir?", sondern vielmehr: „Was will ich von dir, jetzt, da wir zwei soweit sind?"

Fortsetzung folgt.

Das Leben, es ist so vielfältig! Ob negativ oder positiv – beides kann eintreffen. Nur die Hoffnung darf man niemals aufgeben.

Traumatisierungen durch Gewalt von klein auf, egal ob verbaler, körperlicher oder sexueller Art, sind Erfahrungen, die mein Leben geprägt haben. Ohne Liebe, Geborgenheit, Sicherheit, Sozialverhalten, Schutz von der Gesellschaft, all das wurde mir nie gegeben. Ganz im Gegenteil. Die Gedankenkreisel: Ich kann nichts, ich bin ein Nichts, ich bin nichts wert, niemand möchte etwas mit mir zu tun haben, das was ich sage, ist immer falsch.

Ein falsches Bild hatte ich von mir, ich traute mich gar nichts mehr, schon gar nicht, irgendjemandem zu widersprechen, nicht einmal in Gedanken. Ich glaubte alles, was mir gesagt wurde, ob es wahr oder falsch war. Aber was ist richtig, was falsch? Gibt es das überhaupt? Ich wusste es nicht.

Bis ich 39 Jahre alt war, habe ich immer für andere gelebt, jedoch nicht für mich. Ich habe so viele verschiedene Kliniken besucht, stationär, teilstationär oder ambulant, kam aber nie aus diesem Teufelskreis heraus.

Wiederholte Traumatisierungen, neue Gewalttaten – mittlerweile dachte ich auch einfach, es gehöre zum Leben dazu. Ich habe mich von meinem Körper abgespalten und von oben zugesehen und gewartet, bis es vorbei war. Starke Selbstzweifel traten immer wiederkehrend auf, häufig hatte ich Depressionen sowie Gefühle von Hoffnungslosigkeit und Ohnmacht. Oft hatte ich Einschlafprobleme, war sehr schreckhaft, hatte Gedächtnisstörungen, Konzentrationsschwierigkeiten oder Alpträume. Es kamen Erinnerungen an all die traumatischen Ereignisse, die ich erlebt hatte, sowie immer wiederkehrende Flashbacks. Tagsüber erlebte ich immer wieder sehr real Szenen der schrecklichen Situationen. Manchmal tauchten auch nur Bruchstücke auf, wie Gerüche, Geräusche oder Körperempfindungen, so dass ich ganz schnell wieder in der alten, vergangenen Situation drin war. Es fühlte sich an, als würde ich alles wieder erleben.

Ich wurde von vielen Verletzungen der Seele und des Körpers geprägt, kannte nichts anderes. Ich lernte immer wieder dieselben Typen von Menschen kennen, die genauso waren, wie die Menschen, die mich, von klein auf, geprägt hatten. Das war meine Realität, es gab nichts Anderes für mich.

Im Erwachsenenalter bekam ich sehr viele Psychopharmaka, da das Leben für mich zu einem Kampf geworden war. Ich hatte einen Selbstmordversuch hinter mir und hatte mich und meinen Körper aufgegeben. Ich fing an zu hungern, begann mit selbstverletzendem Verhalten, damit ich meinen Körper überhaupt spürte, um wieder im Hier und Jetzt anzukommen. Sehr oft stand ich neben der Spur, jedoch hatte ich nie aufgehört, die Hoffnung zu bewahren: Es musste doch auch mal besser werden! Allerdings sah die Realität wie immer anders aus. Es war meine Welt, in der ich gefangen war und die ich nicht loslassen konnte. Etwas Neues machte mir Angst und die Versagensängste, mit diesem Neuen nicht umgehen zu können, geschweige denn überhaupt etwas richtig zu machen oder auch nur zu denken, lähmten mich. Kann ich das überhaupt? Bin ich es wert, dass sich jemand für mich interessiert, sich um mich kümmern wollen würde?

Ich musste erst sehen, merken, durch ganz kleine Schritte und jahrelange Traumatherapie lernen, dass es noch etwas anderes gibt und dass es doch nicht so schlecht ist, das Leben. Ich musste erst lernen, überhaupt Gefühle und eigene Gedanken haben zu dürfen, erlernen, wie ich damit umgehen kann, ohne kopflos umher zu irren. Denn es kostete alles viel Kraft und das Gefühl, dass wirklich jemand für mich da ist, jemand, der mir nicht weh tun will, und dass es so sein darf, mich darauf einzulassen, das zu akzeptieren, ist wirklich nicht einfach gewesen.

Jedoch: Man kann es schaffen! Das Wichtigste ist Hoffnung, Mut, Kraft und die innere Stärke, sich nicht komplett aufzugeben. Das alles musste ich auch erstmal lernen. Was ist das überhaupt genau? Das Vertrauen erlernen – was ist Geborgenheit, was ist Sicherheit? – Hilfe, Selbstliebe annehmen zu können und zu dürfen. Es ist ein stetiger innerer Kampf zwischen dem jetzigen und dem damaligen Leben.

Ich lebte immer in meiner eigenen Welt, es kam nie etwas richtig an bei mir, auch wenn ich etwas verändern wollte, es ging einfach nicht. Das Wichtigste, das ich gelernt hatte, war, Hilfe anzunehmen und Vertrauen aufzubauen, dann merkte ich auch, dass ich reden durfte und diese Person nicht schlecht von mir denkt. Das war der Grundstein: das Vertrauen zu meiner Therapeutin, dadurch Sicherheit zu spüren – sie tut mir nichts, ich bin auch etwas wert. Ich bin so ok, wie ich bin, egal was ich tue. Ich habe immer mehr aus mir rausgelassen, entdeckt, dass es verschiedene innere Kinder gibt, die alle ihr eigenes Schicksal haben und Liebe und Geborgenheit brauchen. Alles aufzudröseln, hat sehr viel Kraft gekostet, doch meine Hoffnung wuchs immer weiter. Neues tut gar nicht weh, es erweiterte und veränderte mein Leben, meine Gedanken.

Langsam fing ich an, auch daran zu glauben und ließ immer mehr zu. Durch Absetzen meiner Tabletten wurde ich auch langsam klarer und bekam dank ambulanter Traumatherapie nach und nach andere Sichtweisen. Kämpfte immer mehr, spürte, wie ich stärker wurde! Ab und zu konnte ich sagen: „NEIN, das WILL ich nicht!" Danach übernahmen aber noch häufig die Angst und das schlechte Gewissen wieder die Kontrolle. „Jetzt habe ich etwas falsch gemacht, ich bin schlecht und gleich gibt es Ärger". Doch was passierte? Nichts! Erschrocken über die neue Situation spürte ich erst eine Leere, es passierte etwas anderes, als ich es erwartet hatte. Darf es sein? Ich traute mir immer mehr zu und hatte auch sehr viele EMDR's (Desensibilisierung und Verarbeitung durch Augenbewegung). Ich war dafür offen, Hauptsache, mir wird geholfen.

Ich hatte immer ein Fläschchen Lavendelöl in der Tasche, denn der Duft brachte mich ins Hier und Jetzt zurück. Dann Pfefferspray zur Sicherheit. Auch zwei besondere Steine, die ich geschenkt bekommen hatte, die mir sehr wichtig sind. Ich war nicht mehr alleine. Immer wieder hatte ich Therapien gemacht, mehr Hoffnung bekommen, fest daran geglaubt, es könnte besser werden, und jeden Tag und jede Nacht mit mir gekämpft, mit dem früheren Leben und mit dem neuen.

Ich habe mich wirklich intensiv mit meinem Leben auseinandergesetzt. Dann fing es an, dass ich auch wieder Platz in meinem Kopf bekam, vor allem für Gutes. Umso stärker ich wurde, wuchs mein Selbstbewusstsein an. Es wuchs und ich fing an umzudenken: So schlecht bin ich doch gar nicht! Ich kann doch etwas! Ich arrangiere mich mit meinem kurzen Schlaf jede Nacht, habe noch sehr viele Alpträume, mache mir aber keinen Druck mehr.

Jetzt sind die Kraft und die Stärke gewachsen, dass ich die schlimmen Alpträume verarbeiten kann, nun ist der Zeitpunkt gekommen! Ich hoffe, dass dann auch mehr Schlaf möglich sein wird. Es ist so, wie es ist, und das schaffe ich auch noch!

Ja, ich war ein Opfer, aber ich sage jetzt, nach 41 Jahren: Ich habe es geschafft! Klar, ist das Vergangene nicht vergessen, jedoch habe ich gelernt, damit umzugehen, und ich kann sogar mittlerweile stolz auf mich sein!

Ina, 44 Jahre

Liebes Leben,

jetzt bin ich mittlerweile 44 Jahre alt und hoffe, dass ich mindestens noch einmal so lange auf der Erde sein werde, denn ich hänge an dir, obwohl du mir immer mal wieder Steine in den Weg legst.
Mal sind es nur Kieselsteine, oft sind es aber auch Felsbrocken, die ich nicht immer überwinden kann.
Eine Routineuntersuchung brachte mein Leben erneut ins Wanken. Leider fiel meine Ärztin aus und so musste ich zu ihrer Vertretung. Der Satz, der alles um mich herum dunkel werden ließ, war: „Sie haben da einen Tumor."
Mir wurde heiß und kalt und die Welt fiel in sich zusammen. Wie durch einen Schleier nahm ich die weiteren Untersuchungen wahr. Ich dachte an meinen Sohn, den ich mit seinen damals gerade zehn Jahren nicht alleine lassen wollte.
Nachdem ich endlich aus der Praxis raus war, fuhr ich zu einem Parkplatz am Waldrand und ließ meinen Tränen freien Lauf.

Vier Jahre zuvor:
„Nur ca. 2% erleben mit dieser Krankheit die nächsten fünf Jahre" Müssen Ärzte manchmal so gnadenlos direkt sein? Gehört es nicht auch zu ihren Aufgaben den Menschen Mut zu machen, damit sie sich nicht aufgeben, ihnen Zuversicht und Halt zu geben?
Mir wurde schwarz vor Augen und ich merkte, dass ich gleich zusammen brechen würde.
Wie konnte der Arzt, mit einem Lächeln im Gesicht, das Todesurteil über meine Mutter sprechen?

In diesem Moment war ich unendlich traurig, aber gleichzeitig breitete sich eine Wut in mir aus, die diese Diagnose nicht akzeptieren konnte.
Als ich mit Tränen in den Augen nach Hause fuhr, während meine Mama nach der OP auf der Intensivstation lag, versprach ich ihr, alles für sie zu tun, damit sie die Krankheit besiegen kann.
Und so kämpften wir fast vier Jahre lang. In der Zeit verbrachten wir viele schöne Momente und sehr viele traurige und verzweifelte. Jedes Mal, wenn wir dachten, sie hätte gewonnen, bewies uns das Ergebnis eines CT´s leider das Gegenteil. Die Chemo wurde zum ständigen Begleiter.

Meine Mutter sprach mit mir nie über den Tod, doch ich sah die Angst in ihren Augen.

Sie wollte doch so gerne ihre Enkelkinder aufwachsen sehen.

Ich versuchte ihr Mut zu machen, sich nicht aufzugeben und ihr Hoffnung zu schenken.

Sie versuchte auch alternative Methoden. Wie entscheidet man richtig?

Es gibt keine zweite Chance. Einmal falsch behandelt, ist man wieder ein Schritt weiter in die falsche Richtung. Während der ganzen Zeit war sie einmal krebsfrei. Das gab ihr Mut und Zuversicht.

Wir dachten, sie bekomme noch ein paar Jahre geschenkt.

Doch leider hat der Krebs ihr dann nur drei Monate gelassen. Ich frage mich noch immer, weshalb? Und ich vermisse sie wie am ersten Tag. Sie fehlt unendlich. Der einzige kleine Trost ist, dass ihr Wunsch am Ende nicht lange leiden zu müssen, erfüllt wurde.

Ihren Blick, als sie zum letzten Mal ihr Zuhause sah, in das sie nie mehr zurückkehren durfte, werde ich niemals vergessen.

Und dann, ein halbes Jahr nach dem Tod meiner Mutter, diese Diagnose! Der gleiche Tumor wie bei ihr. Ich musste mit meiner Angst, die mir manchmal die Luft zum Atmen nahm, alleine zurechtkommen. Angst, meinen Sohn vielleicht alleine lassen zu müssen und Angst um mein Leben.

Zum Glück war ich in der Klinik keine Nummer, sondern Mensch. Und so erholte ich mich schnell von der OP. Es folgten zwei Wochen voller Angst und Panik und dann das Ergebnis: Der Tumor war gutartig.

Danke liebes Leben für diese zweite Chance!

Danach fuhr ich mit meinem Sohn zur Kur, auch, weil er den Tod seiner geliebten Oma ebenfalls nicht verkraften konnte. Sie war für ihn wie eine zweite Mama und immer für ihn da. Die beiden hatten eine ganz besondere Verbindung und verstanden sich blind.

Da ich ein Jahr nach seiner Geburt wieder arbeiten ging, verbrachten sie sehr viel Zeit miteinander.

Für die Liebe und Zeit die meine Mama ihm geschenkt hat, bin ich ihr ewig dankbar.

Für mich ist das das Wertvollste, was man einem Kind schenken kann. In der gesamten Zeit von der Erkrankung meiner Mutter, bis zu meiner Operation und vor allem auch durch die Gespräche in der Kur ist mir zum Glück endlich einiges bewusstgeworden. Wir haben nur dieses eine Leben.

Für mich bedeutete diese Erkenntnis, mich langsam von Dingen und Menschen zu befreien, die nicht gut für mich sind. Und auch mal nein zu sagen. Was mir auch heute noch schwerfällt, da ich immer denke, dass mich jeder mögen muss.

Die erste Konsequenz dieses neuen Bewusstseins führte dazu, dass ich nach jahrelangem Mobbing meine Arbeitsstelle kündigte. Dieser Schritt war nicht leicht, aber es war der Richtige und ich fühle mich wohl. Vor allem genieße ich jetzt auch die kleinen Dinge des Lebens und ich liebe meine Auszeiten, die nur für mich sind. Diese Auszeiten gönne ich mir, egal wie stressig es ist.

Sie sind wichtig für mich, gerade in Zeiten, in denen ich an dir, liebes Leben, zweifle.

P.S: „Wenn du schlafen gehst, leg dir ein bisschen Hoffnung unter dein Kopfkissen und nimm sie mit in den neuen Tag."

Vivian Donna, 26 Jahre

Liebes Leben,

wenn man Zeilen schreibt wie diese, an etwas, dass uns alles ermöglicht, alles gibt und alles nehmen kann, überlegt man ganz genau, was man sagen möchte, oder was man zu sagen hat. Doch es ist wie immer mit Dir: Alle Planung nützt nichts, du wirfst doch wieder alles um.
Es gab Zeiten in denen ich nicht wusste was Du von mir möchtest, was ich von dir möchte, geschweige denn, wie ich Dich bewältigen sollte. Ich wusste nichts mehr mit Dir anzufangen. Du hast mir Aufgaben gestellt, die ich alleine nicht bewältigen, die ich nicht verarbeiten konnte. An manchen Tagen dachte ich, Du zerstörst mich. Meine Seele hattest Du jedenfalls zerstört.
Du besitzt eine Kraft, so unberechenbar wie eine Naturgewalt. Du brachtest mich in Situationen, die mich verschluckten. In meiner Kindheit und in meiner Jugend. Die Folge, die ich tragen musste, war Borderline, was im Nachhinein betrachtet kein großes Wunder ist. Wie sollte sich eine Persönlichkeit gesund entwickeln bei all dem, was Du mir aufgebürdet hattest? Ich konnte Dich und mich nicht mal mehr beschreiben, wenn ich gefragt wurde. Wie beschreiben Sie ihr Leben? Schwerer schwarzer Nebel war das, womit ich Dich am ehesten darstellen konnte. So erdrückend und undurchsichtig. Wie sollte ich Dich da verstehen? Wie sollte ich meinen Weg finden? Du warst so unfair und meine Fragen an Dich blieben immer unbeantwortet. Warum ich? Warum tust du mir das an? Warum reicht nicht eine Sache, nicht eine Aufgabe? Nicht ein Trauma? Warum muss es so weh tun? Dieser immer wiederkehrende Schmerz. Das warst Du. Es gab manchmal nicht den kleinsten Hoffnungsschimmer.

Was hattest Du mich also gelehrt? Schmerz. Unsagbaren und unbegreiflichen Schmerz. So tief, dass er nicht nur ein Teil von mir war, sondern mich komplett ausfüllte. Du hast meine Seele zerbrochen, schon als Kind, und alles, was von mir übrig war, war eine Hülle aus Hass und Angst.
Doch so undurchschaubar Du auch warst, es ging immer weiter. Zugegeben, ich stand an einem Punkt, an dem ich mich ganz bewusst für oder gegen Dich entscheiden musste. Ich entschied mich für Dich. Ich entschied mich für all das, was Du mir geben konntest. Doch dafür brauchte ich Mut.

Ich musste mutig sein, Dich anzupacken und wieder in die richtigen Bahnen zu lenken. Ich brauchte Mut um die Therapie zu beginnen. Mut um mich zu öffnen und mich all den Themen zu stellen, mit denen ich mich nun befassen musste. Missbrauch, Gewalt, eine Persönlichkeitsstörung, Depressionen. Und ich brauchte Mut, um loszulassen. Den Schmerz und damit auch die Wut, die ich stets gegen mich selbst richtete. Doch wenn ich das gehen ließ, was blieb noch von mir übrig, wer würde ich dann sein? Mit der Zeit und vielen Sitzungen bei meiner Therapeutin, füllten mich andere Gefühle und Gedanken. Da war zuerst Hoffnung. Hoffnung auf etwas Besseres. Auch für mich musstest Du doch mehr zu geben haben als all diese Dinge, mit denen ich immer noch nicht umgehen konnte. Du musstest doch noch etwas für mich bereithalten. Also hoffte ich auf die ureigene Kraft, die nur Du hast. Ich begann Dich umzustrukturieren und ich fing an aufzuräumen. Ich ließ Dinge hinter mir und auch Menschen, die mir nicht guttaten. Und irgendwann fing ich an zu verstehen, in dem ich Stück für Stück wieder eins mit Dir wurde. Du bist kein ewiger Kampf und Du bist auch nicht verantwortlich für die Dinge, die geschehen. Ja, man sagt, die Geschichten schreibt das Leben. Aber ich bin immer noch der Hauptdarsteller und Regisseur. Es gibt Situationen, die ich nicht beeinflussen und schon gar nicht verhindern kann. Aber ich kann immer noch aufrecht stehen und selbst entscheiden, was ich aus ihnen mache. Das ist meine Hoffnung. Und wenn ich Hoffnung habe, kann ich auch Glück finden. Mein Glück habe ich in meinen Tieren gefunden. Im Prinzip ist es völlig egal, was mich glücklich macht, Hauptsache ich kann dieses Gefühl wieder empfinden. Der Weg, den ich mit Dir bis dahin gehen musste, war scheinbar unendlich und so unbeschreiblich schwer. Doch mit dem Glück kamen nach und nach mehr Gefühle, die ich zwar erst verstehen lernen musste, aber mit Mut, der Hoffnung und etwas Glück gelang auch das. Ich lernte, meine Gefühle richtig zu empfinden, kein von Null auf 180 mehr und umgekehrt. Obwohl ich das alles achtsam machen muss und ich meine erlernten Mechanismen anwenden muss, ist es um einiges leichter geworden. Langsam kann ich anfangen, Seiten an Dir zu akzeptieren und manche sogar zu genießen. Ich kann auf meine Fehler zurücksehen und sie einfach sein lassen. Ich kann den Menschen, den du aus mir gemacht hast akzeptieren und auch respektieren, lieben kann ich mich noch nicht. Doch irgendwann werde ich auch das können.

Ich habe einen Brief an das Leben geschrieben und einen Brief an alle die ihn lesen werden. Denn es ist voller Dinge, die wir nicht begreifen können. Dinge von denen wir keine Ahnung haben. Wir können es nur bedingt beeinflussen. Vieles im Leben ist Schicksal und das Schicksal kann wirklich mies sein, doch es ist das Leben, das wir daraus machen. Lebt mit allem, was ihr zu geben habt, lebt euer Leben. Mit all den wunderbaren und wundersamen Dingen, die es zu bieten hat, mit all der Freude und der Trauer, mit all den Ängsten und Hoffnungen, mit Glück und Unglück. Und wenn es zu Ende geht, dann blickt zurück, lächelt und seid erfüllt.

Lisa, 32 Jahre

Es gibt so viele Dinge und Erfahrungen im Leben. Ein Ereignis werde ich womöglich nie vergessen. Es geht um meinen Weg als junge Mutter. Ich war gerade 20 Jahre alt, frisch aus der Lehre, und wurde aus Naivität und Dummheit - heute kann ich es offen sagen, denn es war letztendlich so - schwanger. Meine damalige Beziehung war so lala. Der Vater freute sich, ich war geschockt. Wie es nun einmal so kam, heirateten wir und das Baby wuchs in mir. Ich war so stolz und freute mich von Tag zu Tag mehr. Soweit alles gut. Zumindest dachte ich das. Der Vater machte heimlich Schulden, bekam Lohnpfändungen und mehr. Und das ganze fünf Tage bevor unser Baby geboren wurde. Meine Eltern halfen aus, zahlten für ihn,
und er stotterte den Betrag über Jahre ab.
Nach unzähligen Stunden in den Wehen und einem Geburtsstillstand, musste mein kleiner süßer Junge per Kaiserschnitt geholt werden. Für mich gab es nichts Schöneres auf dieser Welt, und ich dachte, alles würde gut werden. Ich hatte mich geirrt. Sein Vater kümmerte sich nicht um uns, wurde launisch und aggressiv. Er wurde eifersüchtig auf sein eigen Fleisch und Blut.
Dem kleinen Mann tat er nichts, aber ich bekam seinen Frust täglich zu spüren. Obwohl ich ein herzensguter Mensch bin, behandelte er mich wie ein Stück Dreck. Er machte mich klein, schrie mich an, schubste mich und sogar eine Kopfnuss verpasste er mir. Das Kind wurde mein Schutzschild und ich verbrachte jede Menge Zeit im Kinderzimmer, bei Freunden oder meiner Familie. Drei Wochen vor dem ersten Geburtstag hielt ich diese immer stärker werdende Übelkeit nicht mehr aus. Alles in mir schrie danach zu gehen, aber egal wie viele Menschen mir schon Monate zuvor rieten zu gehen, ich schaffte es nicht. Dann, während er endlich wieder arbeitete und nicht daheim war, packte ich ein paar Dinge zusammen, nahm meinen Sohn und flüchtete. Gott habe ich geweint! Ich schluchzte wie ein kleines Kind. Ich fühlte mich wie ein Versager, doch ich war nicht allein. Ich zog zu meinen Eltern, dort feierten wir den ersten Geburtstag meines Sohnes. Ich hatte nicht einmal eine eigene Wohnung. Und trotzdem war es ein wunderbarer Tag. Das Kind interessierte es nicht, wo wir feierten, sondern wer dabei war. Ich fand eine kleine Wohnung, renovierte sie zusammen mit meinem Papa und zog mit meinem kleinen Schatz dort ein.
Die erste Woche weinte ich. Jeden Abend fühlte ich mich einsam und

verlassen. Dann kam die Wende! Plötzlich konnte ich tun, was ich wollte, konnte mir kaufen, was mir gefiel und musste auf niemanden Rücksicht nehmen! Dieses Gefühl war toll und ich war endlich frei! Ich hatte nur wenig Geld, gebrauchte Möbel (unter meinem Sofa stand ein Kochtopf, da ein Fuß abgebrochen war) und wusste manchmal nicht, wie ich Windeln kaufen sollte. Während ich meinem Sohn immer alles ermöglichte, aß ich manchmal abends ein paar Kroketten und sonst nichts. Hauptsache ihm ging es gut. Geld bedeutete mir nicht viel, denn ich wollte einfach wieder glücklich sein. Und genau das war ich! Ein riesengroßer Betonklotz, der schwer auf meinem Herzen lag, verschwand.

Die nächste Hürde war der folgende Umgang mit dem Vater. Wieder spielte er gegen mich, doch ich saß am längeren Hebel. Hielt er sich nicht an die Abmachungen, durfte er das Kind nicht mitnehmen. Gott sei Dank gab es da noch seine Eltern. Sie waren - und sind noch immer - großartige Großeltern.

Wisst ihr, was das Tollste ist? Man hat die ganze Verantwortung allein, wenn man ein Kind alleine groß zieht, aber man hat so viele Freuden! Ich habe gesehen, wie mein kleiner Schatz seine ersten Schritte tat. Seine ersten Worte sprach und Laufrad fahren lernte. Ich habe diese Dinge mit ihm erlebt. Sein Vater nicht. Ich wusste, ich bin eine gute Mutter und ich werde meinen Weg auch alleine gehen. Immer wieder gab es Theater, doch ich straffte meine Schultern, reckte das Kinn und trotzte diesem unmöglichen Menschen. Als mein kleiner Mo 3 1/2 Jahre alt war, lernte ich meinen heutigen Mann kennen. Er stand nachts auf, wenn der Kleine wieder einmal einen Atemnotanfall bekam, wischte sein Erbrochenes weg, bezog die Betten und schenkte ihm seine Liebe. Ich wusste gar nicht, wie mir geschah und legte diesem wunderbaren Mann mein Herz vor die Füße. Er nahm mein Kind an wie sein eigenes. Er war immer für ihn da, brachte ihn zum Kindergarten und behütete ihn. So kam es, dass der Kleine eines Abends fragte, ob er Papa zu ihm sagen dürfe. Ihr könnt euch denken, was in mir geschah. Ich weinte. Doch diesmal nicht aus Frust, sondern vor Freude.

In dem Moment, als mein Sohn erkannte was ein Papa wirklich macht, nahm er ihn als Vater an, während sich sein biologischer Vater nicht kümmerte. Von da an wurde der leibliche Vater unheimlich still. Er wagte es nicht, das Wort gegen mich zu erheben. Er musste sich anhören, wie unser Sohn von Papa sprach und nicht ihn meinte. Er musste leiden, um zu erkennen, was er in seinem Leben verpasst hatte.

Bis heute hat unser Sohn zwei Papas. Den einen, den er nun einmal biologisch hat. Und den anderen, der ihm das Gefühl gibt, wichtig zu sein.

Was ich damit sagen möchte, ist: Egal wie schlimm manche Dinge sind und egal wie viele Tränen vergossen werden, wenn man sich traut, einen anderen Weg einzuschlagen, dann kann man ein neues, glückliches Leben führen. Man muss mutig sein und stark, aber es ist machbar. Heute ist mein Sohn elf Jahre alt und unser kleines Mädchen vier. Ich bereue diese Entscheidung nicht. Niemals! Und ich würde meine Entscheidung, dieses erste Baby zu bekommen, nie ändern wollen, denn durch diese Erlebnisse bin ich die, die ich heute bin.

Ich wünsche allen Menschen auf dieser Welt, das zu tun, was sie glücklich macht. Wir haben nur dieses eine Leben, warum sollten wir es vergeuden, indem wir Dinge tun, die wir nicht tun wollen?

Liebe Grüße, Lisa

Silvia, 46 Jahre

Mein dunkler Freund,

eigentlich kenne ich Dich ja schon, solange ich denken kann. Ich kann nicht sagen, dass ich Dich mochte, eher haben wir uns miteinander arrangiert. Du hattest Deine Berechtigung, nicht mehr und leider auch nicht weniger. Bis zu diesem Tag im Januar vor vierzehn Jahren.

An jenem Tag bist Du mit voller Wucht und ungebremst in mich hineingekracht und hast mich gänzlich für dich eingenommen. Mit Haut und Haar verschlungen. Von jenem Moment an war nichts mehr wie zuvor. Meine Welt war stehen geblieben, hatte die Farben verloren und begann an den Rändern zu bröckeln. Anfangs habe ich mich gewehrt, gegen diese totale Inbesitznahme, wusste ich doch gar nicht, wie mir geschah. Ich habe gekämpft, getobt und geweint. Doch als all das nichts änderte, begann ich zu resignieren und verlor mich in Dir, mein dunkler Freund. Und was noch schlimmer war, ich riss alle, die mich liebten mit in Deinen Abgrund. Monate vergingen, Jahre, in denen ich an verschiedene Türen klopfte und um Hilfe bat, mich von Dir zu erlösen. Doch niemand schien gewillt, mir seine Hand zu reichen. Niemand war stark genug, mich von Deiner zerstörerischen Kraft zu befreien. Man sagte mir, ich solle mich nicht so anstellen oder auch, ich sei nicht mehr zu retten. Es gab Stunden, in denen wollte ich mich ergeben: Dir, Deiner Dunkelheit, Deiner Macht. Ich hatte konkrete Pläne, wie ich mich von Dir befreien könnte, doch das Ende des Weges würde auch immer das Ende meines Lebens bedeuten. Ein Leben, das vor Dir so reich an Liebe, Glück und Lebensfreude war. Ein Leben, in dem ich mit Mann und Kindern lebte, die nun hinter einer dicken Milchglaswand verborgen lagen. Eine Frage quälte mich immer wieder, warum ich? Warum hast Du Dir ausgerechnet mich ausgewählt? Warum nicht ein anderer der vielen Millionen Menschen dort draußen?

Ich sagte mir, eine Chance habe ich noch, vermutlich die letzte, aber eine reelle. Ich suchte ein Haus auf, in dem viele Menschen lebten, die einen dunklen Freund wie Dich besaßen. Dort gab es Ärzte und Schwestern, die sich nur allzu gut mit den Schatten solcher Gefährten auskannten, mit ihrer Schwermut, ihrer gestörten Wahrnehmung und Wandlungsfähigkeit. Meine absolut letzte Chance, denn ich war müde, so unsagbar müde immerfort gegen Dich zu kämpfen. Mittlerweile beherrschtest Du mich so sehr, dass kein Raum mehr blieb für Familie, Freunde oder auch nur einen Funken Glück. Meine Gedanken kreisten Tag und Nacht um Dich.

Nachts, während des Einschlafens warst Du da und am Morgen, bevor ich richtig wach wurde, hattest Du Dich bereits wieder in das Flechtwerk meiner Sinne genistet. Es gab keinen Freiraum mehr. Ich gehörte Dir, wie sehr ich auch dagegen ankämpfte. Doch all die Monate, ja Jahre, in denen Du mich regiertest, war mein Mann an meiner Seite. Auch er war oft der Verzweiflung nah. Der Mensch, der ihm immer der nächste war, der seiner Seele so ähnlich war, existierte nicht mehr. Statt seiner hatte ein dunkles, mächtiges Wesen den Platz eingenommen, eine Gestalt, die ihm völlig fremd war. Und dafür kämpfte ich, für ihn und für meine Kinder wollte ich mich von Dir befreien.

Ich traf Menschen, die ähnliches erlebt hatten. Menschen, die schon viele Jahre länger mit einem solch grausigen Begleiter wie Dir lebten. Menschen, die kämpften und doch verloren und auch Menschen die letztendlich, nach langem Gefecht, den Sieg davontrugen. Und ich begegnete einem Engel in Menschengestalt, einem Arzt, der bei der ersten Begegnung schon bis auf den Grund meiner Seele sah, mein tiefstes Inneres an die Oberfläche zerrte, komplett zerlegte und wieder neu zusammensetzte. Jemand, der felsenfest an mich und meine Stärke glaubte. Heute weiß ich, dass er meine Rettung war. Ohne ihn hätte ich Dich nicht überlebt. Ganz langsam lernte ich wieder, die Freude in mein Herz zu lassen. Ich begann wieder die Vielfalt der Farben wahrzunehmen, die mich umgaben. Erst nur ganz zart, aber dann in all ihrer Pracht. Ganz allmählich registrierte ich wieder das pulsierende Leben um mich herum. Schmeckte, fühlte, erlebte nachdem ich tot war. Doch noch immer fragte ich mich, warum? Warum ich?

Im Laufe der folgenden Jahre lernte ich, Dich zu zähmen. Ich begriff, dass wir untrennbar waren, wie siamesische Zwillinge. Doch ich erkannte auch, dass es in meiner Hand lag, wie viel Raum ich Dir gab. Und so zwang ich Dich nieder, in die tiefsten Tiefen meiner Zellen, immer in dem Bewusstsein, dass ich durch mein Handeln darüber entschied, wie viel Freiraum Du hattest. Heute weiß ich, dass Du zu mir gehörst, dass Du das Barometer meines Lebens bist und ich durch Dich gelernt habe, mit den Kräften Haus zu halten. Heute bist Du tatsächlich ein Freund geworden, der mich gelehrt hat, Verständnis und Mitgefühl zu haben für die Menschen, die mit ähnlichen Geistern kämpfen.

Vor zwei Jahren veränderte sich plötzlich, von einem Tag auf den anderen, mein Mann. Dadurch, dass ich mit Dir, mein dunkler Freund, unendlich viel Zeit verbracht, dich ergründet und bis in Dein tiefstes Sein studiert habe, wurde mir sehr schnell klar, dass er ebenfalls Besuch von einem dunklen Freund bekommen hatte. Einem anderen als Du es warst, aber nicht weniger zerstörerisch, für das Leben, das Glück und die Liebe.

Heute denke ich manchmal, vielleicht war genau das der Grund, warum Du mich heimsuchtest. Damit ich verstehe, was geschieht, wenn die Depression den Menschen von innen zu zerfressen beginnt. Wenn das Wesen eines Menschen, den Du liebst und kennst, plötzlich dem eines völlig Fremden entspricht und Du weißt, dass nur ein langer, steiniger Weg ans Ziel führen kann. Aber auch, dass das Warten, die Tränen, das Leid sich lohnt, weil am Ende ein strahlender Sieger aus dieser unendlich schweren Erkrankung hervorgeht.

Für Euch alle da draußen: Haltet durch. Kein Kampf ist umsonst, wenn Ihr dafür zurück ins Leben kommt, und dass dies möglich ist, habe ich Euch mit diesem Brief bewiesen.

Alles Liebe

Silvia

Kirsten, 52 Jahre und Claudia, 55 Jahre

Hallo Mädels,

oder sollten wir besser sagen ihr lieben Hühner. Wisst ihr noch, wie der Name „Hühnerhaufen" entstanden ist? Na klar! Prosecco im Überfluss verdanken wir einige Erinnerungslücken, aber an dieses ganz besondere Ereignis werden wir uns immer erinnern können. Unsere kleine Geschichte, wie der „Hühnerhaufen" geboren wurde… Verena-Huhn lud uns in ihr prachtvolles Heim zur exklusiven Saunanacht ein. Am Tag der Abreise herrschte wildes Treiben. Alle Hühner hüpften aufgeregt durch die Gegend, um alle Notwendigkeiten für das kommende Abenteuer einzupacken. Mit Sack und Pack traten die Hühner ihre Reise an. Während der 1 ½ stündigen Fahrtzeit in die Großstadt wurden schon einige Korken gezogen und Döschen geöffnet. Als wir endlich ankamen, gab es (Gott sei Dank) erstmal etwas zu trinken. Völlig ausgetrocknet schlürften wir die Gläser leer. An dieser Stelle noch einmal einen herzlichen Dank an Hase (Verenas Mann), der sich so um unser leibliches Wohl zu sorgen schien. Das Hühnerhaufen-Wochenende konnte beginnen… Klamotten von 5 Hühnern wurden im ganzen Haus verteilt. Hochbetrieb im Hause von Hase und Blume – Federn flogen durch die Gegend, Geschnatter an jeder Ecke, Klackern der Hühnerfüße. In einer Reihe aufgestellt wurde jedes Huhn seiner Legebatterie zugewiesen. Petra-Huhn durfte sich als Einzige ein Zimmer aussuchen und wählte das Komfort-Luxus Zimmer inklusive Doppelbett. In ausgewählter Gesellschaft konnte sie dort ihre nächtliche Ruhe finden. Als sich der erste Aufruhr legte, konnten alle Hühner gemütlich in ihre kuscheligen Bademäntel schlüpfen und die 5 Sterne Special de luxe Sauna (exklusiv nur für Hühner) betreten. Kaum war die Sauna betriebsbereit, liefen auch die Hühner auf Hochtouren. Nach erholsamen und ausgiebig genutzten 5 Minuten in der Sauna begann schon unser Schönheitswettbewerb. Straffes Programm beim angeblichen Wellness-Wochenende…

Alle Hühner fanden sich auf ihrem Platz auf der Stange ein und der Startschuss ertönte. Die wichtigsten Körperteile, wurden aneinandergereiht und verglichen. Dies alles wurde höchst professionell von Alex-Huhn fotografisch festgehalten. Unter folgender Nummer 0176******* könnt ihr Alex-Huhn für eure ganz persönlichen Events buchen. Nackte Haut stellt für sie dabei kein Problem dar. Im Anschluss an den durchaus kräftezehrenden Wettbewerb mussten die ausgehungerten Hühner versorgt werden. Alle mitgebrachten Köstlichkeiten, in der Masse so viel, dass sie ein ganzes Silo ausfüllen konnten, wurden verzehrt.

Alle 4 Stunden muss Claudschi-Huhn zum Trog gebracht werden. Diese Aufgabe erledigen alle Hühner sehr gewissenhaft, um sich vor umherfliegenden Tellern des aufgebrachten Huhns zu retten. Dieses Phänomen nennt sich spontane Missstimmung, ausgelöst durch Verköstigungsentzug. ACHTUNG: Falls Sie Claudschi-Huhn mit offensichtlichen Entzugserscheinungen begegnen sollten – halten sie 10 Meter Abstand und werfen Sie ihr Schokolade aus sicherer Entfernung zu.

Ein uns persönlich zugeteilter DJ kümmerte sich liebevoll um die brandneuesten Hits.

Helene Fischer, Udo Jürgens, Howard Carpendale und viele andere weltbekannte Künstler, wirklich nur Musik für Hühner Ü50, Küken ausgenommen.

Immer lauter werdende Musik und übertönendes wunderschönes Gegacker der Hühner lockte Streifenpolizisten an. Gut, dass die Polizisten nicht in den Keller kamen. Ihnen hätte sich ein verstörendes Bild geboten. Wilde umhertanzende Hühner, mit nackten Füßen, lautes Singen. Man könnte denken, man wäre aus Versehen in die Walpurgisnacht geraten. Mit Selfiestab statt Besen ausgerüstet, schoss Kiki-Huhn immer wieder in die tosende Menge.

Etliche Videos, liegend oder stehend; singend oder tanzend, befinden sich in ihrem hauseigenen Archiv.

Nehmt euch also in Acht, Kiki-Huhn hat gegen jeden Einzelnen von euch etwas in der Hand. Mit ihr sollte man sich besser nicht anlegen. ;-)

Plötzlich… Ungezähmtes Löwengebrüll erhob sich aus der Menge. Kann es sein? Ja, tatsächlich… Es war das Conny-Huhn. Man kennt sie auch als die eine, die immer lacht.

Als einziges Huhn, welches die Nerven während des Polizeieinsatzes behielt, brachte sie sorgsam und liebevoll alle Hühner wieder ins Nest zurück.

Conny-Huhns ungezügelter Bierdurst führte sie in den frühen Morgenstunden zu sämtlichen Kühlschränken. Alles was sie finden konnte, egal ob Bier oder Essen, geriet ihr zwischen den Schnabel.

Am nächsten Tag am Frühstückstisch wurde die vergangene Nacht Revue passiert. Unser Fazit: Viel Gelächter, Unmengen Sekt, Störung durch Polizeibeamte und viele besondere Momente.

Alles in allem also ein erfolgreicher Abend.

Wir sind froh, diese ganzen Besonderheiten mit euch teilen zu dürfen. Wie ihr vielleicht bemerkt habt, ist jedes Huhn in unserem Stall von besonderer Bedeutung und besonderem Wert für den Hühnerhaufen. Jede hat seine Eigenarten, Ecken und Macken, die wir alle zu lieben und zu schätzen wissen.

Nicht nur feiern und trinken, sondern auch ernste Gespräche und Austauschen von Lebensweisheiten.

Manchmal bleibt dabei auch kein Auge trocken.

Auch wenn Freundschaften ihre Höhen und Tiefen haben, am Ende kommt es darauf an, dass alle Hühner wieder zurück zum Nest finden. Nach fast 20 Jahren kennen sicherlich alle Hühner den Weg dorthin auswendig.

Egal, was einen belastet, man findet immer einen guten Rat. Bei uns wird kein Huhn aus dem Nest geschubst, solange es nicht zum Fliegen bereit ist. Gebrochene Flügel können wir pflegen sowie heilen. Freundschaften wie diese findet man selten, danke für fast 20 Jahre „Hühnerhaufen"!

Das Schicksal ist unfair oder vielleicht doch nicht?

Meine Geschichte beginnt im Sommer 2000 – es ist ein heißer Sommertag und ich trage mein Lieblingskleid – ein figurbetontes, langes schwarzes Maxikleid. Ich trage dieses Kleid immer dann, wenn es mir gut geht und ich Selbstbewusstsein ausstrahlen möchte.

Mein Leben verlief bisher in geordneten Bahnen, ich habe mein Abitur gemacht und schließlich erfolgreich studiert. An diesem Tag wollte ich mein Schicksal mit dem Kleid in die Hand nehmen. Selbstbewusst fahre ich zum medizinischen Forschungsinstitut nach Münster. Die lange Zeit des Wartens hat nun ein Ende. Etwas später sitze ich aufrecht und mit angespanntem Lächeln im Patientenzimmer meines Arztes. Es ist so weit, Prof. Dr. X öffnet langsam den Brief aus dem Labor, auch er weiß bis jetzt nicht, was in diesem Brief steht, weil er ihn – so wie er sagt – immer gemeinsam mit den Patientinnen und Patienten öffnet. Es kommt mir vor wie eine Ewigkeit, als wäre die Zeit stehen geblieben. Angst durchzieht meinen ganzen Körper, doch ich lasse es mir nicht anmerken. Insgeheim habe ich schon damit gerechnet, das Ergebnis war mir immer klar, ich habe es quasi gefühlt. Die Worte meiner Mutter schwirren mir durch den Kopf „Du kommst ganz nach deinem Papa". Ich bin wie benommen, fast wie gelähmt. Endlich verkündet Herr Prof. Dr. X das Resultat der Laboruntersuchungen: Positiv. Sie sind Trägerin des Huntington-Gens. Mein Arzt schüttelt fassungslos den Kopf, er hat nach den neurologischen Untersuchungen vor sechs Wochen nicht damit gerechnet, dass ich Trägerin dieser schrecklichen Erbkrankheit sein soll. Er ist merklich angeschlagen und findet nur schwer die passenden Worte - er versucht, professionell zu bleiben und erklärt mir die Bedeutung der Ergebnisse. Und was mache ich? So wie ich bin, bleibe ich ruhig und gefasst, keine einzige Träne läuft mir über das Gesicht. Jetzt noch nicht, aber später, wenn ich alleine im Auto sitze, später, in den einsamen Nächten, in denen ich zulasse, über mein weiteres Leben mit der Krankheit nachzudenken, weine ich still für mich. Ich gehe stolz und selbstbewusst aus dem Patientenzimmer des Instituts, ich zeige keine Schwäche, ich trage ja schließlich mein schwarzes Kleid. Auf dem Heimweg steigen mir die ersten Tränen in den Augen. Ich denke an meinen Vater, wie sehr er an der Huntington-Krankheit gelitten hat und wie er schlussendlich mit fünfzig Jahren an einem Darmkarzinom gestorben ist. Die Bilder in meinem Kopf tun mir weh. Ich kann es nicht fassen, warum muss es ausgerechnet mich treffen?! Die, die bisher immer ihr Leben ordentlich und pflichtbewusst gelebt hat, nie über die Stränge geschlagen hat, die die immer für alle da ist und es allen recht macht. In diesen Sekunden denke ich, das Schicksal ist unfair.

Mittlerweile habe ich gelernt, mit der Diagnose zu leben und sie aus meinem Alltag zu verdrängen. Ich lasse nicht zu, dass sie mein Leben dominiert. Ich denke seit dem Tag darüber nach, was ich von meinem Leben erwarte und was mich glücklich macht. Mich hat diese Diagnose verändert. Ich sage mir täglich immer und immer wieder, dass ich mein Leben leben und genießen will, dass die Zeit, in der ich Everybody's Darling bin, nun vorbei ist. Doch so einfach es sich anhört, umso schwerer fällt es mir, diesen Lebenswandel umzusetzen. Und das macht mich unzufrieden. Ich rede mir ein, dass ich eine starke Frau bin, die das schon hinbekommt. Ich schreibe mittlerweile jedes Jahr an Silvester eine Wunschliste mit Zielen oder schönen Momenten, die ich in dem anstehenden Jahr erreichen möchte - wie zum Beispiel Reiten lernen. Zudem führe ich über besondere Ereignisse ein Glückstagebuch, damit mir diese niemals verloren gehen. Somit habe ich gewährleistet, dass ich am Ende meiner Tage sagen kann, dass ich nichts verpasst habe. Trotzdem fühle ich mich innerlich traurig und allein.

Im Frühjahr 2012 hörte ich den Song der Toten Hosen das erste Mal bewusst. „Wir sind uns vorher nie begegnet, doch ich hab dich schon lang vermisst. Auch wenn ich dich zum ersten Mal hier treff, ich wusste immer wie du aussiehst. Mit dir will ich die Pferde stehlen, die uns im Wege sind. Ich geh mit dir durch dick und dünn bis an das Ende dieser Welt!" Der Song veränderte von jetzt auf gleich mein ganzes Leben. Was für ein irrer guter und passender Text in meiner miesen Situation. Ich konnte es nicht glauben, es gab tatsächlich jemanden, der mich aus meiner Trauer rausholte und mir zeigte, wie man das Leben lebt und liebt. Jemand, der mit mir Pferde stiehlt und Abenteuer erlebt.

Jetzt habe ich mehr, als ich jemals von meinem Leben erwartet habe. Ich habe einen Menschen an meiner Seite gefunden, der meiner Seele Frieden gibt und meinem Herzen Ruhe. Ich habe jemanden gefunden, der mich jeden Tag vervollständigt, der mich zu 120 Prozent glücklich macht. Jeder Tag ist etwas Besonderes und wenn nicht, dann machen wir ihn dazu- sagte er immer. Es ist jemand, mit dem ich Regeln breche und mich aus dem Staub machen kann. Wir rocken die Welt, wir stehlen Pferde, wir gehen durch dick und dünn.

Ich wünsche jedem Menschen einen Partner, der ihn genauso glücklich macht, wie es bei mir der Fall ist. Irgendwie ist das Schicksal doch nicht so unfair, wie ich dachte.

„Wenn uns der Boden unter den Füßen brennt, machen wir uns aus dem Staub. In den Bergen hängen wir alle ab, die etwas von uns wollen. Lebendig kriegen sie uns nie, egal wie viele es sind, Tod oder Freiheit soll auf unserem Grabstein stehen." (aus einem Songtext der Toten Hosen)

Stefanie, 25 Jahre

An das Leben,

das uns immer wieder vor große Herausforderungen stellt, Prüfungen bereithält und irgendwie doch immer weiterläuft, egal was wir gerade durchmachen!

Es ist nun schon elf Jahre her und jeder sagte damals, dass es mit der Zeit besser werde, dass der Schmerz irgendwann nachlassen würde. Nein, so ist das nicht, nicht ganz! Ich kann mit Sicherheit sagen, dass der Schmerz noch immer so groß ist wie damals, es tut noch genauso weh und die Tränen versiegen auch nicht.

Das Einzige, das sich in all der Zeit verändert hat, sind die Veränderungen um mich herum, die Tatsache, dass es ja weitergehen muss und man stark bleiben soll.

Wir als Familie sind stark geblieben. Ich bin erwachsen geworden und es ist an der Zeit einmal diese Zeilen zu schreiben. Nie habe ich meine Gedanken einmal so verfasst und versucht in Worte zu fassen.

Es war damals alles so perfekt in meiner Welt. Eine Familie (Mama, Papa mit uns 2 Kindern), eine kleine Haushälfte und es schien, als könnte einfach nichts passieren, was dies ändern könnte. Und dann kam der Tag ... dieser eine Tag, der auf einmal alles veränderte.

Ich weiß es noch, als wäre es erst gestern passiert, als mich das qualvolle Husten meines Papas aus dem Schlaf riss und ich sofort aus meinem Bett aufsprang und zu meinen Eltern ins Schlafzimmer rannte.

Plötzlich war nichts mehr so, wie es vorher war.

Die gerufenen Ärzte konnten nichts mehr tun, meine Mama stand völlig neben sich und auch wir Kinder standen unter Schock, es war so viel Blut. Die Wiederbelebung war aussichtslos, ich kann nicht sagen, wie lange man es versucht hat. Für mich war es eine ganze Ewigkeit. Irgendwann kam der Notarzt zu uns Kindern ans Bett. Wir saßen da wie angeleimt. Er meinte, wir müssten jetzt auf die Mama aufpassen und ihr helfen stark zu sein. Ich glaube, so richtig ernsthaft verstanden, was gerade passiert war, hatten wir noch nicht. Von einem Moment auf den anderen war alles anders. Am Vorabend war doch noch alles normal, alles prima. Alle waren gesund. Ich habe es nicht verstanden.

Es folgten Tage voller Tränen und Schmerz, viel Anteilnahme und Hilfe von Freunden. In dieser schweren Zeit lernte ich, was Zusammenhalt wirklich bedeutet, und wer diese Bedeutung ebenfalls kennt und auch lebt. Die familiäre Seite meines Papas jedenfalls hatte daran keinen großen Anteil, aber was soll man sich darüber beklagen. Nachdem der Schock „verdaut" war und die Beisetzung stattgefunden hatte wurde man einfach so wieder mit dem Leben und dem Alltag konfrontiert… dieses Gefühl einfach weiter zu leben war grauenhaft für mich. All diese beobachtenden Blicke der Freunde, Mitschüler und auch Lehrer. Sicherlich meinten es alle nur gut, waren besorgt und wollten helfen, aber der Schmerz sitzt im Herzen, den kann niemand nehmen.

Ich werde den Augenblick nie vergessen, an dem ich vor diesem Urnengrab stand, mit meiner Rose in der Hand. Ich war wie gelähmt, habe in mich reingemurmelt und man musste mich regelrecht weiterschieben, damit sich meine Beine wieder in Bewegung setzten. Ich weiß bis heute nicht genau, wie es wohl meinem Bruder dabei ging. Mein Bruder war noch so klein, hat er überhaupt so starke Erinnerungen daran, wie ich? Es gibt so viele offene Fragen. Fragen an meinen Papa, an die Ärzte. Fragen, die man irgendwie niemandem stellen kann, sodass sie auch nicht beantwortet werden. Der Tod ist einfach ein Teil unseres Lebens, der zu akzeptieren ist. So fühlt es sich für mich an.

Heute bin ich von meinem Papa ca. 380km entfernt, wir sind in die Herkunftsregion meiner Mama gezogen, wo auch meine Oma und meine Onkel wohnen. Wir haben unser Leben wieder geordnet, einen Tapetenwechsel vorgenommen. Viele Freunde halfen damals beim Umzug und haben uns mental sehr unterstützt. Es war ein Neuanfang, um die nahestehenden Menschen der Familie um sich zu haben. Es war ein großer Schritt! Meine Mama war in jungen Jahren so weit von zu Hause weggezogen, um mit meinem Papa ein eigenes Leben zu beginnen und eine Familie zu gründen. Und wir hatten doch so viele Freunde in unserer Heimat. Er war schwer, der Abschied, sehr emotional. Ich denke gern an meine Abschiedsparty zurück, mit so lieben Menschen, die mich jahrelang begleitet haben und auch in der schweren Zeit für mich und meine Familie da waren. Noch heute habe ich die tollen Briefe in meinem Schrank stehen und immer mal wieder, wenn ich umräume, sitze ich auf dem Boden, mit diesem Buch in der Hand und lese die schönen Zeilen. Auch, wenn der Kontakt nicht zu allen geblieben ist, haben dennoch alle einen Platz in meinem Herzen! Genauso wie mein Papa!

Weshalb ich gerade dieses Jahr diesen Brief schreibe und mich gedanklich so tief zurückfallen lasse, hat einen für mich wunderschönen und emotionalen Hintergrund. Ich werde heiraten! Ja, ich werde heiraten! Wow, das ist ein wahnsinnig tolles Gefühl. Es erfüllt mich mit purer Freude und immensem Stolz, den Mann gefunden zu haben, mit dem ich mein ganzes weiteres Leben teilen möchte. Er ist so fürsorglich und bedacht! Er macht meine Welt einfach in jedem noch so furchtbaren Moment zu einem besseren Ort, wir können zusammen lachen und meistern die Höhen und Tiefen des Lebens gemeinsam.

Natürlich würde ich mir nichts mehr wünschen, als meinen Papa an diesem Tag direkt an meiner Seite zu haben! Aber ich weiß, dass er auch so dabei sein wird. Er wird in meinem Herzen dabei sein und mich zum Traualtar begleiten!

Auch, wenn es manchmal so scheint, als hätten wir alles verloren. Es öffnen sich immer wieder neue Türen und Tore, zu einer „neuen" Welt. Eine Welt, die wir bisher nicht kannten und mit der wir vielleicht auch nie gerechnet hätten. Es heißt nicht, dass wir Verlorenes dafür aufgeben müssen, wir können es weiterhin in uns tragen, uns erinnern und in unserer „neuen" Welt weiterleben lassen.

Du bist immer bei mir, Papa! Lasst auch ihr Eure Lieben immer bei euch sein und verliert nie Eure Kraft!

Tanja, 43 Jahre

Rückblick – Überblick – Weitblick
Gefragt wird man nicht ob man in dieser Zeit, an diesem Tag, in diese Familie geboren werden möchte, dennoch bin ich mir sicher, dass es hierfür einen Grund gegeben hat.
Ich möchte mich bedanken, für diese tolle Familie, für meine Freunde, für die Menschen, die mir das Leben geschickt hat.

Leben bedeutet so viel mehr, als das, was wir denken und tun. Wir sind geprägt durch unsere Eltern, unsere Mitmenschen und die Schicksalsschläge, welche uns alle irgendwann einmal widerfahren sind. An dieser Stelle möchte ich der Schönheit des Lebens einen kleinen Augenblick widmen. Auch, wenn nicht immer alles gut ist, so hält das Leben für uns doch viele Momente, Menschen und Situationen bereit, an denen wir uns erfreuen können. Wenn wir unsere Sinne stärken und lernen das Schöne zu sehen, wenn wir aufhören nur über die negativen Sachen zu berichten, dann sehen wir wieder wie die Sonne lacht, wie der Schnee fällt, ja, wir werden den Schnee sogar wieder riechen können. Wir genießen den Regen, der dafür sorgt, dass alles wächst und wir empfinden in der absoluten Dunkelheit eine wohlige Ruhe, um uns auszuruhen und Kraft zu schöpfen für den nächsten Tag.
Das Leben lehrt uns, loszulassen, ob es ein geliebter Mensch ist, ein Freund, der sich abwendet oder ein Partner, der uns verlässt. All dies gehört zu unseren Erfahrungen, die uns reicher und reifer machen. Wir haben selber die Wahl uns darüber zu grämen oder wir weiten unseren Blick, damit wir erkennen, warum dies so geschehen ist, was wir anstelle dafür bekommen. Immer und zu jeder Zeit hält das Leben für uns Überraschungen bereit. Sei es die wunderschöne Blume am Wegesrand, ein nettes Lächeln einer für uns total fremden Person, ein Kinderlachen von nebenan oder ein richtig gutes Gespräch mit unseren Freunden, manchmal auch die Nähe und Verbundenheit eines Tieres. Wir sind nie alleine. Immer und immer wieder versucht uns das Leben zu zeigen, dass wir nicht alleine sind, dass es immer Menschen und Situationen gibt, die uns das Schöne zeigen wollen. Wir sollten uns auch nicht vor Veränderungen verschließen, wir sollten mutig sein, einfach einmal andere Wege einschlagen, einfach mal mit fremden Menschen reden oder doch mal einem älteren Menschen zuhören, um von einer Zeit zu erfahren, die noch nicht

digital war, wie man sich damals geholfen hat und auch glücklich war. Wie die einfachsten Sachen, die reichsten Menschen formten, indem sie einfach dankbar für das, was sie überhaupt hatten, waren.

Wir sind ständig auf der Suche nach irgendetwas, sei es der perfekte Partner, das perfekte Haus, oder die perfekten Freunde. Wenn ich in den Spiegel sehe, dann sehe ich das perfekte Unperfekte, egal ob Aussehen, die Denkweise, das Handeln, das Umfeld, die Lebensweise. Und es ist so wunderbar chaotisch, herausfordernd und absolut unerklärlich schön. Wenn wir dem Leben erlauben, nicht perfekt zu sein, dann öffnen sich unaufgefordert neue Türen, Wege und Denkweisen. Wenn wir nicht ständig darauf achten, was andere „mehr" oder „besser" haben, dann kommen wir mit uns ins Reine und können unser Dasein genießen.

Wenn wir endlich aufhören uns für unser Tun zu rechtfertigen, wenn andere auch endlich anfangen die anderen so zu akzeptieren wie sie sind und handeln. Dann hören wir auch endlich damit auf, ständig das Negative zu sehen, wir hören damit auf, die anderen zu analysieren. Wir haben die Chance damit anzufangen uns selber und das Leben zu lieben. Wenn wir erkennen, dass jeder Einzelne von uns einen guten Grund hat, so zu sein wie er ist und wir es jedem Einzelnen zugestehen, dann ist der erste Schritt in ein glückliches Leben gemacht. Wir sind für uns verantwortlich, für unsere Kinder, damit auch diese für sich verantwortlich werden können. Wir sollten nicht unseren Mitmenschen Dinge absprechen, die sie für sich so entschieden haben.

Für diese Erkenntnis danke ich dem Leben. Leben bedeutet einfach so viel mehr als sich nur seinem Schicksal hinzugeben und nur auf die anderen zu achten.

Kennen wir wirklich die Menschen um uns herum, oder sehen wir nur, was wir nicht haben? Hadern wir mit uns oder packen wir es endlich an, glücklich zu sein?

Lasst uns aufstehen, hinaus gehen, neugierig auf Neues sein, andere Wege einschlagen und mutig sein es jetzt zu tun. Wir haben nur ein kleines bisschen Zeit auf dieser tollen Welt. Wir sind Besucher einer einzigartigen Vorstellung des Lebens und vergeuden doch soviel Zeit mit so unwichtigen Sachen. Wir können so viel erreichen, indem wir uns selber akzeptieren, unser Schicksal annehmen und nicht damit ins Gericht gehen. Oft will uns das Leben doch nur zeigen, dass wir es aushalten können, dass wir stark sind und die Kraft haben es zu ändern, um endlich das Glück und die Zufriedenheit zu haben, wie wir es uns wünschen.

Wir sind nicht für das Alleinesein auf dieser Erde gemacht, immer und immer wieder begegnen wir Menschen, die kommen und gehen. Jeder Einzelne, den wir im Laufe der Zeit kennen lernen, soll uns etwas mit auf dem Weg geben. Hier die Erkenntnis zu erlangen, dass es nicht die Hülle ist, sondern das Tun und Handeln desjenigen, ist der erste Schritt zu sich selber.

Ich blicke auf viele Jahre und Menschen zurück und bin dankbar für jeden Einzelnen. Auch wenn das Schicksal manchmal ganz ungerecht und hart zuschlägt, so scheint doch immer wieder die Sonne und der Regen sorgt immer wieder für neues Leben und Wachstum. Die Liebe zu meiner Familie sowie die Liebe zum Leben machen mich stark und mutig. Es ist kein Kampf um Leben zu können. Es ist ein Wollen und Handeln um das zu erreichen, was man sich selber wünscht.

Ich wünsche jedem Menschen auf der Welt Zufriedenheit, gestärkte Blicke, sensible Sinne und den Mut und die Ehrlichkeit sich selbst gegenüber. Nicht den Blick auf Unerreichbares, was Neid und Missgunst einfordert. Jeder Einzelne von uns lebt auf der gleichen Welt, so wie es nur eine Welt gibt, gibt es auch nur ein einziges Ich und das Ich ist einfach wunderschön, genau so wie es ist.

H. J. S-B

Viktoria, 25 Jahre

Hallo zusammen. Schön, dass wir uns hier treffen und jemand das Interesse an meinem kleinen, bescheidenen Werdegang hat. In diesem kurzen Brief, der wohl mehr einer Selbsttherapie, als einem vernünftigen Beitrag zu diesem genialen Buch dient, möchte ich vor allem über meine Familie, meinen Weg zu mir selbst und der Auswanderung einer weiteren deutsch-russischen Familie nach Deutschland sprechen.

Ich war noch nicht ganz zehn Jahre alt, als meine Eltern mich und meinen jüngeren Bruder darüber in Kenntnis setzten, dass wir zusammen mit meinen Großeltern auf große Reise gehen würden. Juhuu, große Reise, ein langer Urlaub, Koffer packen und ab geht's! So lustig und erfreulich war es im Endeffekt leider nicht. Unsere Auswanderung glich einer kleinen Flucht. In nur wenigen Monaten packten wir sechs Leben in drei kleine Koffer und stiegen in den Zug. Einer ungewissen Zukunft entgegen. Jeder, der jetzt denkt: „Warum meckert sie denn herum? Niemand hat ihre Familie gezwungen nach Deutschland zu kommen!" hat wohl sicherlich recht. Die Wahrheit ist aber, dass meine Großmutter in Paderborn geboren ist. Noch jünger, als ich es bei meiner eigenen unfreiwilligen Auswanderung war, wurde sie gemeinsam mit ihren Geschwistern nach Kasachstan ins Exil geschickt. Ihr Vater wurde indes von russischen Soldaten hingerichtet. Ja, du süße Ironie. Diese kleine Wahrheit hat die Familie erst viele Jahre später erfahren. Aber nun ja, dies nur zur Erklärung, weshalb alles am Ende für meine Großmutter und ihre Geschwister ganz klar die Aufschrift „Zurück nach Deutschland" trug. Von dem Wunsch getrieben. ihrer eigenen kleinen Familie das Beste vom Besten zu bieten, kam es für meine Mutter nicht infrage meine Großeltern alleine in dieses ungewisse Abenteuer ziehen zu lassen.

Dann ging es los. Die große Reise. Meine Katzen wurden an Fremde abgegeben. Das geliebte kleine Landhäuschen wurde zu einem Niedrigpreis verkauft. Und der Hund, mit dem ich eine Milchflasche geteilt habe, wurde an einen „netten" Nachbarn überreicht. Netter Nachbar… Was sollte das denn heißen? Wer sollte dieser Mensch überhaupt sein? Wie konnte man einen Hund, einen Freund, ein Familienmitglied einfach an einen für mich fremden Menschen abgeben? „Uns blieb nichts anderes übrig. Er konnte nicht mit." Floskeln die ich nach der Zugfahrt noch sehr häufig gehört habe. Worte, die mir auch heute noch ein Loch ins Herz reißen.

Doch damals nahm ich es anders wahr, verstand es nicht. Es war für mich alles nur eine Reise. Ein Abenteuer. Drei Tage fuhren wir im Zug. Es wurde leckeres Gebäck gegessen, der Zauberer von Oz vorgelesen, es machte Spaß. Zum ersten Mal seit langem hatte ich meine Eltern für mich alleine, ohne dass sie durch Prüfungen in der Uni oder Stress auf der Arbeit genervt waren. Einer kleinen Prinzessin gleich, genoss ich diese Zeit unheimlich. Die Stimme meines Vaters, die mir die Geschichte des jungen Zauberlehrlings namens Harry vorgelesen hatte, wird für mich wohl immer die schönste Erinnerung sein. Das gleichmäßige Rattern des Zuges, die unermüdlichen Gespräche anderer Passagiere. Die Reise in ein Land mit kleinen Häuschen und grünen Wiesen.

Doch ganz so wie in meiner Vorstellung war es am Ende leider doch nicht. Wir kamen am Bremer Bahnhof an und wurden begrüßt von einem eisigen Wind. Ich war Kälte von bis zu -30 Grad durchaus gewohnt, aber dieses norddeutsche Nieselwetter mitten im Sommer war ein vollkommen neues Erlebnis. Wo waren die grünen Wiesen? Die kleinen Häuschen? Die suchte ich an diesem Anreisetag vergeblich. Alles schien grau.

Es begann eine Zeit des Lebens auf nur wenigen Quadratmetern. Das Leben in einem Flüchtlingsheim.

Sechs Personen in einem Zimmer. Eine Küche für drei Familien, keinerlei eigene Bestimmungsmöglichkeiten. Und dennoch war ich damals glücklich. Für uns Kinder gab es einen großen Spielplatz und einen Raum, wo ich lernte was „Windowcolours" sind. Es war ein tolles erstes Jahr. Ich verstand die Sprache der anderen Kinder nicht. Bis auf Sprüche wie „Scheiß mit Reis" und „Krötensuppe", die meine Uroma mit einem saftigen Fluch zu sagen pflegte, war die deutsche Sprache für mich fremd. Es verging ein Jahr, in dem das erste Wort des Wassermelonenkopfes „Hallo" war. Wir bekamen eine Wohnung zugewiesen. Welch ein Luxus. Eine ganze Wohnung nur für uns vier. Oma und Opa bekamen eine eigene. Mehr kann ein Mensch doch gar nicht wollen? Der erste Schultag war schwer, aber ich hatte ein eigenes Zimmer, in das ich mich bei Bedarf einschließen und weinen konnte, weil die anderen Kinder mich nicht verstanden. Papas kleine Prinzessin wurde schüchtern und lernte zurückhaltend zu sein. Sie konnte sich nicht erklären, sprach Worte falsch aus und wurde ausgelacht.

Heute, 15 Jahre später, spreche ich perfekt deutsch. Viele sagen, ich hätte kaum noch einen Akzent, ich nehme dies als Kompliment und lächle mein Bücherzimmer an. Die Sprache hat sich geändert, die

Leidenschaft für die Literatur ist geblieben. In diesem Jahr veröffentliche ich meinen ersten eigenen Roman. Meinen Hund vermisse ich noch immer. Die Katzen auch. Die grünen Wiesen und bunten Häuser spielen jedoch heute keine Rolle mehr. Die Menschen, die sich von ärgernden Kleinkindern aus der Grundschule zu wahren Freunden entwickelt haben, sind nun viel mehr von Bedeutung. Der Job in einer kleinen Redaktion. Die süße, bescheidene Wohnung. Auch wenn mich damals keiner gefragt hat, ob ich auswandern möchte und es gewiss nicht immer einfach war, ich liebe dieses Land. Deutschland gab mir eine Heimat, die nicht ich gewählt habe, die mich aber aufgenommen und mich ihre Sprache gelehrt hat. Eine wunderschöne Sprache. Dieser kleine Brief soll nicht sagen, wie schwierig ich es hatte, er soll allen den Silberstreif am Horizont zeigen. Wir sind das, was wir aus unseren Leben machen. Wir sind die Summe all unserer Entscheidungen und nicht der Entscheidungen unserer Eltern. Aber dies sind nur die naiven Gedanken einer 25-jährigen. Einer 25-jährigen, die zwei Länder ihre Heimat nennt.

Conny, 57 Jahre

Hallo Leben,

ja du bist gemeint, mein Leben. Ich bin nämlich nicht so ganz mit dir im Reinen. Und Du fragst, warum?
Es begann vor ca. vier Jahren.
Eine Odyssee der Arztbesuche. Ständig Schmerzen im Bauch und niemand fand etwas. Du wirst schon ein bisschen meschugge und zweifelst an dir selbst. Schlimm war, keine Besserung in Sicht. Mein Konsum an Schmerzmitteln wurde immer größer. Aber nutzte ja nix, ich musste ja arbeiten. Also Zähne zusammenbeißen und durch. Die Schmerzpausen wurden immer kürzer. Es gab auch gute Zeiten. Ich war mit meinen Mädels auf Mallorca, mit meinem Mann beim Skifahren, hab das ein oder andere Gläschen Sekt getrunken. Aber von guter Lebensqualität kann nicht die Rede sein. Meine besten Freunde waren die Medis und Taschentücher, da ich oft vor Schmerzen heulte. Alle um mich herum waren sehr fürsorglich. Dann trat mein lieber Doktor K. in mein Leben. Danke M. Ohne dich hätte ich dort nie einen Termin bekommen. Es ging mir richtig schlecht. In der zweiten Woche ging gar nichts mehr. Die Medis halfen nicht und ich saß schmerzverzerrt in der Praxis. Er wies mich in die Klinik ein. Auch dort meinte man, ich hätte nichts. Bis ich endgültig richtig sauer wurde, weil ein Arzt meinte, nun müsse der Psychiater ran. Ich solle doch froh sein, dass sie nichts finden könnten. Andreas, mein Mann, wäre ihm fast ins Gesicht gesprungen. Wäre es nicht so arg schlimm gewesen, hätte ich gelacht. Also noch eine Bauchspiegelung. Ich hatte in den Tagen so viele Untersuchungen unter Narkose, dass ich mich schon auf das Propofol freute, echt schräg. Nach sieben Tagen gingen wir nach Hause und warteten auf das Gespräch.

Dann kam der Freitag. Ich redete mir ein, alles würde gut werden. Nur die Ärzte teilten mir mit, daß ich Bauchspeicheldrüsenkrebs mit Bauchfellmetastasen habe. Ich war wie vom Donner gerührt. Meine größte Angst wurde bestätigt. Oh mein Gott. Lisa, meine Tochter, rastete voll aus und schrie nur immer wieder "Ihr habt gesagt, meine Mama ist gesund". Sie lief nach draußen, riss dort die ganzen Bilder von der Wand und niemand traute sich, sich ihr in den Weg zu stellen. Mein Mann saß geschockt auf dem Stuhl und weinte. Ich bat ihn, zu unserer Tochter zu gehen, weil ich ihren und seinen Schmerz nicht ertragen konnte. Ja und ich? Ich war sprachlos. Ich war ohne Gefühl.

Ich saß da und fragte die Ärzte, wie es weiter geht. Sie erklärten mir das Prozedere mit Chemo und OP. Das war im April 2016. Wir fuhren nach Hause. Plötzlich stand S. vor der Tür. Wir setzen uns auf die Terrasse, ich heulte wie ein Schlosshund und wir tranken zwei Flaschen Sekt. Nicht zu glauben, aber es war genau das Richtige in dem Moment. Es war eine Erlösung und der unbändige Druck fiel ab. Am nächsten Tag, als „mein" Schatz kam, war schon klar, dass ich dem Zeck den Kampf ansagen würde und mich nicht in mein Schicksal ergeben würde. Er sollte sehen, dass er mich nicht kriegt.

Es begann die Zeit der Chemo. Ich ließ meine langen Locken abschneiden und dachte, dann ist es nicht so schlimm, wenn sie ausfallen. Weit gefehlt, es war schlimm, als sie immer fusseliger wurden. Die Chemo vertrug ich aber relativ gut, wobei die Psyche nicht immer so mitspielte, wie ich wollte. Es war für alle eine schwere Zeit in den ersten Monaten. Ein weiterer Onkologe sagte mir dann auch noch, obwohl ich es gar nicht wissen wollte, dass ich eine Lebenserwartung von 9 Monaten hätte. Der Blödmann, der.

Eines Tages saßen Lisa und ich in der Küche, hörten von Sarah Connor „Wie schön du bist" und unser Motto war geboren. In dem Lied heißt es u.a. „Dein großes Herz, dein Löwenmut." So wurde Löwenmut ein Teil von uns. Lisa und Andreas schrieben Freunden, die KiTa, unseren Gitarrenkreis an, um Fotos zu schicken mit Löwenmut. Du weißt, Leben, wie viele es waren. Es entstand eine große Fotocollage, die mich von da an überall hin begleitete. Zu jeder Chemo kam sie mit ins Krankenhaus. Andreas war ganz wunderbar und alle auf der Station freuten sich darüber. Der ein oder andere hatte ein Problem damit, dass wir so offensiv mit der Erkrankung umgingen, aber da mussten sie durch. Ich habe sicherlich auf diesem Weg einige Menschen verloren, die nicht mit mir und der Krankheit umgehen konnten. Aber ich habe so viele Menschen neu gewonnen, dass ich darüber sehr, sehr glücklich bin.

Ja und die Chemo hab ich immer begrüßt. Hallo Chemo, „Ich mag dich nicht, aber du tust mir gut". Ich hatte diverse OPs, um den Zeck zu entfernen. Klappte aber nicht. Ich fiel immer mal in ein Loch, aus dem ich mit Hilfe meiner wunderbaren Menschen herauskrabbelte. Andreas fand Möglichkeiten der Behandlung in Münster, Leverkusen und München. Ich nahm alles mit. Auch wenn es immer wieder zu Kämpfen mit der Krankenkasse kam. Egal. Er versorgte mich mit mir wohltuenden Lebensmitteln und trug mich durch die schwere Zeit. Er ist mein wahrer Held.

Ich machte viele Dinge mit dem Gefühl „Vielleicht ist es das letzte

Mal". Ich fuhr sonntags, nachdem ich freitags aus der Chemo kam, ganz allein zu meinen Mädels nach Mallorca. Das Gesicht der beiden war die Anstrengung wert. Einfach köstlich. Es waren super schöne Tage, die ich nicht missen möchte.

Ich fahre weiter Ski und gehe inzwischen seit 6 Monaten wieder Vollzeit arbeiten. Der Spruch "Ich arbeite, um zu leben" bewahrheitet sich bei mir besonders. Es tut mir so gut. Die Chemo bekomme ich inzwischen immer alle 14 Tage, am Wochenende ambulant. Klappt auch gut.

So, mein liebes Leben. Merkst du, die Ansprache hat sich tatsächlich verändert. Ich lebe noch und mein Löwenmut wird mich weiterhin kämpfen lassen. Nicht nur für mich, sondern für all die lieben Menschen um mich herum. Insbesondere für meine wunderbare Tochter und meinen phantastischen Mann, der mich immer mal wieder aushalten muss. Für meine Mädels und für diejenigen, die eine ähnliche Odyssee hinter oder vor sich haben. Kämpft für euch und eure Gesundheit. Sie ist das höchste Gut, was wir haben. Was nun noch alles kommen mag - keine Ahnung.

Hey Leben, gibst du mir einen Tipp? Ach nee, will ich gar nicht wissen.

Julia, 31 Jahre

Da stehen wir nun, liebes Leben!

Dass wir hier nun zusammen sind, war nicht immer selbstverständlich und es gab sogar eine Zeit, in der ich mir eigentlich auch überhaupt nicht sicher war, ob wir beide noch gemeinsame Wege gehen können.

Doch der Reihe nach: Vorstellen brauche ich mich ja nun nicht mehr, du kennst mich bereits mehr, als es ein Anderer je tun wird. Du warst dabei: Während meiner mehr oder weniger schönen Kindheit und den fürchterlichen Teenagerjahren standest du mir als treuer Begleiter zur Seite. Du sahst zu, wie ich zwei Hochschulabschlüsse erwarb und danach so lange im sozialen Management schuftete, bis mein Körper und mein Geist mir auf ihre ganz eigene, sehr deutliche Art und Weise signalisierten, dass es für mich an der Zeit ist, Dinge zu verändern. Dich zu verändern. Dummerweise bedeutete dies, dass ich mich intensiver mit dir befassen musste, was ich gute 26 Jahre tunlichst vermieden hatte. Einfach funktionieren, wie ein Roboter war vorerst der (leichtere) Weg des geringsten Widerstands. Nun könnte ich an dieser Stelle auch ein wenig auf die Tränendrüse drücken und von sexuellem, emotionalem und psychischem Missbrauch im Allgemeinen jammern. Aber wofür? Ich denke, wir sind da heute nun schon einen Schritt weiter.

Erinnerst du dich noch an den Moment, in dem unsere Beziehung eine komplette Kehrtwendung machte? Ich saß mal wieder bei einem dieser endlos lang erscheinenden Termine bei einer neuen Psychiaterin, die ihren Job offenbar als Berufung empfand und mich dementsprechend gründlich untersuchte. Sie entschied, mich akut-stationär in eine psychosomatische Fachklinik ins Berchtesgadener Land zu schicken (damals: Berchtes....was?!). Nach drei langen Monaten kam der ersehnte

Anruf aus der Klinik: Es kann losgehen. Ich wollte uns beiden, liebes Leben, noch eine Chance geben. Beim Betreten des Flugzeuges mit der Destination Salzburg beschloss ich alte Brücken der Vergangenheit niederzubrennen und mich auf das große kommende Experiment einzulassen. Was hatte ich schon zu verlieren? Eine problematische Ehe, einen 60-Stunden-Job, kaum mehr Freunde, keinen Kontakt mehr zu meinem Bruder und für meine Eltern war ich einfach nur noch sonderbar und unverständlich. Ich verstand mich selbst auch nicht wirklich, aber wenn ich etwas wirklich gespürt habe, war es die Erkenntnis, dass irgendetwas mit mir nicht stimmte. Ich wollte herausfinden, was dieses „irgendetwas" ist, was es mit mir macht und wie ich es loswerden konnte. All das habe ich in sechs Wochen Krankenhaus versucht zu lernen und zu verstehen. Ich weiß nun, dass „es" mehrere Namen hat: Schwere Depressionen, Panikstörung und posttraumatische Belastungsstörung. Ganz schön viele Störungen für eine so kleine Frau wie mich. Ich weiß, dass der Grundstein für „es" in meiner Kindheit liegt und sich durch dich zog wie ein roter klebriger Faden. Aber ich lernte auch diese Krankheiten (die wirklich nervig sind) zu bekämpfen, meine Vergangenheit zu akzeptieren und auf körperliche Anzeichen sofort und ohne Umwege zu reagieren. Wieder Zuhause angekommen, fiel mit der Neustart noch sichtlich schwer, aber ich versuchte zu kämpfen. Als der Kampf wieder zu scheitern drohte, kündigte ich meinen gut dotierten Job, um wieder freier zu sein (immerhin wusste ich ja jetzt, dass die Arbeit eher eine Kompensation von zu wenig Anerkennung im Privatleben war und eine super Strategie darstellte, sich nicht mit Problemen auseinandersetzen zu müssen). Zwei Wochen später wurde ich schwanger. Nach zehn Jahren erfüllte sich für meinen Mann und mich ein Herzenswunsch.

Am 30.07.2015 erblickte unsere Tochter Marlena die Welt. Die Wochenbettzeit, sowie das erste halbe Jahr waren hart (man versuche mal bitte, mit einem Säugling seinen Hochschulabschluss zu schreiben ... nur höhere Mächte wissen, wie ich das geschafft habe!), aber ich versuchte mein Bestes. Marlena ist das Großartigste, das mir je passiert ist. Durch sie bekommt der Begriff Liebe eine völlig neue Dimension. Manchmal weiß man erst, was einem im Leben gefehlt hat, wenn es einen mit großen Augen anstarrt, während es genüsslich eine Flasche in deinem Arm trinkt. Natürlich hoffe ich, dass Marlena bestimmte Erfahrungen erspart bleiben. Dass ich stets ein offenes Ohr für sie haben werde, wenn sie mal mit ihrem Leben im Zwiespalt ist, verspreche ich ihr nun sogar in diesem Buch. Und ich werde dann mit ihr gemeinsam kämpfen! Ich bin dankbarer als je zuvor. Dankbar für ein gesundes Kind, dankbar für meine Ehe (die aus mir völlig unerklärlichen Gründen hielt), dankbar für einen unglaublich inspirierenden Job und dankbar, dass du immer noch an meiner Seite stehst und jeden Tag mit mir gemeinsam meisterst (ich möchte ja nicht unbedingt mit dir tauschen!).

Die Zeiten waren schwierig und geprägt von zahllosen Hochs und Tiefs, aber ich bin froh, dass ich dich habe! Danke, dass du mich nie aufgegeben hast und wir nun, im Jahr 2018, ein großartiges Team sind! Mir wurde ein großartiges Leben geschenkt, für das es sich lohnt auch in schwierigen Momenten nicht aufzugeben und an ihm festzuhalten. Auch wenn ich viele Dinge an dir nicht verstehe und auch nie verstehen werde: ich liebe dich sehr und hoffe, dass wir noch sehr viel Zeit miteinander verbringen dürfen. Ich verspreche dir auch, zukünftig achtsamer mit uns beiden umzugehen.

Nadja, 31 Jahre

Plötzlich war alles anders!

Nie in meinem Leben hätte ich gedacht, dass mir dies passieren könnte. Ich, die vom Dorf kommt und immer in ihrer heilen Welt gelebt hatte, die in einer Seifenblase Schutz suchte, musste am eigenen Leib erfahren, wie es ist, beschissen zu werden. Ja, ich wurde betrogen!
Jetzt ist bei manchen sicherlich der erste Gedanke: „Aha, ihr Mann hat sie mit einer Anderen betrogen." Nein, in diesem Fall kam nämlich alles ganz, ganz anders.
Es begann an einem Sonntag, Ende Oktober. Wie üblich surfte ich im Internet. Mal hier, mal da. Immer auf der Suche nach neuen Informationen. Da sich nirgends etwas rührte, legte ich mein Handy beiseite und begann mir die Zähne zu putzen.
Es dauerte nicht lange, bis sich mein Handy meldete. Jemand versuchte Kontakt über Instagram mit mir aufzunehmen. Ich bestätigte die Anfrage. Prompt bekam ich auch schon eine Nachricht. Es war auf Deutsch. Aber eher ein gebrochenes deutsch. Bei der Person, die mit mir Kontakt aufnehmen wollte, handelte es sich um einen Sergeant Major (X) der US-Army. Er schrieb etwas über sein bisheriges Leben, allerdings kurzgefasst. Er war derzeit in Syrien stationiert. Hierbei handelte es sich um eine Friedensmission für Kinder. Da ich selber Mutter von zwei wunderbaren Söhnen und gelernte Erzieherin bin, interessierte ich mich natürlich für so etwas.
Wir schrieben die nächsten Tage zunächst sporadisch. Doch dann bat er mich, die App „Hangout" herunterzuladen und darüber weiter zu chatten. Wir schrieben täglich. Er erzählte mir, dass er verwitwet war und eine Tochter mit Namen Vanessa (12 Jahre) hatte. Diese lebte in Amerika, genauer gesagt in Texas. Der liebe Sergeant Major hatte weder Eltern, noch Schwiegereltern. Diese Tatsache machte mich nicht misstrauisch, denn das Leben spielte einem manchmal schon böse Streiche. Es hätte also durchaus so sein können.
Schon nach wenigen Tagen kamen Sätze wie „Ich habe mich unsterblich in dich verliebt" oder „Du bist die Frau meines Lebens." „Ich möchte mit dir zusammenleben. In Deutschland."

Mal ehrlich: Welche Frau hört solche Sätze nicht gern? Und dann noch von einem Soldaten der US-Army? Irgendwann regten sich auch bei mir Gefühle, die man tatsächlich mit „verliebt" beschreiben kann.

Dann war die Rede von einem Paket, dass er mit wichtigen Unterlagen und einer Menge Geld nach Deutschland schicken lassen wollte, weil er zu Hause in Texas niemanden hatte, der sich um dieses Paket kümmern konnte. Mir war bei der ganzen Sache nicht ganz wohl. Aber ich war verliebt. Also gab ich ihm sämtliche Daten von mir, unter anderem die Adresse, an welche das Paket geliefert werden sollte. Wenige Tage später bekam ich eine E-Mail. Dort wurde mir von einem weltweiten Lieferunternehmen mitgeteilt, dass das Paket am Pariser Flughafen liegt, aber erst weiter versendet werden kann, wenn eine Gebühr von 3500 € gezahlt würde. Ich war nervlich am Ende, denn ich hatte kein Geld. Mein Sergeant Major machte mir mit Nachrichten „Das sind wichtige Unterlagen. Ich bringe mich um, sollten diese verloren gehen" ein schlechtes Gewissen. Er liebte mich und ich ihn – da war ich sicher. Ich tat alles, um an das Geld zu kommen. Als ich das Geld überwiesen hatte, dachte ich, dass jetzt nichts mehr schiefgehen konnte. Doch ich wurde eines Besseren belehrt. Immer wieder kamen Forderungen, dass bei der Lieferung nach Deutschland erneut Probleme entstanden sind. Auf der einen Seite hatte ich kein Geld, auf der anderen Seite saß mir der Sergeant Major im Nacken und drohte mir, sich selber das Leben zu nehmen. Das wollte ich natürlich unbedingt vermeiden. Deshalb nahm ich einen Kredit auf und zahlte auch hier wieder die Gebühr. Wir beide wollten ja zusammenleben. Doch das war noch nicht alles. Ständig bekam ich neue Emails mit neuen Forderungen. Jedes Mal versuchte ich, den Forderungen nachzukommen. Doch bei der Forderung von 18000 € kapitulierte ich. Ich wusste nicht mehr weiter. Irgendwann schrieb mich ein anderer US-Army Soldat (Y) über Instagram an. Er wollte gern mehr über mich erfahren. Doch ich schrieb ihm, dass ich bereits an einen Soldaten (X) der US-Army vergeben bin. Y fragte mich nach genauen Informationen über X. Ich erzählte ihm ein paar Details. Er warnte mich davor, denn es könnte ein „Scammer" sein. Ich hatte keine Ahnung, was das sein sollte. Deshalb recherchierte ich im Internet. Dort stieß ich auf eine Seite, wo Bilder von Männern der US-Army zu sehen waren, die für betrügerische Fälle benutzt worden waren. Mein Herz raste, als ich „meinen" Soldaten fand. Ich war am Boden zerstört. War ich wirklich so dumm gewesen? Da wir die Handynummern getauscht hatten, schrieb ich Y, dass er recht gehabt hatte. „Ich habe dich gewarnt", kam als Antwort zurück. Nun wollte er genauere Details. Wie viel Geld ich insgesamt versendet hatte, wie die Email-Adresse von dem Scammer war und noch vieles mehr. Y schrieb mir, dass er einen bekannten Polizisten (Z) aus Nigeria kannte. Y klärte mit Z alles und wenige Tage später bekam ich von der Kriminalpolizei eine Email, worin stand, dass der Scammer gefasst worden war. Zwei weitere Komplizen konnten jedoch nicht gefasst werden. Aber der Anführer der ganzen Sache war geschnappt. Von Z bekam ich auch wieder nach wenigen Tagen eine Nachricht über WhatsApp. Er schrieb mir, dass das Geld im Besitz des Betrügers ist und ich dieses nur mit Hilfe eines nigerianischen Anwalts bekommen würde. Alles kam mir ziemlich komisch vor und so recherchierte ich im Internet, denn dieses hatte mir beim ersten Fall geholfen. Als ich über Y mehrere Dinge im Internet fand, die mir ziemlich merkwürdig vorkamen, warf ich ihm vor, ebenso ein Betrüger zu sein. Doch er ließ nicht locker. Ich glaubte ihm irgendwann. Nun kam von Z die Forderung, dass ich 1000 € zahlen sollte, damit der Anwalt das Geld einfordern konnte. Da ich mittlerweile die Nase voll hatte von dem Wort „Geld" schrieb ich dem nigerianischen Polizisten, dass es mir nicht möglich sei, dass Geld aufzutreiben. Von meinem Freund, dem US-Army Soldaten (Y) bekam ich das Angebot, dass er mir die Hälfte leihen würde und ich „nur noch" den Rest zahlen bräuchte. Mir war es nicht möglich, diese Summe aufzubringen. Als ich ihm das mitteilte, kam prompt von Y die Nachricht, dass uns aufgrund der Entfernung keine gemeinsame Zukunft erwarten wird und wir lieber nur Freunde bleiben sollten. Mir war klar, dass ich wieder einem „Scammer" in die Arme gelaufen bin und brach den Kontakt ab. Es fiel mir schwer, denn erneut hatte ich Gefühle für jemanden entwickelt, der den Anschein machte, es ehrlich mit mir zu meinen. Aber erneut wurde ich enttäuscht.

Meine Ehe ging durch diese Sache den Bach runter. Allerdings muss ich sagen, fiel mir selbst nach 16 Jahren der Abschied nicht schwer. Warum? Mein Mann und ich hatten uns voneinander abgekapselt. Wir waren schlichtweg nur noch „Freunde" in den letzten Monaten. Ich habe einen Fehler begangen, für dessen Folgen ich nun gerade stehen muss. Doch es hat mich auch gelehrt, dass das Leben weitergeht. Mein Appell an alle Frauen, die im Internet unterwegs sind: PASST AUF, WER EUCH ANSCHREIBT. Macht Euch schlau über das Thema „Fake-US-Army-Soldaten". Ich bin das beste Beispiel dafür, wie man es NICHT machen sollte.

Jen, 30 Jahre

Liebes Leben,

es war nie so, dass ich an dir gezweifelt und dich nicht jeden Tag als das größte Geschenk betrachtet hätte, aber es gab Zeiten, in denen ich dich nicht genug wertschätzte.

Ich empfand, dass mein Leben viel stürmischer sei als andere und die Wiesen in anderen Gärten viel grüner wären. Die Zeit Mitte 20 hielt stürmische Phasen für mich bereit, in denen ich das Gefühl hatte, undankbar zu sein. Verheiratet mit einem netten Mann, lebte ich in einem schönen Haus am Waldrand. Es stand ein neues Auto in der Garage, das ich mir durch einen lukrativen Job in einer Rechtsabteilung leisten konnte und zudem war ein Abschluss für Jura in greifbarer Nähe. Die Möglichkeit, als Anwältin, mit Ehemann und später mit Kindern in diesem Haus alt zu werden war nicht nur greifbar, sondern da.
Aber ich war unglücklich und wünschte mir mehr. Warum konnte ich nicht sagen, ich hatte doch bereits alles.
Ich wünschte mir ein Haus, das nicht groß war, sondern ein Zuhause, das ich liebte. Ich wünschte mir einen Beruf, den ich leidenschaftlich gerne ausübe und nicht nur wählte, weil er mich finanziell gut stellte. Ich wünschte mir einen Nebenjob, den ich nicht des Geldes wegen ergriff, sondern weil ich die Welt ein klein wenig besser gestalten wollte. Nicht zuletzt wünschte ich mir einen Ehemann, der morgens lächelnd neben mir aufwachte, weil ich ihn glücklich machte. Jemanden, den ich glücklich machen konnte und nicht mit Erwartungen überschüttete, die er gar nicht erfüllen konnte.

All das wünschte ich mir, dabei hatte ich doch bereits so viel. Aber andere wirkten so viel glücklicher als ich. Da war es wieder, das grünere Gras in den Vorgärten der Anderen und ich, stagniert im immer gleichen Trott. Diese stürmische Zeit, die ich innerlich durchmachte, kam durch mich selbst, als ich den Wind säte, der zu einem Sturm wurde. Ich wusste, ich wollte „Mehr", aber nicht was.
Wenn sich mir aber eine Möglichkeit bot, etwas zu riskieren, lehnte ich sie ab. Man möchte mehr, aber hat Angst zu verlieren, was man hat. Aber wir müssen Erfahrungen sammeln und uns selbst austesten. Kennenlernen im Gewinnen und Scheitern, im Meistern von kleinen Katastrophen und Aufgaben und in dem, was wir wollen.

Das „Mehr", das ich suchte, war ich. Ich suchte mich.

Der Sturm kam so unverhofft, dass ich keine Möglichkeit hatte, mich vorzubereiten. Er erfasste mich und wirbelte mich durch den Regen, als die Nachricht kam, dass meine liebste Jugendfreundin mit 28 Jahren plötzlich ihr Leben verlor. Der Schock saß tief, die Trauer kam mit Regen, Sturm und Gewitter und ich zweifelte an dir. Jeder weiß um deine Vergänglichkeit, weiß um das Ende, aber es ist nie so greifbar, wie es in diesem Moment plötzlich für mich wurde. Deine Flüchtigkeit und dein Wert wurden mir erneut bewusst.

Auf einer Karte las ich „Das Leben besteht nicht darin zu warten bis der Sturm vorüber zieht, sondern darin zu Lernen im Regen zu tanzen." Nach Tanzen war mir nicht zumute, aber ich begann mich auf eine Reise zu begeben zu mir und dem, was ich wollte. Ich setzte mir in den Kopf, dieses „Mehr" zu ergründen, noch unwissend, dass ich ja nur mich selbst suchte.

Ich beschloss dich, liebes Leben, in allen Facetten kennen zu lernen und zu genießen, in dem ich nichts mehr aufschob, sondern einfach machte. Ja, ich riskierte endlich etwas. Zunächst warf ich mit der nächsten Windböe den vernünftigen Nebenjob über Board, um Rettungssanitäterin zu werden. Ich wollte endlich etwas Gutes tun und nicht nur am Schreibtisch Briefe wälzen.

Ich spürte, wie gut mir diese Veränderung tat und traf die zweite Entscheidung, die Schwerste. Die Reise, die ich begonnen hatte, war nicht mehr aufzuhalten und führte mich an den Punkt, an dem ich mir eingestehen musste, jemanden geheiratet zu haben, der mich nicht glücklich machte und den ich nicht glücklich machte. Zwei Leben, geführt nebeneinander und doch nicht miteinander. Für solche Entscheidungen sei es bereits zu spät, dachte ich. Dennoch trennte ich mich und die zweite Sturmböe erreichte mich, als ich spürte, wie weh es tat loszulassen.

Die Böe trug mich aus dem Haus, in dem ich die letzten 7 Jahre lebte und wehte mich in eine kleine Wohnung, die nicht einmal halb so groß war. Aber, sie war endlich ein neu eingerichtetes liebevolles Zuhause. Ich hatte fast alles zurückgelassen, um neu anzufangen. Der Sturm brachte mir nicht nur Wohnung und Nebenjob, sondern wehte auch einen wundervollen Mann in mein Leben, der alles war, was mir gut tat. Er ermutigte mich zu tun, was mir gut tat, machte mich zu einem besseren Menschen und gleichzeitig ließ er mich Ich sein, ohne Erwartungen.

Das Besondere war, es war so leicht, ihn glücklich zu machen. Nicht weil ich mich dafür anstrengen musste, sondern weil ich das war, was er brauchte und was ihm gut tat. Es war so leicht einander glücklich zu machen, dass du liebes Leben nicht nur rosarot, sondern in allen Farben schillernd wurdest. Du hattest dich gar nicht verändert, aber ich habe endlich gelernt, dich richtig zu sehen.

Beflügelt und getragen von all dem Wind, fasste ich den Mut und warf nach 10 Jahren mein Studium über Bord. Der Mann an meiner Seite gab mir Halt und bestärkte mich, endlich auf mich selbst zu hören und das loszulassen, was mir nicht gut tat. Die Begeisterung, die ich all die Jahre vermisste, kehrte zurück, als der Entschluss gefasst war, selbstständige Heilpraktikerin zu werden.

Da war es liebes Leben, das „Mehr". Ich! Ich war endlich ich, hatte zu mir gefunden, mich kennengelernt und Halt und Bestätigung meiner großen Liebe und meiner Familie haben mir geholfen im stürmischen Regen zu tanzen.

Warum das Gras auf der anderen Seite immer grüner war? Meist nur weil es mit viel Mist gedüngt wurde. Wir sehen, was wir sehen wollen. Wichtig ist aber uns selbst zu betrachten und uns zu erlauben glücklich zu sein.

Liebes Leben, schick mir Wind, denn ich habe mir einen Drachen gekauft und gelernt ihn im Wind und im Regen tanzen zu lassen.

Sam, 33 Jahre

Liebe Susi,

wie geht es Dir meine Liebe? Ich hoffe doch gut! Wie war Dein Trip nach Italien? Du musst mir unbedingt davon erzählen. Am besten beim nächsten Treffen.
Ich erzähle jetzt ein wenig von mir. Momentan geht es mir nicht so gut. Ich weiß, alle sagen immer, wenn man älter wird kommen die "Höhen" und "Tiefen". Verdammt!!! Ich hätte nur nie gedacht, dass sie so schnell und plötzlich kommen würden. Vor allem habe ich nicht damit gerechnet, dass diese mich treffen könnten.

Verstehst Du???

Es passiert tatsächlich. Mein Leben, meine Gefühle, meine Gedanken, mein ganzes Wesen ändern sich und ich kann und will es nicht stoppen. Wie soll ich es Dir am besten erklären? (mmmmmhhhhhh) Es fühlt sich wie ein starker Drang nach Freiheit an. Die Luft wird enger, das Herz schlägt schneller, ich schwitze und fühle mich, als ob ich ADHS hätte. (LOL) Und doch ist es alles andere als witzig! Mein Herz schmerzt, es tut weh, dieses Gefühl ist unangenehm und gleichzeitig mag ich dieses Gefühl, es stärkt mich. Es kommt mir vor, als ob es mir etwas sagen will............Ich weiß es klingt verrückt! Doch es ist real.
Maybe "Intuition"?! (lach) Du fragst Dich bestimmt, was es mir wohl sagt!
Ich werde es Dir sagen von Frau zu Frau!!! (Lächel) Es sagt: Du musst dich jetzt ändern, es ist an der Zeit! Es ist deine Zeit. Werde der Mensch und die Mama, die du immer sein wolltest. Vor allem sei die Frau, die Du immer sein wolltest. Entfalte dich, liebe dich, sei frei und werde glücklich! Denn nur wer glücklich ist, kann sein Glück teilen. Lebe nicht das Leben der Anderen, lebe dein Leben. Jemand der anderen
so viel Liebe und Freude bringt, hat auch das Recht, geliebt zu werden. Du verdienst es, du bist wunderbar. "Sam" lasse nicht zu, dass man dir dein wundervolles Lächeln nimmt.
Susi! Klingt es verrückt für Dich? Ich habe so etwas vorher noch nie erlebt. Auf eine Art und Weise tut es weh und auf die andere …....ist es ein Geschenk, das ich sehr gerne annehme.
So richtig bewusst wurde es mir, als ich im Oktober in Paris war. Oh

mein Gott, Paris war so herrlich, ich kann nur jedem empfehlen diese wunderschöne Stadt zu bereisen. Susi!!! Ich war fünf Tage alleine da und es war die beste Entscheidung, die ich getroffen hatte. Denn welche Frau traut sich schon, alleine mit einem FlixBus in eine fremde Stadt zu reisen, wenn sie nicht einmal französisch spricht.

Naja das traut sich eben jemand wie ich (LOL). Kennst mich ja! Als ich nach neuneinhalb Stunden in Paris angekommen war, schlug mein Herz bis in meine Kehle. Ich war so aufgeregt. Es war ein richtiges Abenteuer!!!! Ein Traum wurde wahr. Ich machte mich auf dem Weg zu meinem Hotel, das in Bercy lag. Als ich es fand, checkte ich ein. Ich war so erschöpft, dass ich nur noch schlafen wollte. Das tat ich dann auch. Ich ruhte mich aus.

Am nächsten Tag machte ich mich auf den Weg, diese wundervolle Stadt zu erkunden. Ich ging runter zur Metro! Zum Glück verstanden alle mein Englisch. Die Franzosen waren sehr aufmerksam: wenn ich Fragen hatte bezüglich der Metro Tickets oder im Allgemeinen, halfen sie mir. Somit fühlte ich mich auch nicht so fremd, im Gegenteil, ich fühlte mich akzeptiert. Ich saß in der Metro und wurde von wundervoller spanischer Musik überrascht. Es kamen einfach Straßenmusiker in die Metro und sangen:"Cancion del Mariachi" Ich war wie verzaubert, das ist Paris!!!!!!! Das Paris, von dem immer alle erzählten! Oder wie die Pariser sagen: " C'est Paris". Sie sprechen das 's' bei Paris nicht aus. Nun ja, dann kam ich an meiner Haltestelle - Palais du Trocadero - an. Ich ging die Treppe hinauf in Richtung Aussichtsplattform und da war "ER": Der Eiffelturm. Er war magisch und gigantisch, dieser wunderschöne, große Eiffelturm Ich musste es erst einmal ein paar Minuten sacken lassen, stand wie versteinert da. Überall waren Touristen, Verkäufer, die Souvenirs anboten und nostalgische Musik, die von überall erklang. Ich fühlte mich wie in einer Zeitreise. Sogar ein Dêjâ-Vu überkam mich, als wäre ich schon einmal da gewesen. Es war alles so vertraut, es war merkwürdig. Alles kam mir so einfach vor.

Ich wollte immer den Eiffelturm sehen, keiner wollte oder konnte mit mir hinfahren, nicht einmal mein Ehemann, mit dem ich seit 16 Jahren zusammen bin. Ich hatte mir ein Ziel gesetzt und es erreicht. Ich war so glücklich. Ich fühlte mich frei und stark. Nur leider konnte ich dieses Gefühl mit keinem teilen, den ich liebe. Es ist traurig! Traurig, dass ich mit meinem Mann solche Momente nicht erlebt hatte. 16 Jahre hatte ich ihm geschenkt. 16 Jahre meiner Jugend. In dem Moment wurde mir bewusst, dass ich mit ihm eigentlich nie richtig glücklich war, dass ich dieses Leben mit ihm, so, wie es jetzt ist, nicht mehr führen kann! Susi, habe ich den falschen Mann geheiratet?! Ich dachte die ganze Zeit darüber nach, es bereitete mir schlaflose Nächte.

Das Leben kann so kompliziert sein und gleichzeitig so einfach. Ich habe für mich beschlossen, dass ich alles versuchen werde um mein Glück zu finden und dass ich meinen Kindern zeigen werde, wie schön und aufregend dieses Leben sein kann. Denn wir haben nur dieses eine Leben. Wir müssen es genießen. Ich werde mir meine Träume nicht ausreden lassen, ich habe das zu oft zugelassen. Jetzt ist die Zeit gekommen, in der sich alles ändert! Ich freue mich auf eine spannende neue Zukunft! Ich bin so voller Energie, dass ich mir sogar eine TO DO LISTE erstellt habe mit allem, was ich schon immer tun wollte, denn das Leben für mich beginnt jetzt. (Smile)

So, meine Liebe, ich werde Dich weiter auf dem Laufenden halten!

Bis bald, Deine Sam

Yvonne, 33 Jahre

Meine Geschichte handelt davon, niemals aufzugeben.
Lange Jahre war ich psychisch sehr krank und nicht wirklich in der
Lage am Leben aktiv teilzunehmen, aber ich wurstelte mich irgendwie
so durch.
Ich dachte, dass es mir recht gut geht, bis auf die Arbeitslosigkeit,
beziehungsweise die Tatsache, dass ich keine Ausbildungsstelle bekam. Ich war eben öfter krankgeschrieben.
Als mich die Damen und Herren des Jobcenters jedoch in die Er-
werbsunfähigkeitsrente schicken wollten, merkte ich, dass es so nicht
weiter gehen konnte. Ich begann endlich richtig zu kämpfen. Der
Weg war sehr steinig und öfter hatte ich das Bedürfnis einfach alles
hinzuschmeißen.
Ich musste zu einer Belastungserprobung. Dort stellte sich logischer-
weise heraus, dass ich nicht belastbar genug für einen Job oder eine
Ausbildung war. Die einzige Möglichkeit, die Erwerbsunfähigkeits-
rente zu vermeiden, war eine medizinisch-berufliche Rehabilitations-
maßnahme. Da eine Ärztin in der Klinik, in der die Belastungserprobung stattfand, einen Fehler gemacht hatte, dauerte die Wartezeit bis
zum Beginn der Maßnahme eineinhalb Jahre anstatt sechs Monate.
In der Zwischenzeit war ich der Resignation nahe. Ich ließ mich gehen, trank viel Alkohol und nahm sehr zu.
Ganz unverhofft kam eines Tages endlich ein Brief mit der Einladung
zur Aufnahme. Die Reha dauerte knapp 15 Monate und ich kam dort
mehrfach an meine Grenzen. Sei es der Sport, die Arbeits- oder Ge-
sprächstherapie. Aber ich habe nicht aufgegeben! Nach diesen 15
Monaten konnte ich endlich meine Ausbildung im geschützten Rahmen anfangen.
Diese begann leider nicht so schön wie erhofft. Da das Jobcenter
Unterlagen vom Kostenträger meiner Ausbildung verbummelt hatte,
die ich zuvor persönlich dort vorbeigebracht hatte, wurden die Zah-
lungen eingestellt. Bis das alles wieder lief, kämpften mein Sozialar-
beiter und ich circa zwei Monate.
Dann kam die Eigenbedarfskündigung von meinem ehemaligen
Vermieter. Es ist ausgesprochen schwierig, ja fast unmöglich, als
Arbeitslosengeld II-Bezieher eine Wohnung zu bekommen. Trotz
Erwähnung, dass ich derzeit in einer Ausbildung sei, musste ich mich
von potentiellen Vermietern als asozial und schlimmeres titulieren
lassen, den undifferenzierten Vorurteilen sei Dank.

Die Frist der Kündigung rückte näher und die Aussicht bald obdachlos zu sein, machte es mir sehr schwer, mich auf meine Ausbildung zu konzentrieren. Zumal ich im Rahmen meiner Ausbildung einen Praktikumsplatz suchen musste. Diese Frist drückte auch noch auf das Gemüt. Durch einen glücklichen Zufall bekam ich aber wirklich im allerletzten Moment eine kleine Wohnung, zwar in einem ziemlich abgelegenem Dorf, die Hauptsache war jedoch endlich ein Dach über dem Kopf gefunden zu haben.

Die Sache mit der Suche nach einer Praktikumsstelle endete auch sehr glücklich.

Ich schaffte die Ausbildung und meine ehemalige Praktikumsstelle ist jetzt meine Arbeitsstelle. Ich habe mich so gut angestellt, dass ich direkt nach der Ausbildung übernommen wurde. Ich habe es endlich geschafft!

Yvonne

Anna, 15 Jahre

ÄNGSTE

Es gibt im Unterbewusstsein vieles. Träume und Albträume gehören dazu. Träume spiegeln meist das Schöne wider, was du dir vorstellst und was du erlebt hast. Albträume sind das Böse, sie spiegeln deine Ängste und das Schreckliche wider.
Warum gibt es Albträume, wenn sie doch so schrecklich sind? Albträume bringen dich in einer gewissen Art dazu, über deine Ängste nachzudenken, sie sind das Schlimmste für dich.

Ich habe Angst vor Zombies, ich träume oft von ihnen, ihren verwesenden Gesichtern, der langsame Gang und die eigenartigen Geräusche. Instinktiv weiß ich, dass es keine Zombies gibt, wieso also habe ich Angst vor ihnen?
Zombies, die untoten Toten, böse Geschöpfe aus Filmen und Büchern, die das Gehirn von Menschen fressen. Ich glaube, ich habe nicht vor den Zombies selbst Angst, sondern viel mehr vor dem, was sie mit mir machen könnten. Vor den Fingern, die sich in meine Haut graben, wenn sie mich packen oder ihre Zähne in meinen Körper schlagen. Eigentlich können sie ja gar nichts dafür, meist steckt dahinter eine Krankheit oder ein Virus und die ehemaligen Menschen haben sich angesteckt. Sie müssen überleben und fressen deshalb die Menschen, eigentlich ja nur das Gehirn, da Zombies kein funktionierendes haben.
Wieso also habe ich Angst vor ihnen? Sie sind unschuldig.
Meine Träume sind grauenvoll, Tod oder Schmerz spiegeln sich in ihnen wieder.
Ich wurde oft verfolgt. Sagen diese Träume aus, dass ich Angst habe, verfolgt zu werden? Das ich fliehen muss? Oder einfach nur, dass ich alles nicht verarbeiten kann und mich irgendetwas aus dem Alltag verfolgt? Gedanken oder etwas was ich getan habe? Meine Gedanken drehen sich nur um belanglose Dinge. Wieso also habe ich davor Angst?
Ich habe keine Gründe wegzulaufen, zu fliehen.
Meine größte Angst ist der Tod.
Schwarz und nicht vorhersehbar, angsteinflößend und grauenvoll. Ich glaube, ich träume jeden dritten Tag einen Traum, in dem ich sterbe.
Ich habe immer wieder versucht, meinem schlimmsten Traum zu entgehen, ihn umzulenken, aber wie?

Die meisten Menschen sagen, wieso hast du Angst? Es war doch nur ein Traum. Nicht real. Dir passiert nichts. Falsch. Mir macht er Angst, ich kann mich nicht wehren. Ich weiß, dass er nicht real war, sondern nur eine Projektion meines Hirns und Verstandes, aber ich kann die Angst und die Gedanken nicht abschütteln. Sie kleben an meinen Fersen, tief in meinen Herzen. Wieso kann ich die Angst nicht gehen lassen?

Eines steht fest: Träume sind nicht logisch, sie spiegeln alles wieder, was du erlebt hast oder deine größten Ängste. Ich werde immer vor Spinnen Angst haben, egal ob ich mir eine auf den Kopf setze oder nicht. Ich bin ich und nicht jemand anderes. Ich bekomme Angst, das ist menschlich.

„Hast du eine Angst behoben, kommt die nächste." Du wirst immer vor irgendetwas Angst haben. Nichts kann daran etwas ändern.

Du musst einen Ausgleich finden, etwas, das dir hilft, es zu bewältigen. Die Angst ist ein Teil von dir und du kannst nie ganz ohne sie, sie bewahrt dich vor Sachen, die du anstellen könntest, sie gibt dir einen Ansporn, dich zu akzeptieren und inspiriert dich.

Mein Ausgleich ist das Designen von Mode. Je nachdem, wie ich mich fühle, gestalte ich Kleidungsstücke. Ich nähe und bemale sie. Habe ich von etwas Schrecklichem geträumt, kommt das auf das Blatt. So verarbeite ich meine Angst. Angst ist zwar ein schlimmes Gefühl, aber es gehört zu dir und du musst es akzeptieren. Kämpfe nicht dagegen an! Das wäre fast so, als würdest du gegen dich selbst kämpfen!

Anna

Nathalie, 27 Jahre

Liebes Leben,

woran glaube ich? An Gott? Das Wort ist für mich zu sehr durch die Kirche, durch einzelne Menschen und durch überholte Wertvorstellungen geprägt. Aber ich glaube an ein großes Ganzes. Ich glaube daran, dass alles irgendeinen Sinn ergibt, dass ich genau das lerne, was ich wissen muss, um die Herausforderungen des Lebens zu bestehen, dass alles, was ich erlebe, mich zu der Person macht, die ich bin. Ich glaube an das Leben.

Liebes Leben, es gab Zeiten, da hast du so viel von mir gefordert, dass ich nicht mehr wusste, woher ich die Kraft für den nächsten Tag nehmen sollte. Es gab Zeiten, da habe ich jeden Halt verloren. Ein bekanntes Zitat, das Johann Wolfgang von Goethe zugeschrieben wird, lautet: »Zwei Dinge sollen Kinder von ihren Eltern bekommen: Wurzeln und Flügel.«

Was brauche ich zum Leben? Wie viele Wurzeln braucht ein Mensch, um den Halt nicht zu verlieren? Wie viele Wurzeln braucht ein Kind?

Ich war zehn, als ich meinem Vater half, seine Sachen aus dem Haus zu tragen, weil sich unsere Eltern trennten, als meine Mutter meinte, ihr Leben nachholen zu müssen, und ich mich um vier jüngere Geschwister kümmerte, als ich zwischen meinen Eltern vermittelte, als ich die Wut und die Trauer und die Schuldzuweisungen meiner Mutter auffing, meine Geschwister davor schützte.

Ich war fünfzehn, als ich mich entschied, für meine Ausbildung zu meinem Vater zu ziehen, als ich mir wünschte, einfach Kind sein zu können, als ich mir erhoffte, dass die Last erträglicher werden würde. Ich entschied mich für mich. Und ich ließ damit meine Geschwister allein. Und ich war fünfzehn, als ich mit ansah, wie meine Geschwister innerhalb weniger Wochen erwachsen wurden, weil ich sie nicht mehr schützte, als ich merkte, dass ich nun weder bei meiner Mutter noch bei meinem Vater richtig zu Hause war, als ich mich im Zug schlussendlich wohler fühlte, als in einem der beiden Zuhause.

Ich war achtzehn, als ich an meinem Geburtstag eine halbe Stunde an einem See verbrachte, allein für mich, als ich Zuhause nach einer halben Stunde mit meinem Vater den restlichen Abend allein in meinem Zimmer verbrachte, weil er Besuch von einem Nachbarn bekam. Und ich war achtzehn, als mir die Frau meines Vaters mitteilte, dass ich bitte bald ausziehen solle, als ich in meine erste eigene Wohnung zog, als ich an meinem ersten Abend dort weinend am Boden saß, nicht aus Einsamkeit, sondern aus Dankbarkeit. Aus Dankbarkeit, dass ich jetzt einen Raum für mich hatte, einen sicheren Ort. Weil ich dachte, dass ich das nicht verdient hätte.

Ich war neunzehn, als ich in meiner Wohnung das Chaos in meinem Inneren auslebte. Und als meine Mutter, während meiner Abwesenheit, in meine Wohnung eindrang und, gut gemeint, aufräumte, als sie damit jede Grenze überschritt, als sie mir Richtlinien setzen und mich eingrenzen wollte. Ich war neunzehn, als ich stopp sagte, als ich den Kontakt abbrach, als ich mich für mich entschied. Erneut. Als ich damit auch den Kontakt zu meinen Geschwistern belastete.

Ich war zwanzig, als ich meinen ersten Freund kennen lernte, als ich erkannte, dass ich Wurzeln in einer anderen Person finden konnte. Und ich war zwanzig, als er mir das erste Mal das Gefühl gab, nicht liebenswert zu sein.

Ich war vierundzwanzig, als ich endlich genug gelitten hatte, um für mich einen Schlussstrich hinter die Beziehung zu setzen, als ich umzog, neu anfing, als ich mich für mich entschied. Erneut.

Danach kam eine Zeit der Suche. Eine Suche nach mir. Eine Suche nach meinen Wurzeln. Wer bin ich? Wie bin ich? Was gibt mir Halt? Wozu lebe ich? Was gibt mir die Kraft, morgens aufzustehen? Macht es überhaupt einen Unterschied, ob ich noch da bin oder nicht? Und in dieser Zeit, in der ich keine Wurzeln mehr fühlte, fand ich neue Wurzeln. Ich fand sie in guten Freundinnen. Freundinnen, die für mich da waren, egal wie es mir ging. Die mich ertrugen in meinem Leid, in meiner Selbstzerstörung. Die mir sagten, dass sie an mich glauben, als ich es selbst nicht konnte. Die mir von den wunderbaren Seiten an mir erzählten, als ich sie selbst nicht sah. Die mir sagten, dass ich wertvoll bin, als ich es selbst nicht so empfand. In einer Zeit, in der ich keine Wurzeln mehr fühlte, waren sie meine Wurzeln. Und wenn ich keine Kraft hatte für Menschen, dann waren es Tiere, die da waren.

Liebes Leben, es gab Zeiten, da empfand ich dich als unfair. Ich fühlte mich allein und ich fragte mich, ob es überhaupt noch andere Zeiten geben wird. Ich verletzte mich selbst um überhaupt irgendetwas anderes zu fühlen als diese Leere, die du in mir hinterlassen hattest. Und durch genau diese Zeiten hast du mich gelehrt, dass es immer irgendwie gut wird.

Fernando Sabino, ein brasilianischer Schriftsteller, soll folgendes Zitat geprägt haben: »Am Ende wird alles gut! Und wenn es noch nicht gut ist, ist es noch nicht das Ende.«

Liebes Leben, du hast mich genau das gelehrt. Du hast mich gelehrt, dass alles irgendwie gut werden wird. Du hast mich gelehrt, dass alles, was ich erlebe, was ich lerne, mich zu dem Menschen macht, der ich bin. Und vor allem hast du mich gelehrt, dass ich gut bin, wie ich bin. Ja, ich kann mich weiterentwickeln. Ich lerne jeden Tag dazu und wachse jeden Tag über mich hinaus.

Aber ich bin gut, so wie ich bin.

Und diese Erkenntnis gibt mir Flügel. Diese Erkenntnis gibt mir die Kraft, an mich zu glauben. Auch Neues zu probieren. Erneut zu studieren. Meine Träume zu verwirklichen. Den Moment auszukosten. Zu lachen, zu tanzen, das Leben zu genießen.

Denn ich habe einen Teil der Wurzeln in mir selbst gefunden.

»Denn Gott hat uns keinen Geist der Furcht gegeben, sondern der Kraft, der Liebe und der Geborgenheit.« (Timotheus 1,7)

Und so, ja, ich glaube an Gott. Ich glaube an Gott, das Leben. Und finde dadurch die Kraft, die Liebe und die Geborgenheit, um zu leben, zu lieben und für andere da zu sein.

Emily, 33 Jahre

Das Leben ist, was Du draus machst.

Vor ungefähr sechs Jahren habe ich einen Neuanfang gewagt. Hinter mir lagen viele Jahre voll mit Arbeit, verschiedenste prägende Ereignisse, die mich geprüft haben und stärker machten und eine Trennung einer langjährigen Beziehung inklusive eines großen Freundeskreises. In der Hoffnung, dass mich eine Reise ans andere Ende der Welt runterkommen lässt, zog ich zusammen mit meinem Rucksack nach Australien. Geplant waren eineinhalb Jahre Verschnaufen und irgendwie auch Selbstfindung. Leider endete die Reise nach nur drei Monaten mit einem Brand eines Linienbusses, mit dem ich auf dem Weg von Mooloolaba nach Sydney war. Die Fahrt sollte etwa neunzehn Stunden dauern, doch der Bus fing nach ungefähr der Hälfte der Strecke während der Fahrt, aus bis heute unerklärlichen Gründen, Feuer und brannte komplett aus. Viel wichtiger ist natürlich, dass niemand verletzt wurde und alle lediglich mit einem Schock davonkamen. Dennoch hat mich dieses Erlebnis noch ein paar Monate aufgewühlt, wenn ich daran zurückdachte, dass ich nachts um 2 Uhr vor einem brennenden Bus zusammen mit mir unbekannten Leuten mitten im Busch Australiens stand und zusah, wie all meine Sachen verbrannten. Bis auf meinen Reisepass, den ich glücklicherweise bei mir in der Handtasche hatte, war alles weg. Sieben Stunden später erreichte ich mit einem Ersatzbus Sydney. Da ich nach drei Monaten immer noch keinen Job in Australien fand und sich meine schlechte finanzielle Lage zuspitzte, kam mit dem Busbrand auch der Plan, die Reise abzubrechen und zurück nach Deutschland zu fliegen.
Ich bin in Berlin geboren, also eine waschechte Ur-Berlinerin. Berliner an sich sind ja meistens sehr heimatverliebt. So auch ich. Nie konnte ich mir vorstellen, Berlin zu verlassen und in eine andere Stadt zu ziehen. Schon gar nicht innerhalb Deutschlands. „Wenn wegziehen, dann richtig weit weg", dachte ich immer. Nun stand ich da, mit meiner abgebrochenen Reise, Kisten mit all meinem Hab und Gut bei meiner Mutter und hatte keine Ahnung, wie es weitergehen sollte. Ich war bereits von zu Hause vor mehreren Jahren ausgezogen und habe vor Australien meine geliebte erste Wohnung in Berlin Prenzlauer Berg und meinen Job als Fernsehredakteurin und Reporterin aufgegeben. Den Anschluss zu meiner Clique hatte ich während der Reise mittlerweile auch verpasst. So zog ich mit 27 Jahren wieder bei

meiner Mutter ein. Ich war sehr dankbar, dass das für sie selbstverständlich war, auch wenn uns beiden klar war, dass die Situation nicht lange anhalten sollte. Mein geplanter Neuanfang mit der Reise nach Australien ging also mächtig in die Hose und so musste ein Erneuter her. Bevor ich viele Jahre beim Fernsehen arbeitete, habe ich Mediendesign studiert und einige Monate als Grafikerin gearbeitet. Ich wollte damals jedoch weder zurück zum Fernsehen noch zurück zum Design, sodass ich mich dazu entschloss, ein zweites Studium zu beginnen. Ich bewarb mich an den meisten Unis. Deutschlandweit! Ich träumte schon immer davon, an der Humboldt Universität in Berlin zu studieren und zu meinem Erstaunen erhielt ich tatsächlich eine Zusage für die Fächer Deutsch und Englisch.

Zur selben Zeit habe ich mich in einen Mann aus Köln verliebt, weswegen ich ebenso eine Bewerbung an die Universität zu Köln schickte. Auch wenn ich zum damaligen Zeitpunkt nicht wirklich in Erwägung zog, Berlin zu verlassen. Doch ich wollte unbedingt noch einmal studieren und nicht alles auf die Humboldt-Universitäts-Karte setzen. Meinem Freund erzählte ich davon noch nichts, weil ich nicht wusste, wie ernst unsere Beziehung werden würde.

Nachdem ich jedoch die Zusage für die Humboldt Universität erhielt, war für mich klar, dass ich dort auch studieren möchte. Doch so einfach war es nicht. Immer mehr Zusagen flogen ins Haus. Auch von der Universität zu Köln gab es eine positive Antwort. Und in diesem Moment als ich die Zusage las, merkte ich, dass es mir mit all den Möglichkeiten nun gar nicht mehr so leicht fällt, das Erstbeste anzunehmen. Ich entschied mich nach vielen Gesprächen mit meinem Freund, für die Universität zu Köln und eh ich mich versah, erzählte ich meiner Mutter, dass ich nach Köln ziehen würde. Nicht viel später kam der Umzug und ich konnte es gar nicht fassen, dass ich Lokalpatriotin Berlin tatsächlich verlasse. Der Gedanke, dass das nicht für immer so sein muss, erleichterte mir den Abschied von der Heimat. Ich war bereit für den verspäteten Neuanfang nach all den turbulenten Monaten.

Doch auch diesmal sollte es nicht ganz reibungslos laufen. Ich war gerade nach Köln gezogen, die Wohnung war fast eingerichtet und das Studium hatte gerade begonnen, als ich erneut vom Leben geprüft wurde. Eines Morgens, es war ein Samstag, rief mich mein langjähriger bester Freund aus Berlin nach dem Frühstück an. Der Grund seines Anrufes erschütterte mich zutiefst. Unsere gemeinsame Freundin aus der Jugendzeit, noch dazu seine Partnerin, ist plötzlich verstorben. Ich kann den Tag, des Schocks wegen, nur noch wenig rekonstruieren, ich weiß aber, dass ich wie ferngesteuert durch die Straßen Kölns lief und es nicht greifen konnte. Wenige Tage später musste mein Freund für die Datenerhebung seiner Doktorarbeit für etwa drei Monate nach Ghana. Und daraufhin folgte eine ziemlich schwere Zeit für mich. Alleine in Köln ohne Familienmitglieder oder Freunde, in einer halbfertigen Parterrewohnung mit Reisematratze auf dem Boden statt richtigem Bett, fehlenden Vorhängen und ohne TV und Internetzugang zur Ablenkung, versuchte ich den Verlust der Freundin, weit weg von Berlin, zu verarbeiten.

Zur Uni ging ich nur zu den Veranstaltungen und ließ mich auf keine Begegnungen mit Kommilitonen ein. Mit 27 kam ich mir sowieso vor, wie die „Uni-Omi". Mein Freund war weit weg in Afrika und die Telefonate liefen nur mit schlechter Verbindung.

Trotz dieser schweren Zeit ziehe ich etwas Positives daraus. Ich habe mich selbst besser kennengelernt und habe mich weiterentwickelt. Seitdem glaube ich, dass man immer wieder neu anfangen kann. Es kommt bei plötzlichen Veränderungen darauf an, was man daraus macht.

Neele, 31 Jahre

Liebes Leben,

es ist schwer, einen Brief an Dich zu schreiben.
Ich habe viele Fragen. Die Größte von allen ist: WIESO? Immer
wieder, wenn ich auf mein bisheriges Leben zurückschaue, frage ich
nach dem WIESO?
Wieso hast du mir diese Krankheit zugeteilt? Wieso quälen mich die
alltäglichsten Dinge, die für andere so normal sind? Wieso habe ich
mehr Angst vor dem Leben, als davor, das Leben zu leben? Wieso
muss ich diese Ängste seit 16 Jahren durchstehen? Du weißt, wovon
ich spreche und ich muss dir nicht alles bis ins kleinste Detail erklären. Sag mir einfach nur WIESO? Wieso ich? Womit habe ich das
verdient? Auch wenn das laute WIESO in meinem Kopf seine Kreise
zieht, gebe ich nicht auf. Ich schätze jeden Tag, an dem ich immer
wieder aufs Neue kämpfe, um nicht wieder in ein Loch zu fallen. Was
hast du dir dabei gedacht, mir diese Mission zu schenken? Eines lernte ich jedoch: Ich bin stark. Stärker als ich es je für möglich hielt und
ich bin dankbar, trotz allem, dass ich so bin, wie ich bin.
Auch, wenn ich damals dachte, es sei das Schlimmste auf der Welt in
seinem eigenen Leben, in seinen eigenen Gedanken gefangen zu sein,
kam 2011 mein persönliches Armageddon. Nur daran zu denken,
lässt mein Herz rasen, meine Hände feucht werden und mir schnürt
es die Kehle zu. Wir Menschen bauen Mauern um uns herum, damit
wir uns schützen. Heute reiße ich eine davon ein, weil ich dich nach
dem Warum Frage.
Wie kannst du jemanden das Leben schenken und ihm so ein Leid in
die Wiege legen?
Das kleine Mädchen kam gesund zur Welt, sagten die Ärzte. Heute
weiß ich: Man hätte es sehen müssen.
Ein Kind gesund und munter auf die Welt kommen zu lassen, nur
um ein halbes Jahr später einer ganzen Familie, von dem Kind ganz
zu schweigen, den Boden unter den Füßen wegzureißen? Epilepsie
hat wohl nicht gereicht? Nein, dann musste es Epilepsie bei rechts
hemisphärischer Hirnfehlbildung sein!
Niemals werde ich die Bilder aus meinem Kopf bekommen, wie ich
zusehen musste, wie meine Nichte einen Krampf nach dem anderen
hatte. Wir reden hier von einem 6 Monate altem Baby. Niemals vergesse ich diese Hilflosigkeit, die mehr und mehr mein Herz brach.

Dabei bin ich „nur" die Tante. Wie musste es erst für die Eltern des kleinen Mädchens sein?

Von Arzt zu Arzt von Klinik zu Klinik.

Mit jedem Besuch wurden die Diagnosen schlimmer, der Schmerz größer, die Angst allmächtig. Dann am 7.12.2011 kam die endgültige Entscheidung eine OP (Hemisphärotomie). Das Mädchen war damals gerade mal 1 Jahr alt, aber dennoch die beste Entscheidung, die wir hätten treffen können. Sprichwörtlich ein Pakt mit dem Teufel. Von einem normalen Baby - Dasein, das Babys normalerweise genießen dürfen, können wir hier nicht sprechen. Sie kämpfte um ihr Leben und das nicht nur einmal! Die Prognose war schlecht. Keiner wusste, wie es ihr gehen wird oder wie ihr Leben aussehen wird. Wir lebten zu der Zeit mit tausend Fragezeichen im Kopf. Können wir unser kleines Mädchen mit nach Hause nehmen? Bleibt sie in ihrem Körper gefangen? Wie wird ihre Zukunft aussehen? Die Ängste um unser kleines Mädchen wurden von Sekunde zu Sekunde stärker, nahmen uns den Atem. Die Zeit war schrecklich. Dieses Schicksal wünsche ich keinem Menschen der Welt.

Doch keine der Prognosen hat sich bewahrheitet. Heute ist sie 7 Jahre alt, läuft, spricht und man sieht es ihr kaum an, dass sie behindert ist. Sie ist zwar nicht auf dem Stand gleichaltriger Kinder, aber sie ist da, bei uns. Dafür bin ich Gott dankbar. Ich hasse das Wort behindert. Da es einer Abstempelung gleicht. Sie ist nicht behindert. Sie ist anderes, aber perfekt. Noch heute bei den Nachuntersuchungen, sagen die Ärzte: Sie ist ein Wunder und ja, das ist sie. UNSER WUNDER.

Sie zeigt mir tagtäglich, wenn mich meine Ängste einsperren wollen, wie kostbar und schön das Leben sein kann. Ich sehe durch ihre Augen die Welt. In allen Farben, in all ihrer Pracht und weiß, dass es sich zu kämpfen lohnt. Genauso wie mein kleines Mädchen, gebe ich nicht auf. Wir kämpfen gemeinsam. Und ich weiß, mit ihr an meiner Seite, sind wir stärker als jemals zuvor. Wir sind ein Team und ich bin dankbar, dass ich meinen Teil zu einem besseren Leben beitragen kann. Indem ich ihr meine Hand reiche und mit ihr gemeinsam die Welt erkunde. Denn ich bin stolz, nicht nur ihre Tante zu sein, sondern auch ihre Patentante. Mein größter Schatz ist, dass ich es war, die ihren ersten Kuss bekam. Mit diesen kleinen Schritten schaffte sie es, mein Herz zu heilen und nicht mehr sauer auf das Schicksal zu sein.

Danke, liebes Leben, dass du mir mein Mädchen geschenkt hast. Auch wenn meine Welt manchmal schwarz scheint, bin ich dir dankbar. Denn wenn du mir eines gezeigt hast, dann: Es geht immer weiter, egal wie.

Kämpft, seid mutig und stark. Denn das alles ist auch mein kleines Löwenmädchen.
Danke, für alles. Für die guten und die schlechten Sachen, denn ohne sie wäre ich nicht die, die ich heute bin.

Deine Neele

Birgit, 54 Jahre

Mein Leben in bester Gesellschaft.

Heinz Rühmann sagte einmal: *„Man kann ohne Hund leben, doch es lohnt sich nicht.“*

Mit "Hund", meinte er bestimmt auch all die anderen Tiere, die mein Leben so viel reicher gemacht haben, denn ich bin ein absoluter Tierfreund! Ich kann mir ein Leben ohne Tiere um mich herum nicht vorstellen. Nun zu meinem tierischen Abenteuer:

Ich erinnere mich an den Tag, als in unserem Ort das alljährliche "Grill-Fest" stattfand. Wir gingen mit unseren zwei Kindern auch dort hin. Es waren Spielbuden aufgebaut, wo die Kinder ihren Spaß hatten, Getränke- und Imbissbuden luden zum Genießen ein. Als Highlight in diesem Jahr kam ein Hundesport-Verein, um seine Vorführungen zu zeigen. Gespannt schaute ich zu: Es waren Hürden und Tunnel aufgebaut, große Stege und Stangen standen dort. Und dann kamen sie auf den Platz: Hunderasse Border-Collie, schwarz-weißes Fell, das so gezeichnet ist, als hätten sie einen Smoking an.

Es ging rasend schnell los, die Hunde rannten ... nein, sie flogen nur so über die Hürden, sausten durch Tunnel und im schnellen Zick-Zack um die Stangen. Es war für mich atemberaubend, ich hatte so etwas noch nie zuvor gesehen. Ich kann mich noch genau erinnern, dass mir Tränen über das Gesicht rannten, weil ich es so wunderschön fand.

In dem Augenblick dachte ich, solch ein Hund an meiner Seite und diese Sportart mit ihm machen, das wäre mein Traum. Es vergingen ein paar Jahre. In der Zwischenzeit habe ich mich mit der Hunderasse Border-Collie und dem Hundesport beschäftigt. Ich las im Internet, kaufte Bücher und schaute mir Videos und Bilder an. Eines Tages war es dann so weit: Ich hatte meinen Hund gefunden, meinen Border-Collie, im schwarz-weißen Smoking, der vor mir stand und mich einlud zum gemeinsamen Tanz durch das Leben! Ich war so glücklich an diesem Tag im April!

Ich taufte ihn auf den Namen "Benji". Ich wusste, nun fängt für uns ein Leben voller Abenteuer an. Ich rief bei dem Hunde-Verein an, der damals auf dem Grillfest war und schon hatten wir einen Termin in der "Welpenschule“. Nach so langer Zeit sollte mein Traum in Erfüllung gehen.

Benji lernte schnell und ich etwas langsamer. Hundeschule bedeutet nicht nur Schule für den Hund, sondern besonders für den Menschen. Es klappte super und mit der Zeit wurden wir ein richtig gutes Team. Nun ging es weiter mit der Unterstufe, Mittelstufe und Oberstufe, und dann hatten wir alle „Schulklassen" bestanden. Agility und Obedience gehörten nun auch zu unseren neuen Hobbys. Wir hatten Spaß dabei, neue Tricks zu lernen und lange Spaziergänge zu machen. Heute ist Benji elf Jahre alt und er ist mein Schattenhund, denn Benji ist am liebsten immer in meiner Nähe. Ich hoffe sehr: „Unser gemeinsamer Tanz im Smoking ist noch lange nicht vorbei!"

An einem Tag im Mai sollte wieder eine Veränderung in unserem Hause stattfinden. Die Sonne ließ sich nach langer Zeit mal wieder sehen. So machte ich mit Benji einen Spaziergang. Da bemerkte ich etwas im Gebüsch, eine recht junge Katze, die unentwegt miaute. „Komisch", dachte ich, „so weit weg von den Häusern?"

Ich fütterte sie mit Leckerlis, die ich in der Tasche hatte. Da die Sonne gerade schien, nannte ich sie „Sunny". Sie kam zu mir, strich um meine Beine. Dann folgte sie mir den ganzen Weg nach Hause. Ich gab ihr erst einmal einen Napf Katzenfutter. Ich hatte ja noch meinen Kater Joey zuhause und Katzenfutter parat. Sunny hatte sich satt gefressen. Unser Kater Joey hielt sich im Haus auf, bis ich ihn auch in den Garten ließ, um zu sehen, was passierte. Aber er schnüffelte nur. Sunny hatte sich einen Platz gesucht und ein paar Stunden schlief sie dort, dann war sie verschwunden.

Mein Joey war ein schwarzer Kater, drei Jahre jung und hatte eine weiße Schwanzspitze. Er passte vom Aussehen her super zu meinem Border-Collie. Joey war sehr anhänglich und verschmust. Abends lag er immer auf meinem Bauch, auch am Tage hielt er sich gern in meiner Nähe auf, im Garten oder im Hause. Ich liebte diesen Kater sehr. Sunny war am nächsten Tag wieder da, ich gab ihr Futter, sie schlief und sie ging wieder.

Ich fuhr mit ihr zum Tierarzt, um zu schauen, ob sie auch gesund war.

Doch was mir dann gesagt wurde, haute mich fast vom Stuhl: Die Katze hatte kürzlich Junge bekommen! Ist das vielleicht der Grund, warum sie immer weglief?

Am nächsten Tag fuhr ich ihr mit dem Fahrrad hinterher. Sie lief, als hätte sie ein bestimmtes Ziel, doch ich verlor sie aus den Augen. Am nächsten Tag war sie wieder da. Drei Tage verfolgte ich die Katze, immer denselben Weg. Dann sah ich sie, wie sie in einen tiefen Graben hinunter ging.

Mit meinem Mann zusammen fuhr ich mit dem Auto wieder dorthin. Ich rief sie und tatsächlich kam sie aus dem Gebüsch. Mein Mann ging hinunter in den Graben, unter das Gestrüpp. Sunny hatte tatsächlich dort ihre Jungen versteckt! Ich holte die Transportbox aus dem Auto. Ich war ganz aufgeregt! Dann hielt ich das erste Kätzchen in meinen Händen, es passte genau hinein. Mich überkam ein Glücksgefühl, das unbeschreiblich ist. Vorsichtig legte ich das getigerte Kätzchen in die Box. Nun kam das zweite Kätzchen ans Tageslicht, schwarz, mit kleinem weißem Stups auf der Nasenspitze.

Und zack hatten wir einen Hund und vier Katzen, so schnell kann sich das Leben ändern.

Mit der Zeit hatte sich alles wieder beruhigt. Es war Sommer und Sunny bewohnte mit ihren Jungen den Gartenschuppen. Kater Joey schlief im Haus.

Eines Morgens bemerkte ich, dass es Joey nicht gut ging. Er sabberte und kleckerte beim Fressen. Der Tierarzt stellte einen Tumor unter der Zunge fest, der nicht mehr zu heilen war. Ich brach in Tränen aus, doch ich musste ihn gehen lassen.

Das Leben hat mir Joey nach genau drei Jahren und drei Wochen genommen und mir drei Wochen zuvor drei Katzen gegeben. Es fühlte sich an, als müsste sich das Leben dafür entschuldigen und mir mit drei neuen Katzen Trost spenden. Trotz der Traurigkeit fand ich diesen Zufall als etwas sehr Besonderes und ich denke oft daran zurück. So ist das Leben.

Ramona, 32 Jahre

Weg zum Glück
Ich bin eine normale Frau mit einer normalen Kindheit in einer normalen Gemeinde. Ich wuchs sehr behütet auf und habe mein bisheriges Leben genossen.
Vieles flog mir zu, dafür bin ich heute noch sehr dankbar. Ich hatte immer viele Freunde und war gern unterwegs.
Ich verliebte mich in meinen Traummann und wir hatten eine tolle Zeit. Nach drei Jahren wurde ich schwanger, meine Zuckerpuppe erblickte das Licht der Welt.
Nach ein paar Anlaufschwierigkeiten haben wir es gut gemeistert. Ich war oft allein und auf mich gestellt, da der Job meines Mannes viel Zeit in Anspruch nahm. Es war ok für mich, da ich immer noch genug soziale Kontakte hatte.

Nach knapp drei Jahren wurde ich erneut schwanger. Dieses Mal sollte ein Junge unser Leben bereichern. Trotz der Anstrengung des Alltags war ich glücklich zwei wunderbare und gesunde Kinder auf die Welt gebracht zu haben.
Mit der Zeit aber schlichen sich Situationen und Gedanken in mein Leben, die mich unglücklich machten. Ich fing an, an mir zu zweifeln, ständig hatte ich das Bedürfnis nach Anerkennung und mir müsse jemand sagen, wie toll ich bin und wie toll ich das alles mache.
Die Zeit nahm seinen Lauf, bis sich mein Mann entschied, er könne mich nicht glücklich machen. Ein wahnsinniger Gedanke für mich, damals.
Nach der ersten Phase der Erschütterung zog ich mit unseren Kindern aus. Er half uns, wo er nur konnte, ganz im Gegensatz zu so vielen Menschen, die vorgaben meine Freunde zu sein. Von jetzt an konnte ich genau an einer Hand abzählen, wer für mich da war.
Es waren nicht die, die zuvor täglich bei mir ein- und ausgingen. Nein, es waren die, die ich schon ewig kannte, aber deren täglichen Kontakt ich nicht genoss.

In dieser Zeit musste ich lernen loszulassen. Ich musste eine Enttäuschung nach der anderen einstecken. Lernen, dass alles und jeder seine Zeit hat.
Ich habe angefangen, sehr viel über mich und mein Leben nachzudenken, darüber, wie Menschen sind und sein können. Ich habe angefangen, die Welt aus einer anderen Sicht zu betrachten. Ich wurde

dankbar für all die vielen Geschenke, die ich bisher bekommen habe. Wie gut es uns geht, nichts ist selbstverständlich!
Ich fing wieder an, Selbstbewusstsein aufzubauen und ich wurde GLÜCKLICH!
Glücklich, weil mich nichts mehr so schnell aus der Bahn werfen kann, glücklich, weil ich mit soviel gesegnet bin. Einfach glücklich, weil ich mir selbst reiche. Ich baute uns unsere kleine Welt. Ganz allein und mit so viel Liebe.
Wenn ich meine Mäuse abends schlafend in Ihrem Bett betrachte, ist das für mich der absolute Seelenfrieden. Nun gebe ich mir selbst die Bestätigung, dass ich eine tolle Mama bin, und das einfach nur, weil ich alles geben würde, damit es Ihnen gut geht.
Es ist so wichtig, sich selbst so nah zu sein und seine eigene Überzeugung mit Herzblut zu leben.
Ich gebe ALLES, damit meine Mäuse in einer glücklichen, unbeschwerten Umgebung aufwachsen. Ich gebe ALLES, damit sie Selbstvertrauen erlangen, damit sie später niemals ihr Glück von einem anderen Menschen abhängig machen müssen, sondern ihre Überzeugung und Träume leben, keine Zweifel an sich selbst haben, sondern nach den Sternen greifen und es sich von absolut niemandem klein reden oder sich sagen lassen, ihre Träume oder Vorhaben seien verrückt oder unerreichbar.
Ich stehe heute an einem Punkt, an den ich vor eineinhalb Jahren niemals geglaubt hätte. Ich hätte mir nicht vorstellen können, dass ich jemals wieder so zufrieden sein werde.
Ich habe alles geschafft, was zuvor unerreichbar schien. Ich habe an mich selbst geglaubt und gelernt, dass man sich von nichts und niemandem Angst machen lassen darf. Angst hat man nur, weil sie in der Zukunft liegt und die Zukunft ist immer ungewiss.

„Die Angst vor Morgen macht das Morgen nicht besser, sondern das Heute schlechter."

Meine lieben Mäuse:
Ich liebe Euch mehr als mein eigenes Leben. Ihr seid mein größter Stolz und der Grund dafür, dass ich auch an schlechten Tagen lachen kann. Ihr werdet irgendwann selbstständig sein und euer eigenes Leben meistern. Bitte denkt immer daran euch selbst treu zu sein, daran, eure Träume zu leben, aus vollster Überzeugung.
Lasst Euch von der, teilweise sehr verrückten Menschheit nicht beeinflussen. Es gibt falsche Menschen, die Euch verletzen werden. Seid nicht traurig, sondern lernt daraus! Jeder Mensch hat einen

Grund in eurem Leben zu sein, entweder ist er eine Bereicherung oder eine Lektion. Ihr werdet auch Menschen kennenlernen, die euch guttun. Behandelt sie mit Respekt und seid ehrlich!

Findet den Weg zu euch selbst und lernt die kleinen Dinge im Leben zu schätzen!

Werdet glücklich und zufrieden, mit dem, was ihr habt und was euch geschenkt wurde!

Eure Mama

Heidrun, 53 Jahre

Weihnachten steht vor der Tür!
Die Adventszeit ist immer eine ganz besonders romantische, besinnliche und aufregende Zeit.
Ganz besonders für mich.
Auf den Straßen und in den Geschäften steppt, wie jedes Jahr, der Bär.
Es ist nicht mehr lang bis Heiligabend.
Alle Kinder haben mittlerweile schon diesen unverwechselbaren Glanz in den Augen.
Alle freuen sich auf Weihnachten, ganz besonders ICH!
Ich war immer schon ein Weihnachtsmensch, konnte an Heiligabend nie die Zeit bis zur Bescherung abwarten.
Doch so weit ist es noch lange nicht. Die Zeit bis Heiligabend zieht sich auch heute noch für mich.
Ihr müsst wissen, dass ich das jüngste von drei Kindern bin und schon immer ein ganz besonderes Verhältnis zu meinem Papa hatte.
Am 23. Dezember klingelt gegen Abend mein Telefon. Meine aufgelöste Mama am anderen Ende der Leitung sagt mir, dass es meinem geliebten Papa nicht gut geht und der Krankenwagen bereits unterwegs ist.
Ich lege sofort auf und hole blitzschnell meine Jacke aus dem Flur, um mit dem Fahrrad zu meinen Eltern zu fahren. Sie wohnen ca. 300 Meter Luftlinie von mir entfernt.
Der Krankenwagen ist bereits da, als ich ankomme. Alle kümmern sich sehr liebevoll um meinen Papa. Die Sanitäter bringen Papa ins Krankenhaus.
Ich fahre mit meiner Mama in ihrem Auto hinterher. Papas Herzfrequenz ist viel zu hoch und die Ärzte versuchen diese zu regulieren.
Wir sollen dieses Weihnachten also im Krankenhaus verbringen.
EGAL- Hauptsache zusammen!!!
Am Tag nach Weihnachten verschlechtert sich Papas Zustand und er wird auf die Intensivstation verlegt. Der Anblick dort macht mich fast wahnsinnig. Ich kann es kaum ertragen, meinen Papa so zu sehen.
Das, was die Ärzte diagnostizieren, versteht niemand so richtig von uns. Also heißt es abwarten und beten.
Papa ist fast nicht ansprechbar, er schläft fast nur noch. Immer wenn er etwas wacher wird, schlägt er um sich und weiß nicht, wo er gerade

ist.

Um sich selbst und die Pfleger zu schützen, fixiert man ihn an sein Bett.

Für mich haben sie ihn gefesselt.

Mein Papa!!!

Mein großer Beschützer!!!

Mein bester Freund, der immer für mich da ist, liegt vor mir, wie ein kleines, hilfloses Baby, welches man gefesselt hat.

Diesen Anblick werde ich niemals vergessen können.

Dieser Zustand zieht sich über ein paar Tage, was mich aber keinesfalls davon abhält, ihn jeden Tag zu besuchen.

Als ich ein paar Tage später sein Zimmer betrete, bin ich überglücklich ihn endlich wieder wach und aufrecht in seinem Rollstuhl (zwar angeschnallt und mit einem Tischchen vor dem Bauch) zu sehen. Er ist zwar immer noch sehr verwirrt, aber ich verdränge das einfach.

Meinem Papa geht es wieder besser!

Das schönste, verspätete Weihnachtsgeschenk bekomme ich am 10. Januar.

Papa liegt endlich wieder mit normalisierter Herzfrequenz auf der normalen Station.

Ich bin so glücklich! Es geht ihm von Tag zu Tag besser.

Am 3. Tag läuft er sogar schon langsam mit seinem Rollator und zwei Physiotherapeuten durch sein Zimmer und blättert durch seine heißgeliebte Bildzeitung.

Es ist einfach nur schön!

Und das am Freitag, den 13. Januar.

Am Samstag muss mein Mann Michael zur Frühschicht und ich habe mir einiges vorgenommen.

Darum stehe ich schon früh auf, frühstücke und fange an zu bügeln.

Nach der Arbeit wollen Michael und ich ins Krankenhaus fahren.

Um 11.30 Uhr klingelt mein Handy. Papas Arzt begrüßt mich und faselt etwas von einer Vorsorgevollmacht ... aber warum fragt er mich so etwas???

Das was ich jetzt höre, reißt mir den Boden unter den Füßen weg! Sie fanden Papa bewusstlos in seinem Rollstuhl, was aber genau passiert ist, kann mir niemand sagen.

Ich weiß nicht, wie ich das mache, aber 30 Minuten später bin ich samt meiner Mama im Krankenhaus.

Er ist gerade vom CT zurück, als wir in sein Zimmer kommen.

Dann die schockierende Nachricht:

Papa hatte einen Hirninfarkt.

Wir stehen da, meine Mama, meine Schwester Gabi und ich und wissen nicht, wie es weiter geht.
Nur langsam realisieren wir, dass unser über alles geliebter Mann und Papa stirbt.
Ich kann euch gar nicht sagen, wie ich mich gerade fühle.
Eine Welt bricht für mich zusammen – MEINE WELT!
Und doch ist mir klar, dass ich bis zum letzten Atemzug bleibe.
Sekunden vergehen wie Minuten, Minuten wie Stunden. Viele seiner Enkelkinder kommen um sich von ihm zu verabschieden. Es ist einfach schrecklich.
Ich will ihn nicht gehen lassen, ich will, dass er bleibt.
Ich brauche frische Luft und gehe vor die Tür. Meine Freundin, eine Krankenschwester kommt auf mich zu, um mich in den Arm zu nehmen. Sie hat mehr „Erfahrung" mit dem Tod und rät mir, mit nicht zu vielen Personen an seinem Bett zu wachen, da wir es ihm so sonst viel schwerer machen, los zu lassen und zu gehen.
Mama, Gabi mit ihrem Freund Bernd, mein Bruder und ich sind noch bei ihm, wollen einfach für ihn da sein.

Elf Stunden sind mittlerweile vergangen und jede Minute wird es unerträglicher ihn so zu sehen.
Innerlich kämpfe ich so sehr mit mir, will ihn aber nicht alleine lassen.
Schon 30 Minuten später halte ich es nicht mehr aus und bekomme einen Weinkrampf nach dem anderen und muss mir eingestehen, dass ich das nicht mehr kann … ich muss gehen.
Bernd fährt mich nach Hause, doch mein schlechtes Gewissen frisst mich beinahe auf.
Ich habe ihn allein gelassen.
Meinen geliebten Papa.
Zuhause angekommen möchte Michael, dass ich erst mal etwas esse, doch das kann ich nicht.
Ich bekomme keinen Bissen runter und will einfach nur in mein Bett.
Ich bin am Ende meiner Kräfte.
Es ist 0.15 Uhr. Wir liegen im Bett und Michael hält mich fest in seinem Arm.
Endlich kann ich einschlafen.
Plötzlich, ich weiß nicht, was es ist, ein Windzug, ein Hauch oder eine Berührung.
Ich schnelle hoch, es ist 1.20 Uhr.

Ich laufe schnell nach unten, denn Gabi versprach mir zu schreiben, wenn sich etwas verändert.

Micha erzähle ich, dass ich nur zur Toilette gehe, dabei interessiert mich gerade nur mein Handy.

Keine Nachricht!

Ich gehe also doch zur Toilette und zünde mir danach in der Küche eine Zigarette an.

BING!!!

Mein Handy!

Mein Atem stockt und wieder dieses schlechte Gewissen.

Es ist 1.24 Uhr

„Papa hat es geschafft."

Diese Nachricht macht mich unendlich, unsagbar traurig, doch weinen kann ich nicht.

Mein Papa hat es geschafft!

Als ich am nächsten Tag die Todesurkunde in meiner Hand halte, weiß ich, er war da.

Er war bei mir um sich von MIR zu verabschieden.

Todeszeitpunkt: 15. Januar 2017 1.20 Uhr.

Er zeigte mir, dass er nicht böse ist, weil ich gegangen bin.

Nun weiß ich, dass ich ihm das Gehen leichter gemacht habe, indem ich gegangen bin.

Mein Papa war da, um auf Wiedersehen zu sagen.

Das erfüllt mein Herz mit so viel Wärme, denn ...

... „irgendwann sehen wir uns wieder".

Seit diesem Tag glaube ich an ein Leben „danach".

Papa, ich werde dich immer in meinem Herzen tragen!!!

Louise, 27 Jahre

Ich war obdachlos, wurde misshandelt, enttäuscht und verletzt, doch das sind alles Geschichten meiner Vergangenheit, mit denen ich abgeschlossen habe. Die ich bereits erzählen durfte. Nur zu einem Thema, das mich noch nicht sehr lange begleitet, hat mich irgendwie noch nie jemand angehört und ich nutze meine Chance jetzt Hi, ich bin die Neue. Und zwar wortwörtlich. Ich bin eine der Frauen, die eine Familie auseinandergebracht hat. „Die Schlampe", die einem Kind den Vater nahm und dabei auf niemanden Rücksicht genommen hat. So oder so ähnlich würde es zumindest die Mutter meines Stiefsohnes zusammenfassen. Die Ironie an der Sache ist, dass ich sie damit sogar verstehen kann, denn auch ich kenne verletzten Stolz und das Gefühl verlassen zu werden. Die aufkeimenden Selbstzweifel, die einen fast zerreißen. Doch auch wenn es so einfach klingt, ist es gar nicht so einfach „die Andere" zu sein.
Aber von Anfang an.
Ich kenne meinen jetzigen Ehemann, Randy, schon seit einigen Jahren. Ich habe ihn selbst immer auf ein Podest gestellt, für mich war er unerreichbar. So habe ich mich ihm nie angenähert oder versucht ihn „klar zu machen". Als er schließlich seinen Sohn mit seiner damaligen Freundin Daniela bekam, habe ich komplett abgeschlossen und jegliche Chancen, die ich eventuell hätte haben können, gestrichen. So vergingen die Jahre und lediglich in meinen Tagträumen malte ich mir aus, wie es hätte sein können, wenn ich mich nur getraut hätte.
Irgendwann fanden wir dann doch zusammen, weil er den ersten Schritt wagte. Randy hat eine schwierige Persönlichkeit und hat nie eine wirkliche Beziehung zu einer Frau aufgebaut. Auch für Daniela hatte er keinerlei Gefühle und war lediglich wegen Leon, ihrem Kind, mit ihr zusammen. Aber zwischen uns knallte es dann direkt.
Nach einem Monat verlobten wir uns, die Hochzeit folgte nur acht Monate später. In dieser Zeit versuchte auch Daniela einen Neuanfang und zog zurück in ihre Heimatstadt, etwa zwei Autostunden entfernt. Das Drama ließ nicht lange auf sich warten, der Rosenkrieg um den Kurzen hatte begonnen.
Über zwei Jahre versuchten wir, über das Jugendamt und unzählige Gerichtsverhandlungen eine Lösung für alle zu finden, nachdem die beiden keine Einigung fanden. Jeder hat sich unfair behandelt gefühlt. Lächerlich, wenn man bedenkt, dass es hier eigentlich um Leon ging und nicht um ein zerstrittenes Paar. Je länger das Ganze ging, umso

neutraler konnte ich die Situation betrachten und beurteilen, denn seltsamerweise wurde ständig über mich, aber nie mit mir gesprochen. Welch unfassbare Belastung das auch für unsere Ehe dargestellt hat, war uns gar nicht so bewusst gewesen.

Inzwischen beschränkt sich der Kontakt auf Informationen zum Unterhalt. Das Kinderzimmer, das wir für Wochenend-Besuche gestaltet haben, blieb leer, Geburtstags- und Weihnachtsgeschenke stehen unberührt im Regal. Ab und an hänge ich unsere Wäsche dort auf und wenn ich dann auf das riesige selbstgemalte Wandbild schaue, werde ich traurig.

„Du wirst mir mein Kind nicht wegnehmen!", hat sie zu mir gesagt, mit vollster Überzeugung, dass dies meine Absicht wäre. „Das will ich auch gar nicht", antwortete ich ihr in einem ruhigen Ton, in einer chaotischen Situation. Ich gehe davon aus, dass sie mir das bis heute nicht glaubt.

Ich würde ihr gerne sagen, dass ich mir die größte Mühe geben wollte. Ich habe dieses Zimmer hergerichtet, mir unglaublich viele Fachbücher zugelegt, um mir selbst Sicherheit zu geben, habe sie vor Randy verteidigt und erklärt und bin meinem eigenen Mann damit in den Rücken gefallen.

Ich hätte mir für Leon gewünscht, dass er Papa und Mama hat, die getrennt besser zurechtkommen als in dem Chaos, welches sich irgendwie Beziehung geschimpft hat. Dass er doppelt Weihnachten feiern und zweimal Geburtstagsgeschenke abstauben kann. Dass er weiß, er kann jederzeit zu uns kommen, weil er stets willkommen ist. Dass er zweimal ein „Zuhause" hat. Vielleicht auch, weil ich weiß, wie sich das anfühlt, wenn man gar keins hat, wenn sich alle nur für sich selbst interessieren, nur nicht für dich, das Kind, das noch einen Wegweiser braucht.

Ich hätte mir für Randy gewünscht, dass er seinen Sohn zu Bett bringen darf. Ihm seinen Alltag zeigen kann oder ein tolles Vater-Sohn-Abenteuer am Wochenende erleben darf. Dass er selbst daran wachsen kann, am Vatersein.

Ich hätte mir für Daniela gewünscht, dass sie das Wochenende mal mit sich verbringen kann und Zeit für sich hat, um ihr Leben zu sortieren, oder einfach mal nur Frau und nicht 24/7 Mama sein kann. Einen Partner findet, der sie wirklich schätzt.

Wie naiv ich mit diesen Wünschen war. Jetzt sitze ich wieder hier, vor dem bunten Wandbild auf dem Bett mit Kuscheltieren und frage mich, ob sich das irgendwann ändert. Randy und ich wollen selbst Kinder zusammen haben. Dürfen die ihren Bruder kennenlernen?

Wird ihr neuer Partner dann auch von Leon ferngehalten? Was wird Leon von seinem Vater denken und was wird ihm erzählt? Wird Randy seine Entscheidung irgendwann bereuen? Ich fühle mich, wie in der Vorschau einer schlechten Reality Show und lache mich selbst aus. Und so schreibe ich meinen Brief, der nie gelesen wird ...

Liebe Daniela, liebe Mama,

Manchmal möchte man das Schlimmste in einem Menschen sehen, der einem scheinbar etwas zerstört hat. Aber es geht nicht um uns, es geht nicht um Schuld. Es geht einzig und allein um deine wahre Liebe, dein Kind. Unangenehme Situationen vergehen, aber er wird nicht aufhören zu fragen, warum sie so sind. Gib ihm die Chance zu wachsen, sich selbst ein Bild zu machen und selbst zu entscheiden. Gib dir bitte selbst die Möglichkeit in der Gegenwart zu leben, deine Zukunft aufzubauen. Ich verspreche dir, du wirst nicht enttäuscht. Du hast mein Wort, dass wir unser Bestes geben werden, eine Familie zu sein, bei der er Halt, Vertrauen und Liebe erfährt. Denn nichts anderes hat er verdient. Nichts anderes wünschst du dir für ihn, das weiß ich. Niemand kann und will dich ersetzen, du brauchst keine Angst haben. Du musst auch die schwierigen Phasen nicht alleine durchstehen, wir sind da! Du wirst immer deinen Platz in seinem Herzen haben und unendliche Liebe spüren. Nichts und niemand wird daran etwas ändern. Ich kann super lecker kochen und wir haben hier ein paar tolle Gute-Nacht-Geschichten. Hier wartet ein tolles ferngesteuertes Auto und ein Bett voll mit kuschligen Kissen. Aber davon kann er dir ja dann selbst erzählen. Am Ende lernen wir doch von ihm. Gib ihm die Chance die andere Seite kennenzulernen, die in ihm steckt. Sein anderes Zuhause für sich zu entdecken, das könnte spannend werden. Für uns alle. Geh mit uns zusammen in dieses Abenteuer, für ihn!

Lisa, 17 Jahre

Liebes Leben,

in meinem Leben habe ich einige Menschen getroffen, die mich geprägt haben.

Eine Freundin musste die Schule verlassen, um in Therapie zu gehen und um zum Essen angeregt zu werden. Sie war unzufrieden mit ihrem Körper und hat eine Essstörung entwickelt. Wir haben es nicht mitbekommen. Es war bereits in der 7. Klasse! die selbe Phase erlebte eine andere Freundin von mir zwei Jahre später. Sogar ich selbst war eine Zeit lang unzufrieden mit meinem Körper, zählte jede Kalorie, machte mehrmals am Tag Sport, wog mich jeden Tag. Nach jedem Essen war ich traurig, vor allem wenn mich meine Eltern dazu zwingen mussten. Wenn Freunde essen gehen wollten, erfand ich Ausreden. Irgendwann haben mir meine Eltern einen Zeitungsartikel vorgehalten mit dem Thema Bulimie: Ich selbst wollte es nie anerkennen. Ich wollte immer dünner werden, habe andere Mädchen gesehen, die dünner waren, habe immer irgendeinen Makel gesehen. Wie es sich genau gewendet hat, weiß ich nicht. Heute gucke ich mir Fotos an und ekel mich vor mir selbst. Ich war zu dünn: Man wird von jeglichen Medien geprägt: Germany´s Next Topmodel, Instagram Bilder etc. Man hat ein verzerrtes Bild von sich selbst. Also: Liebt euren Körper und euch selbst. Jeder ist anders und hat bestimmte Makel, aber das ist das, was uns ausmacht.

Das nächste Erlebnis handelt von einer dritten Person aus meinem Umfeld. Als ich das erste Mal mit meinem Freund darüber gesprochen habe, bin ich in Tränen ausgebrochen. Ich konnte nicht weitersprechen. Eine Person litt seit sechs Monaten an Depressionen. Seit sechs Monaten? Wir alle hatten nichts bemerkt. Beachteten wir die Person nicht genug? Waren wir zu oberflächlich? Interessieren sich die Menschen heutzutage nicht für Gefühle anderer?

Sie löste ihren Verband: Ritzspuren. Sie machte weiter. Seit einem halben Jahr verspürte diese Person keine Freude mehr. „Du hast das gut gemacht!", bedeutete ihr nichts. Die Person hatte mit ihrem Hobby aufgehört, soziale Kontakte liefen nicht optimal. Kleine Neckereien trafen die Person emotional. Neckereien, über die die Einzelnen keinen einzigen Gedanken verschwendet hatten. Neckereien, die in der Schule als selbstverständlich galten.

Es benötigte so viel Mut, uns von dieser emotionalen Lage zu erzählen. Die Person öffnete sich uns, ohne zu wissen, wie wir reagieren würden. Dennoch hatte sie endlich den Mut gefasst darüber zu reden. Sie habe es so lange für sich behalten, weil es niemand verstehe. Die Menschen würden sagen, es sei nur eine Phase. Verständnis zu finden sei der schwierigste Teil der Krankheit. Als die Person weitererzählte, standen mir Tränen in den Augen. Sie beschrieb, wie sie sich Schmerzen zufügte. Diese Person empfand so einen Selbsthass, dass sich selbst wehzutun als der einzige Ausweg erschien. Wo sei der Sinn im Leben? Sie müsse sich bestrafen. Es sei alles falsch, was sie mache. Keine Erfolge. Aus ihrer Sicht. Immer nur aus ihrer Sicht. Es gibt Tage, wo die Person sich selbst schlägt. Die Person hat so große Wut auf sich selbst. Sie muss sich selbst schlagen. Sie hört erst dann auf, wenn sie nicht mehr kann. Die Person hört dann erst auf, Gewalt an sich selbst zu üben, wenn sie physisch nicht mehr in der Lage dazu ist. Dieser Satz wird in meinem Gedächtnis bleiben. Es ist so traurig, dass Menschen sich vielleicht in dieser Sekunde Schmerzen zufügen, weil sie denken, sie seien nicht gut genug. Die Hilflosigkeit Nahestehender, die das mitkriegen, muss ebenfalls eine unerträgliche Folge sein. Warum mich persönlich diese Geschichte so sehr getroffen hat, ist, weil die ganze restliche Welt normal weiterlebt. Ich habe daran gedacht, wie unfair es ist, dass ich gerade Freude empfinde und diese Person nicht, nie. Somit stellte ich mir immer wieder die Frage, warum ich es denn verdient habe zu lächeln, wenn die Person es nicht mehr kann. Warum durfte ich Erfolgsmomente haben? Ich habe die Welt als unfair empfunden. Wie konnte es sein, dass ich so glücklich war, wenn jemand anderes so traurig war?

Auch bei der Krankheit sind Essstörungen vorhanden. Die Person fühlt sich physisch nicht wohl. Sie habe weniger Muskeln, mehr Fettanteil als andere. Dieser durchgehende Vergleich mit anderen, ob es mit Freunden aus der Schule, aus dem Urlaub oder aus der Sportmannschaft ist, macht den Menschen kaputt. Der Mensch macht aus jeder Situation einen Wettkampf. Er strebt immer nach etwas Höherem. Schneller! Höher! Weiter! Der Mensch fühlt sich nicht gut genug, sieht nur die Fehler an sich selbst: Die zu große Nase, den Hüftspeck, schlechte Noten anstatt die gute sportliche Leistung, die sozialen Kontakte und ihr schönes Grübchen.

„Suche nicht andere, sondern dich selbst zu übertreffen." (Cicero). Versuche, gut zu sein, aber irgendwann sei zufrieden. Was ich damit sagen will ist, dass der Mensch sich von seiner Natur aus auf die negativen Aspekte konzentriert: Sobald er gut ist, will er besser werden. Reichen wird es dem Menschen nie. Wir dürfen uns nicht auf den kleinen schwarzen Punkt auf dem großen weißen Papier in unserem Leben konzentrieren. Das ist falsch! Woran wir festhalten müssen ist an dem restlichen Blatt Papier. Dieser Rest ist das Positive, die schönen Momente, unsere Stärken. Wir dürfen uns nicht auf den kleinen schwarzen Punkt auf dem Blatt konzentrieren. Aber er ist das, worauf wir unsere Sicht beschränken.

Was ich vor allem aus diesen Geschichten mitnehme, ist, dass wir lernen müssen uns selbst zu lieben. Wir müssen uns bewusstmachen, wie schön es ist zu leben. Es wurde uns allen geschenkt, und zwar jedem Menschen in unterschiedlicher Art und Weise. Wir sind individuell und das ist das Schönste in dieser kleinen Welt. Es ist wichtig, wertzuschätzen, was man hat. Erst durch die Berührungspunkte mit diesen besonderen Menschen habe ich gelernt, dass es nicht selbstverständlich ist glücklich zu sein.

Genießt euer Leben. Auch wenn ihr euch in einem Tief befindet, wartet ein viel größeres Hoch auf euch!

Victoria, 18 Jahre

Liebes Leben,

es gibt die schönen und die weniger schönen Tage. Tage, an denen man glücklich und zufrieden ist und manche, an denen einem das Leben zweifeln lässt.

Heute war ein sehr schwieriger Tag für mich, heute Morgen war noch alles in Ordnung und ein Anruf hat mein Leben drastisch verändert. Meiner Oma geht es schon lange nicht gut, sie leidet an einer schlimmen Nervenkrankheit (ALS) und das ist mir auch bewusst, aber ich wusste nicht, was so eine Krankheit alles anrichten kann. Sie kann einen Menschen bereits in kürzester Zeit komplett verändern. Meine Oma ist ein sehr wichtiger Teil in meinem Leben, sie ist immer für mich da und ich kann immer zu ihr kommen, wenn ich jemanden zum Reden brauche. Vor zwei Jahren war noch alles normal, ich war jede Woche bei Oma, wir haben viele Ausflüge gemacht, gekocht und gelacht. Mit den letzten Monaten nahm dies jedoch stetig ab. Ihre Krankheit brachte viele Einschränkungen mit sich und sie „baute körperlich immer mehr und mehr ab". Es ist eine sehr schwierige Situation für mich und ich bin mir oft unsicher, ob ich mich richtig verhalte. Bei jedem Besuch unterhalte ich mich viel mit ihr, erzähle ihr von der Schule, von meinen Freunden und sie wirkt immer sehr glücklich zu hören, was ich alles erlebe. Doch vor drei Tagen kam Oma ganz spontan mit dem Krankenwagen ins Krankenhaus, was für uns alle ein großer Schock war. Es ist die Woche vor Weihnachten, in der eigentlich alle zufrieden sind und sich auf die Feiertage freuen, aber dieser Augenblick hat uns alle erschrecken lassen. Wir haben großes Vertrauen in das Personal des Krankenhauses, und wissen auch, dass sich dort gut um sie gekümmert wird. Ich mache mir heute also nicht zu viele Gedanken um Oma und packe heute Abend am Tag vor Heiligabend meine Geschenke ein und freue mich auf die kommenden Weihnachtstage. Auf einmal jedoch der Moment, den ich in meinem Leben nicht mehr vergessen werde. Meine Mutter kommt in mein Zimmer und sagt, dass Oma diesen Abend nicht mehr überleben wird und wir sofort alle ins Krankenhaus kommen sollen. Sie hat einfach keine Energie mehr und möchte nicht nur mit Hilfe von Maschinen weiterleben. Sie wünscht sich aber im Kreise ihrer Lieben einzuschlafen. Ich stand also vor der wichtigsten Entscheidung meines bisherigen Lebens. Fahre ich mit in das Krankenhaus oder bleibe ich lieber hier und verarbeite die Situation für mich alleine? Für mich war das jedoch keine wirkliche Entscheidung, für mich stand sofort fest, dass ich auf jeden Fall mitfahren werde und Oma bis zuletzt beistehen werde, so wie sie es auch für mich getan hätte.

Auch wenn es nicht leicht für mich war, fuhr ich also mit meiner Mama, meinem Papa, meinem Onkel, meiner Tante und meinem Opa zum Krankenhaus und wir fuhren mit dem Aufzug zur Intensivstation. Allein die ganzen Geräte und die Geräusche machten mir Angst, doch dann kam der Augenblick, an dem ich meine geliebte Oma in ihrem Bett liegen sah. Sie war nur noch sehr schlapp und mager und man konnte sehen, wie sehr sie kämpfte. So gut sie noch konnte sagte sie uns, dass sie uns liebt und möchte, dass wir unser Leben genießen sollen und weiterleben wie bisher. Dann kam auch der behandelnde Arzt dazu und erklärte uns, dass es ihr Wunsch gewesen ist, jetzt in Frieden zu gehen, im Kreise ihrer Familie und nicht noch weiter unter Schmerzen und nur mit Hilfe von Maschinen weiterzuleben:

Das war nie das, was sie wollte. Die Krankheit ließ zwar nach und nach ihre Organe versagen, aber im Kopf war sie noch ganz klar und es verlief alles so, wie sie es sich gewünscht hatte. Wir, ihre Familie waren bei ihr und da sie schon immer sehr gläubig war kam auch noch eine Pastorin hinzu, die Oma mit uns durch ihre letzten schönen Minuten begleitete. Es war zwar ein sehr trauriger Moment, aber ich genoss es sie noch einmal in meine Arme zu schließen und ihr zu sagen, dass ich sie liebe und sie nie vergessen werde. Ich erklärte ihr, dass sie immer ein wichtiger Teil in meinem Leben war und immer sein wird. Außerdem sagte ich, dass ich froh bin, dass sie allein diese Entscheidung noch treffen konnte und so gehen kann, wie sie es sich vorgestellt hat. Sie wirkte so glücklich und auch wenn sie sich am Anfang noch ein wenig zu wehren schien, merkte man wie entspannt und zufrieden sie nun von uns ging.

Dieser Moment, an dem das Gerät am Bett nur noch eine Linie zeigte und man diesen Ton hört, den man nie vergessen wird. Dieser eine Moment, der einem immer in Erinnerung bleiben wird und der mich für mein ganzes Leben prägen wird. Sie war einfach eine so gute Frau, an der man sich ein Beispiel nehmen muss. Sie hat sich nie in den Vordergrund gestellt, sondern ganz im Gegenteil, für sie gingen immer alle anderen vor. Sie hat sich um alles und jeden gekümmert und alles dafür getan, dass es ihren Kindern und vor allem auch mir als Enkelin immer gut geht. Das war auch am Ende noch das Wichtigste für sie, dass Opa weiß, was wir alle zu Weihnachten bekommen und dass wir trotzdem feiern und uns nicht dadurch einschränken lassen. Dies war natürlich sehr schwierig, aber so wie Oma es wollte feiern wir Weihnachten, wenn es auch manchmal nötig ist, ein paar Tränen zu vergießen, was aber auch ganz normal in so einer Situation ist.

Alles in allem, liebes Leben danke ich dir, dass du mir eine so liebevolle Oma gegeben hast, die mein Leben geprägt hat und an die ich immer denken werde.

Man sollte jeden Tag mit seinen Liebsten genießen und auch wenn mal eine Krankheit auftritt nicht verzagen und das Beste aus der Situation machen. Es ist das Wichtigste, die Menschen nicht dann mit ihrer Krankheit alleine zu lassen, sondern zu versuchen, möglichst gut damit umzugehen.

Ich liebe dich Oma! Victoria

Katrin, 19 Jahre

Warum Schönheitsideale in die Mülltonne gehören.
Als ich mich entschied, an diesem Projekt teilzunehmen, wusste ich nicht, welcher Herausforderung ich mich damit stellen würde. Es war ein langer Weg, geprägt von verrücktem Wirrwarr in meinem Kopf, das ich stets erfolglos zu ordnen versuchte. Die einzige Lösung für mich war, einfach drauflos zu schreiben. Auch wenn ich in meinem verhältnismäßig kurzen Leben noch nicht viel erlebt habe und mich weder mit einem schweren Verlust oder einer qualvollen Krankheit auseinandersetzen musste, habe ich doch meine eigene Geschichte zu erzählen. Es soll ein Appell an die Menschheit sein. In diesem Fall an die Sorte Menschen, die sich an das Ideal des »perfekten Menschen« halten und allem, was aus diesem Rahmen fällt, den Rücken zukehren. Ob man psychisch oder physisch anders ist, ist in diesem Fall irrelevant. Passt man nicht in ein gewisses Bild, wird man ausgegrenzt. Und das auf eine grausame Art und Weise.
Ich war ein selbstbewusstes Kind. Glücklich und voller Fantasie, konnte ich überall eine fiktive Welt erschaffen und darin sein, wer ich wollte. In diesem Alter dachte niemand an Vorurteile, oder kritisierte Andere aufgrund ihres Verhaltens oder Aussehens.
Mit elf Jahren wurde alles aufregender. Eine neue Schule, neue Freunde. Viele Menschen, die ich kennenlernen konnte. Meine Einstellung zum Leben basierte darauf, dass ich mit jedem Freundschaft schließen wollte, sofern der Andere es selbst wollte. Ich hatte keine Vorurteile und in meinen Augen war jedes Gesicht ein potentieller neuer Freund. Doch bereits in der ersten Woche an diesem neuen Ort passierte etwas, worüber ich mein ganzes Leben noch nie nachgedacht hatte. Einer meiner Mitschüler bezeichnete mich zum ersten Mal als hässlich. Es war ein simples Wort, das jedem schnell einmal über die Lippen hüpft. Was für einen Schaden man jedoch damit anrichten kann, ist leider den Wenigsten bewusst.
Ich war kein aufgeschlossener Mensch, auch wenn ich jeden auf Anhieb mochte, war ich zu schüchtern, um mit jemanden zu sprechen und was man einmal hört, vergisst man so schnell nicht wieder. Meine Mitschüler hatten sich dazu entschieden, mir dieses Wort in den Kopf zu brennen. Dies war der Zeitpunkt, an dem ich zum ersten Mal in den Spiegel sah und dabei überlegte, ob ich nun schön war oder nicht. Zum ersten Mal betrachtete ich mich mit einem anderen Blick. Statt ein Gesicht, an das ich gewohnt war und einfach akzep-

tiert hatte, zu sehen, fing ich an, jeden Makel an mir selbst zu kritisieren.

Über die Jahre hatte sich die Situation nicht gebessert. An jeder Ecke in der Schule wurde ich kritisiert. Zu schüchtern, um sich zu wehren und zu naiv, um falschen Freunden aus dem Weg zu gehen, fühlte ich mich mit jedem Schultag mehr alleingelassen. Freundschaften zu schließen, fiel mir schon immer schwer und das war für viele leicht auszunutzen. Die seelische Belastung machte mich mit der Zeit auch körperlich krank.

Nach der Schulzeit traf ich mit einem freiwilligen sozialen Jahr, das eigentlich nur als Überbrückung gedacht war, die beste Entscheidung meines Lebens und es wurde zu einer Leidenschaft. Endlich hatte ich die richtigen Menschen um mich herum. Auch wenn ich hier meine Startschwierigkeiten hatte, merkte ich, dass ich endlich ein Alter erreicht hatte, in dem meine Mitmenschen wenig bis gar nicht mehr über andere urteilten. Keine Beleidigungen mehr, niemand bezeichnete mich als hässlich oder dumm. Zum ersten Mal ging es mir körperlich und geistig wieder besser.

Trotzdem gingen die letzten Jahre nicht spurlos an mir vorbei. Jeder Blick in den Spiegel sagt mit immer noch, dass ich niemals schön oder klug sein werde. Jahrelang hat man mir eingeredet, dass ich niemals gut genug sein werde. Und auch wenn ich jetzt glücklicher bin, ist es trotzdem nicht immer einfach. Mein Selbstbewusstsein wurde stark geschädigt und so etwas ist nicht mehr gutzumachen. Die meisten Menschen, die so auf andere losgehen, haben es meist selbst nicht leicht im Leben. Jedoch ist dies keine Entschuldigung, alles an seinen Mitmenschen auszulassen. Sie wissen nicht, was für einen Schaden man damit anrichtet. Ein einfaches Wort kann jemanden seelisch so zerstören, dass er in eine Depression verfällt. Von solch schweren Problemen blieb ich glücklicherweise verschont. Und doch fällt es mir an schlechten Tagen schwer, mich zu akzeptieren. Es schränkt die Lebensqualität ein und zerrt immer wieder an meinen Kräften. Ich möchte jeden, der dies liest, daran erinnern, dass grausame Worte viel anrichten können. Denkt nach, bevor ihr etwas sagt, und seid tolerant.

Was ich damit sagen möchte, ist die simple Bitte, dass die Menschen damit aufhören sich wegen jeder Kleinigkeit zu kritisieren. Schmeißt Schönheitsideale in die Mülltonne und lernt jemanden kennen, bevor ihr urteilt. Niemand hat es leicht im Leben und auch wenn ich es im Gegensatz zu den meisten meiner Schreiberkolleginnen in diesem Buch fast noch einfach hatte, habe ich genauso mein Kreuz zu tragen. So wie jeder andere Mensch auch. Bei meiner Arbeit sehe ich jeden Tag Menschen, denen es schlecht geht und die froh sind, mich und meine Kollegen zu sehen. Bis jetzt hat mich nichts glücklicher gemacht, als jemanden aufzuheitern, dem es schlecht geht. Diese Freude möchte ich beibehalten. Heute bin ich glücklicher. Ich habe treue Freunde und eine Familie, die mich immer unterstützt. So viel Glück wünsche ich jeder Frau, die den Mut hatte, in diesem Buch ihre tiefsten Gedanken und Gefühle zu beschreiben. Es fällt einem nicht immer einfach, alles herauszulassen, was einem im Kopf steckt. Doch dieses Projekt hat uns allen die Möglichkeit gegeben der Welt etwas so Wundervolles zu hinterlassen. Danke, für diese Chance.

Claudia, 52 Jahre

Diese eine Liebe - Ein Brief an das Leben

1979. Ein Tag wie jeder andere: Die Clique traf sich im Park. Wir waren viele und ich war fast 14.

An diesem Tag kam ein Neuer mit seinem Mofa vorbei.

Ich sah ihn an, sah in die tollsten braunen Augen, die ich jemals gesehen hatte.

Das war der erste Kontakt. Ich sah ihn und er sah mich. Mehr nicht. Am nächsten Tag war ich sehr aufgeregt, als ich in den Park ging. Würde er da sein?

Ja, er war da. Wieder sahen wir uns nur an, unterhielten uns mit den anderen aus der Clique und waren uns doch so nah.

So ging es einige Tage. Irgendwann kamen wir ins Gespräch und die Welt um uns herum existierte nicht mehr.

Wir hatten viele gute Gespräche. Er war verdammt intelligent. Das gefiel mir. Schon immer mochte ich Menschen, von denen ich etwas über das Leben erfahren konnte. Schon irre, er war doch gerade mal 15 Jahre alt und wusste schon so viel.

An irgendeinem schönen Sommertag war es soweit. Ich musste ihm sagen, dass ich mich hoffnungslos in ihn verliebt hatte. Er sagte, dass er genauso fühle, ich aber zu schade für ihn sei. Er wolle erst noch andere Mädchen kennenlernen. Irgendwann, wenn er so weit sei, würde er kommen.

Zunächst war ich verletzt. Natürlich, er wollte mich nicht. Jedes Mädchen wäre verletzt gewesen. Doch mit der Zeit fühlte ich mich geehrt. Ich schien wohl jemand Besonderes für ihn zu sein. Wir hatten noch einen Sommer lang sehr guten Kontakt, dann verloren sich unsere Wege. Gelegentlich hörte ich von anderen, was er so machte. Ich begann meine Ausbildung, er arbeitete und wir verloren uns einfach. So war das damals.

1986. Ich war inzwischen unglücklich verheiratet und Mutter. Ein Tag wie jeder andere, so dachte ich. Da klingelte es an meiner Tür. Er stand vor mir und sagte nur: „Ich bin jetzt so weit, wie ist es bei dir?" Ich habe geweint vor Glück. Wie oft hatte ich an ihn gedacht. Da stand er.

Für mich war sofort klar, dass ich mein altes Leben verlassen würde. Drei Wochen später lebten wir zusammen. Die Trennung von meinem Mann hat mir viel Unglück gebracht, doch die Liebe zu Frank hat alles getragen. Wir hatten vier wundervolle Jahre zusammen, bis das Leben uns eine schwere Zeit bescherte.

Eine Zeit in der wir kämpfen und Rückschläge einstecken mussten, aber auch vier weitere Jahre unsere Liebe lebten. In dieser Zeit geschah das Schönste, was wir erleben durften, obwohl wir gerade an Trennung dachten. Ich wurde schwanger.

Mein Mann musste weiter kämpfen und Rückschläge einstecken.

Eine Sucht ist ein gemeiner Feind. Wir entschlossen uns - noch in der Schwangerschaft - zur Trennung. Trotz unserer Liebe, sahen wir ein, dass es nicht gut für unser Kind wäre, wenn es diesen Kampf miterleben müsste.

Das war rückblickend betrachtet unsere beste Entscheidung. Sein Kampf mit guten und schlechten Zeiten dauerte nach unserer Trennung noch 15 Jahre an. Er hat verloren und starb 2009.

Unsere Tochter hat ihren Vater geliebt und er hat sie geliebt. Er hat ihr vieles von der Welt erzählt und gezeigt. Er war immer ein wichtiger Teil in ihrem Leben.

Und ich? Ich habe meinen besten Freund und meine Liebe verloren. Dafür habe ich das schönste Geschenk bekommen, das mein Mann mir machen konnte: Unser Kind. Sie hat seine Augen, seine Sicht auf die Welt und ich bin dankbar. Dankbar für diese Liebe.

Rest in Peace, Frank.

Janika, 27 Jahre

Hallo Leben,

ich habe mir die Aufgabe gestellt, dir einen Brief zu schreiben. Einen einfachen Brief an dich, das Leben. Aber was oder wer genau bist du? Geht dir vielleicht doch eine größere Macht voraus? Gott oder jemand ähnliches? Oder bist du einfach nur da. Einfach die Existenz von uns Menschen?

Viele Dinge, die du uns aufbürdest, kann und will ich nicht verstehen. Nur du könntest mir beantworten, warum du so entscheidest. Warum gibst du einem Teil der Menschheit ein geborgenes, sicheres und relativ einfaches Leben, wie zum Beispiel mir? Und andere Menschen, die man kennt, müssen eine Hürde nach der anderen überwinden und bezwingen, haben keine guten Voraussetzungen zu leben und zu überleben, teilweise gar keine oder nur eine kurze Zeit, um dich kennen lernen zu dürfen.

Diese Ungerechtigkeit kann und will ich nicht verstehen! Oft erscheinen mir meine Probleme als riesige Hürde, unüberwindbar! Doch im Vergleich zu den Hürden vieler anderer Menschen, sind meine Probleme kleine Kieselsteine, die sich ohne größere Schwierigkeiten aus dem Weg räumen lassen. Objektiv betrachtet, darf und kann ich mich nicht beschweren. Ich durfte meinen Weg gehen, hatte immer sowohl persönliche als auch finanzielle Unterstützung, habe viele Freiheiten bekommen und bis jetzt ein gutes Leben gehabt. Und dann gibt es einen besonderen Menschen in meinem Leben, der alles für mich verändert hat. Jemanden, dem viel zu viele Hürden aufgebürdet wurden, der keinerlei Unterstützung in seinem eigenen Leben bekommen hat und dennoch lässt er für mich, für meine kleinen Probleme, alles stehen und liegen und ist an meiner Seite, versucht mich über meine kleinen Kieselsteine zu tragen. Eine einzige logische Erklärung, die es für mich geben könnte, wäre, dass ich für die großen Aufgaben zu schwach bin und eine starke Person an meiner Seite als Hilfe brauche. Aber das kann ich nicht akzeptieren. Ich möchte nicht akzeptieren, dass du mich für zu schwach hältst, möchte aber auch in meinem Leben nicht so stark sein müssen und die schrecklichen Dinge, die anderen Menschen zustoßen, durchmachen müssen. Also was soll das?

Gerne würde ich glauben können, dass hinter dir, Leben, eine höhere Macht steckt, jemand oder etwas, der auf uns aufpasst und beschützt, uns begleitet und leitet. Aber all die Ungerechtigkeiten, die den Menschen aufgebürdet werden, lassen mich darauf schließen, dass du entweder einige Menschen nicht leiden kannst, sie dir egal sind oder du überfordert bist. Okay vielleicht sehe ich das auch zu einfach, zu menschlich und ich kann die Hintergründe und Begründungen dafür nicht verstehen. Oder du existierst nicht. Du bist einfach ein wissenschaftliches Naturphänomen. Bist einfach da, hältst unser Herz am Schlagen und für alles andere sind wir selbst verantwortlich. So wäre es zumindest am Logischsten für mich. Dass wir Menschen viele Fehler machen, muss ich bestätigen und dass dadurch ein Ungleichgewicht und eine Ungerechtigkeit unter den Menschen entsteht, lässt vieles erklären und entlastet dich von jeglicher Schuld. Also könnten wir Menschen nur uns die Schuld geben. Ganz alleine uns. Ohne die Möglichkeit jemandem oder etwas diese Last abzugeben. Aber auch ohne die Möglichkeit, jemandem oder etwas zu danken, für Dinge oder Menschen, die uns treffen und von der guten Seite des Lebens überraschen.

Ich will einfach an dich glauben. Will glauben, dass du Gründe hast für unser Leben. Gründe für alles: für alles Gute, für alles Schlechte. Irgendwann hoffe ich, dass ich etwas sehe oder verstehe, so dass ich nicht nur an dich glauben will, sondern wirklich glaube und weiß, dass mein Glaube richtig ist.

Und mit dieser Hoffnung, dass du da bist und ich dich erreichen kann, möchte ich dir Danke sagen. Danke für alle guten Dinge, die mir bisher begegnet sind, für meine Tiere, für all die Menschen in meinem Leben die immer hinter mir stehen und mich unterstützen und vor allem für den einen Menschen, der mich durch alle schlechteren und besseren Zeiten begleitet, mich bei allen meinen Taten unterstützt und auch dafür, dass er mir in den richtigen Momenten den Kopf zurechtrückt und mir auch mal in den Hintern tritt. Danke! Einfach Danke!

Pass weiterhin gut auf mich und die Menschen in meiner Umgebung auf, sei für uns da, unterstütze uns wo wir es brauchen und gib uns die Aufgaben, die wir verkraften können und die uns stärker machen. Irgendwann kann ich vielleicht verstehen...

Viele Grüße

Michaela, 33 Jahre

Meine Stundenwelt

Die kleine Lokomotive quält sich schnaufend einen Berg hinauf. Immer wieder sagt sie sich ihre Parole auf »Ich glaub, ich kann; ich glaub, ich kann« und das so lange, bis es zu einem unabdingbaren Mantra für sie geworden ist.

Auch für mich war diese Parole von Kindesbeinen an stets präsent. Immer schon wollte ich mich kreativ betätigen, mein Innerstes nach Außen kehren und der Welt meine Kunstwerke zu Füßen legen, damit mein Name für die Nachwelt erhalten bleibt. Meine Eltern ließen mich schon früh eigene Entscheidungen treffen und glaubten an mich und meine Fähigkeiten. Ich besaß jedoch keinen allzu starken Willen, um die Dinge, die ich tun wollte, auch in die Tat umzusetzen. Schon früh habe ich zu malen begonnen und mein größter Traum war es, auf die Modeschule zu gehen, um Designerin zu werden. Doch als ich bei der Aufnahmeprüfung saß und ich Mathe-Aufgaben erledigen musste, habe ich die Prüfung abgebrochen. Später hegte ich den starken Wunsch, eine Ausbildung zur Grafikdesignerin zu machen und bewarb mich an der Graphischen in Wien. Die Aufnahmeprüfung dauerte fünf Stunden und mir wurde mit der Zeit langweilig, ich erledigte die Aufgaben nur halbherzig oder zum Teil gar nicht. Als die Absage der Schule kam, warf ich sie einfach beiseite und beschloss, doch lieber etwas anderes mit meinem Leben und meiner kreativen Ader anzufangen.

Aus dem zu geringen Antrieb entwickelten sich über die nächsten Jahre starke Selbstzweifel und eine Abneigung gegen mich selbst sowie gegen das eigene Talent. Ich hörte auf zu malen, zu designen, zu schreiben, und die Tagträumereien ließ ich sogar ganz bleiben. Ich spuckte auf den kreativen Teil in meinem Leben, wollte ihn unterdrücken, zerstören, ihn mit Füßen treten und aus meinem Innersten entfernen. Mein Interesse an allem, was ich so lange Zeit mit Freude getan hatte, ebbte stetig ab, bis ich nur noch eine leere Hülle war, die lediglich existierte. Im Alter von neunzehn Jahren schloss ich eine Ausbildung in der Gastronomie ab. Die einst laute Stimme, die mich bereits als Kind dazu aufgefordert hatte an mich zu glauben, war mittlerweile zu einem Flüstern verebbt und verklang kurz darauf zur Gänze. Meine Fantasie ließ nach, was jedoch nicht nur an dem mangelnden Glauben an mich selbst lag, sondern auch an der Gesellschaft, die mir seit jeher prophezeit hatte, dass man mit einem kreativen Beruf nicht weit kommen würde. Der brotlose Künstler, der von der Hand in den Mund lebte ... der wollte ich nicht werden und lieber würde ich diese Seite in mir mein ganzes Leben lang unterdrücken, als so zu enden. Ich missachtete dabei jedoch, wie glücklich mich der Prozess, etwas zu erschaffen, zu kreieren und zum Leben zu erwecken, gemacht hatte. Die nächsten Jahre vergingen, ich lebte, jedoch fehlte etwas in meinem Leben. Ein Gefühl von tiefer Zufriedenheit wollte sich einfach nie einstellen.

Wie es mit dem eigenen Ich so ist, bricht es irgendwann doch wieder durch und will die Führung übernehmen. Doch ich war abgestumpft. Mein Leben hatte mich zu einer fantasielosen Hülle werden lassen, die die Fähigkeit verloren hatte, mit ihren Gedanken Bilder und fremde Welten zu gestalten. Die ehemalige Antriebslosigkeit verwandelte sich in eine schwere Depression in einer grauen Welt, die mich stets umgab und in die ich keinerlei Farbe bringen konnte. Mein Herz blutete bei dem Gedanken, mich selbst aufgegeben und vielleicht für immer verloren zu haben. Ich entschied mich dazu, wieder mit dem Schreiben zu beginnen. Meine größte Leidenschaft war stets die Schriftstellerei gewesen. Es erfüllte meine Seele und ließ mein Herz schneller schlagen, schon seit ich gelernt hatte einen Stift zu halten. Sie vereinte alles Kreative, das ich so sehr liebte und es schien mir der richtige Weg zu sein, wieder einen Stift in die Hand zu nehmen und mich selbst herauszufordern. In diesem Fall stellte sich der metaphorische Stift als MacBook heraus und alles Kreative, das ich damit erschaffen konnte, war eine Idee zu einer Geschichte. Sie war nicht wirklich ausgereift, es fehlte ihr an Hintergrund und einem roten Faden. Es fehlte ihr an Spannung und mir fehlte es an der dazu nötigen Kreativität, um Spannung zu erzeugen. Die Geschichte war nicht kreativ, die Figuren waren matt und glanzlos, ihre Abenteuer beinahe alltäglich. Egal wie sehr ich mich bemühte, diesen Leuten wollte einfach nichts Spannendes passieren. Die meiste Zeit saßen sie herum und warteten darauf, dass ich ihnen sagte, was sie tun sollten. Ich schrieb diese Geschichte trotz aller Ungereimtheiten und Langeweile fertig. Es war kaum zu glauben, aber ich hatte so viele Seiten geschrieben, dass sie für ein ganzes Buch reichten. Das Grau verwandelte sich allmählich wieder in Farbe und ich überarbeitete meinen Roman. Das tat ich für eine lange Zeit, nämlich genau sieben Jahre. Währenddessen drehte sich mein Leben weiter, ich ergriff einen neuen Beruf (den der Grafikerin) und studierte Kommunikationswissenschaft, sowie deutsche Philologie. Ich lernte einen tollen Mann kennen, der an mich glaubte und der immer noch hinter mir steht, egal wie abgedreht sich meine Ideen anhören. Dieses Buch, dieselbe Geschichte, die sieben Jahre zuvor begonnen hatte, war endlich fertig. Mit jedem Jahr, das ich in diese Figuren und ihre Abenteuer investiert hatte, kehrte auch ein Stück meines alten Selbst zu mir zurück und vervollständigte mich. Ich hatte mich selbst vor langer Zeit aufgegeben und nicht mehr geglaubt, dass ich es kann. Doch ich habe mir das Gegenteil bewiesen und meinen ersten Roman „Die Stundenwelt" beendet. Mittlerweile schreibe ich hauptberuflich Romane und führe nebenbei mein eigenes Grafikunternehmen. Ich habe mich so lange Zeit verleugnet, aufgrund der Meinung anderer nicht mehr an mich selbst geglaubt, meinen Antrieb besonders zu sein, aus eigener Schwäche heraus aufgegeben. Doch ich habe es geschafft, das kleine Mädchen, dessen Fantasiewelten unvorstellbar waren, wieder zurückzuholen. Und das Erste was sie zu mir sagte, war: »Ich glaub, ich kann; Ich glaub, ich kann.« Und dieses Mantra gilt mein Leben lang.

Alexandra, 26 Jahre

Ich hatte vom ersten Tag an dieses Gefühl, dass etwas nicht stimmt. Und eigentlich konnte ich mich mein ganzes Leben lang immer auf mein Gefühl verlassen. Als ich Theo per Zufall kennenlernte, war ich sofort verliebt. Er betrat den Raum und ich dachte, dass ich diesen Mann einmal heiraten werde. Theo ging es genauso. Das ist jetzt fast drei Jahre her. Nach vielen Dates waren wir ein Paar. Theo war noch verheiratet, als wir uns kennenlernten. Seine Frau hatte sich von ihm getrennt und die Scheidung lief bereits. Im Nachhinein habe Theo die ganze Beziehung und die Ehe bereut. Schon nach der Verlobung habe er die Hochzeit nicht mehr gewollt und sich aber nicht getraut diese abzusagen. Es machte unsere Beziehung aus, dass wir viel miteinander redeten und uns gegenseitig viel anvertrauten. Vor allem über unsere Gefühle zueinander haben wir viel gesprochen. Ich fühlte mich ihm so nah und merkte schnell, dass mich die Beziehung positiv veränderte. Ich war fest entschlossen, in dieser Partnerschaft mein Bestes zu geben, Kompromisse einzugehen und zu akzeptieren, dass jeder Mensch seine eigene Art und Weise hat, mit Dingen umzugehen. Mir fiel das bisher immer schwer, weil ich häufig von anderen erwartet hatte, dass sie genauso denken und handeln würden, wie ich. Theo half mir auf liebevolle Weise mehr Akzeptanz zu entwickeln. Ich hatte immer das Gefühl, er würde mich weiterbringen in meiner persönlichen Entwicklung. Doch so wunderschön diese Beziehung auch begann, ein schlechtes Gefühl begleitete mich die ganze Zeit: Das Gefühl belogen zu werden. Immer wieder habe ich Theo gegenüber offen meine Zweifel angesprochen. Immer wieder schaffte er es, sie aus dem Weg zu räumen. Ich wusste nicht, was es war, was er mir nicht erzählte, aber ich wusste, dass es etwas geben musste. Nach einigen Wochen unserer Beziehung äußerte Theo den Wunsch nach einer eigenen Familie mit mir. Er wollte ein gemeinsames Kind und so schnell wie möglich heiraten. Ich hatte bereits eine kleine 6-jährige Tochter, mit der sich Theo sehr gut verstand. Sie war verrückt nach ihm. Aber noch ein Kind? Heiraten? Das konnte ich mir nur bedingt vorstellen, weil ich dieses ungute Gefühl nicht loswerden konnte. So sehr ich mich auch bemühte mir einzureden, dass es nichts gäbe, was Theo mir nicht sagte, es klappte nicht. Immer wieder gab es diese Phasen, in denen ich die gesamte Beziehung in Frage stellte. Außerdem hatte ich Angst vor einer weiteren Schwangerschaft. Als ich damals mit Cara schwanger war, gab es einige Komplikationen. Das war auch der Grund dafür, dass ich noch kein zweites Kind hatte. Aber beinahe wöchentlich sagte Theo, dass er sich so sehr ein Baby mit mir wünschte. Und heiraten wollte er, sobald die Scheidung durch war. Das gab mir immer wieder ein bisschen Sicherheit. Ich dachte, der Mann liebt mich so sehr und ich stelle alles in Frage. Damit fühlte ich mich zunehmend schlecht und konzentrierte mich darauf mir nicht alles kaputt zu denken. Trotzdem kam es Wochen später zur Trennung. Einerseits wollte ich Theo damit unter Druck setzen und hatte die Hoffnung, er würde dann endlich die Wahrheit erzählen. Andererseits stellte ich schnell fest, dass Theo gar nicht um mich kämpfte. Er meldete sich nicht mehr und ließ mich spüren, dass ich einen Fehler gemacht hatte. Einige Wochen später holte ich ihn zurück. Aus Sehnsucht. Aus Liebe. Nach vielen schlaflosen Nächten und Tränen hatte ich mich nach zwei Jahren Beziehung dann dazu entschlossen die Pille abzusetzen. Ich wollte es Theo erst sagen, wenn ich schwanger bin. Er hatte es sich so sehr gewünscht und ich konnte es kaum abwarten. Nach 3 Monaten hielt ich den positiven Schwangerschaftstest in den Händen. Ich war überglücklich. Ich wollte es jedem sagen, aber ich durfte die Überraschung nicht gefährden. Ich ließ einen Baby Body mit der Aufschrift „I can't wait to meet you, Daddy!", bedrucken und vereinbarte einen Termin bei einem Fotografen für ein Shooting. Ich hatte mir vorgestellt, dass ich es Theo während des Shootings sagen würde. Er war immer so emotional und ich fand die Vorstellung wundervoll, diesen besonderen Moment in einer Fotostory für immer festzuhalten. Aber Theo freute sich nicht. Er schob es darauf, dass er nicht damit gerechnet habe. Ich hatte schließlich in den letzten 2 Jahren immer wieder gesagt, dass ich kein weiteres Kind wollte. Da war es wieder. Das Gefühl, dass etwas nicht stimmte. Ich bat Theo mehrfach in den nächsten Tagen um Offenheit. Aber ich bekam immer zu hören, dass es nichts gäbe, was ich nicht schon weiß. Schweren Herzens trennte ich mich erneut. Erneut musste ich, nun schwanger, feststellen, dass Theo nicht um mich oder um uns kämpfte. Mir blieb nichts anderes übrig, als mich mit seinem Ex-Schwiegervater zu treffen, um die Wahrheit zu erfahren. Mein Gefühl war vom ersten Tag an richtig. Theo war noch während unserer Beziehung wegen Betrugs zu 200.000€ Schadensersatz verurteilt worden. Außerdem war er wegen Verbreitung, Erwerb und Besitz von mehr als 600.000 kinderpornographischer Schriften verurteilt worden. Er habe seine Exfrau betrogen und mehrere Frauen heimlich beim Sex gefilmt. Ich war geschockt. Mein Theo? Es dauerte viele Stunden, bis ich es begriffen hatte. Es brach eine Welt für mich zusammen. Hatte er Cara angefasst? War er ihretwegen an mir interessiert? Gibt es Videos von uns? Ich stellte Theo einen Tag später zur Rede und er räumte alles ein. Cara jedoch habe er nicht angefasst, Videos gäbe es keine und seine Liebe sei immer echt und aufrichtig gewesen.

Nachdem ich das Haus verlassen hatte, habe ich nichts mehr von Theo gehört. Auf meine Nachrichten reagierte er nicht. Nun saß ich, im 7. Monat schwanger, da und wusste nicht, was die Zukunft bringen würde. Ich war schmerzerfüllt und stand unter Schock. Und noch heute erwische ich mich dabei, wie ich Theo in Schutz nehme und Erklärungen für sein Verhalten finde. Das, was bleibt, ist eine große Verzweiflung, die Gewissheit, dass ich meinem Gefühl immer trauen kann und die trotz allem bestehende große Liebe zu Theo.

Alles hatte traumhaft schön angefangen. Er war großzügig, lieb, vertrauensvoll. Ich reiste oft zu ihm in die Schweiz, wo er arbeitete. Er bezahlte mir den Flug nach Zürich, schenkte mir Blumen, schwärmte mir von dem tollen Leben vor, das vor uns liegen würde. Er kam zurück nach Deutschland, zog zu mir in meine kleine, gemütliche Wohnung. Eine romantische Rundreise durch Irland lag hinter uns. Er trug mich auf Händen, vermeintlich! Das erste Jahr zog schnell ins Land, da merkte ich das erste Mal, dass er mich oft anflunkerte und dies nie zugab, auch wenn ich ihn dabei ertappte. Er schwor mir immer hoch und heilig, dass er doch kein schlechter Kerl wäre, und hielt mir vor, was ich denn nur über ihn denken würde! Laut ihm hatte ich mich verändert, und zwar zum Negativen. Ich war Schuld an der bestehenden Situation.

Noch ein weiteres Jahr zog ins Land, wir zogen um, nicht weit weg. Ich redete mir ein, dass es schon wieder besser werden würde zwischen uns, so wie am Anfang. Ich war immer die Art von Mensch, die etwas von der Welt sehen wollte. Reisen, einfach eine tolle Zeit auf Erden verbringen und das am liebsten mit einem tollen Mann an meiner Seite. Immer noch hatte ich meine Ziele vor Augen. Ehrgeizig wie ich schon immer war, habe ich daran festgehalten. Doch wir sahen nichts von der Welt, schmiedeten keine gemeinsamen Pläne. Reisen, evtl. ein Haus kaufen, allein dass ich so etwas ansprach, war zu viel für ihn. Wie konnte ich auch nur immer wieder auf diesen Themen herumreiten?! Ich stieß auf Unverständnis. Ich wollte zu viel, setzte meinen Partner unter Druck! Das musste ich mir immer wieder vorhalten lassen und irgendwann glaubte ich es auch selbst.

Ich war anscheinend eine schreckliche Person, die anderen immer ihren Willen aufzwingen wollte. Aber waren das nicht ganz normale Wünsche, die man sich im Leben erfüllen möchte, die man vom Leben sogar erwartet?! In mir tobte ein ständiger Kampf der Gefühle. Waren meine Ansichten alle falsch? War ich das Problem? War ich unnormal? Ich war mir nicht mehr sicher.

An einem Nachmittag, nachdem ich von der Arbeit zu Hause ankam, suchte ich etwas im Abstellraum, es muss etwas Banales gewesen sein, denn ich erinnere mich nicht mehr daran, was es war. In einem Eimer fand ich dann mein blaues Wunder.

Es riss mir den Boden unter den Füßen weg. Briefe, bestimmt 60 Stück, alle verschlossen. Es waren Mahnungen, Zwangsvollstreckungen und Vorladungen! Ich war geschockt, wünschte, es wäre einfach nur ein böser Traum, aber es war bittere Realität.

Nachdem ich heulend auf dem kalten Fliesenboden zusammengebrochen war und eine ganze Weile wie ein Häufchen Elend dort verweilte, öffnete ich ca. eine Stunde später, mit dem schlimmsten, schmerzhaftesten Herzklopfen, das ich je in meinem Leben gespürt hatte, alle Briefe. Ich arbeitete wie besessen daran, allem Struktur zu geben. Ich glaube, das machte ich um nicht selbst wahnsinnig zu werden. Er sagte später, er habe den Überblick verloren und sich nicht getraut, es mir anzuvertrauen. Ich war enttäuscht, fassungslos darüber, dass er mir anscheinend nicht vertraute. Doch er sah für mich so verzweifelt aus, dass ich Mitleid mit ihm hatte. Ich ordnete seine Finanzen. Die offenen Beträge, die sich angesammelt hatten, beglich ich mit meinem Ersparten, sodass alles wieder bei null stand.

Mein Misstrauen war ein ständiger Begleiter geworden, denn er hatte ja schließlich nicht erst seit gestern Dinge vor mir verheimlicht, ganz im Gegenteil, dies ging schon Wochen, wenn nicht sogar Monate lang so. Oder log er mich vielleicht sogar schon jahrelang an? Ein sehr beklemmendes Gefühl begleitete mich jeden Tag, aber ich verbot mir, darüber nachzudenken, aus Angst in meinen Gedanken bestätigt zu werden.

Ein paar Wochen später der nächste heftige Schlag ins Gesicht. Im Amazon-Account von meinem Partner, rief ich die alten Bestellungen auf, da ich unseren Mixer verkaufen wollte, er hatte ja schließlich noch Garantie und ich wollte die Rechnung schnell ausdrucken. Auf das, was ich dort sah, war ich nicht im Geringsten vorbereitet! Coins! Seite für Seite scrollte ich nach unten und es schien, als würde es niemals enden.

50 €, 50 €, 25 €, 50 €, 30 €, 50 €… Er hatte eine Online-Spielsucht. Als ich ihn abends darauf ansprach, nachdem meine Welt zum wiederholten Male zusammen gebrochen war, stritt er alles ab. Wie konnte er nur für eine Sekunde glauben, dass er aus dieser Geschichte wieder rauskommen würde? Seine gewohnte Vorgehensweise, das Lügen, funktionierte hier nicht mehr, aber das begriff er in diesem Moment noch nicht. Wahrscheinlich war er selbst etwas geschockt. In nur fünf Monaten hatte er 3.500 € für ein Onlinespiel ausgegeben. Er sagte, er wollte sich schon mehrfach das Leben nehmen, weil er es nicht mehr aushielt. Er meinte die Geldsorgen. Ich ging gemeinsam mit ihm zum Arzt, denn ich machte mir große Sorgen um ihn. Er kam für einen Monat in die Psychiatrie. Ich hoffte, alles würde sich wieder reparieren lassen und tat alles für ihn, vor allem versuchte ich

ihm keine Vorhaltungen zu machen und alles als Krankheit zu sehen. Ich selbst zerbrach fast an meinen Gedanken. Im Nachhinein weiß ich, wie naiv ich war. Manchmal muss man sich selbst etwas vormachen, um schwere Zeiten zu überstehen und seelisch einigermaßen unbeschadet daraus hervor zu gehen.

Nachdem er wieder zu Hause war, entdeckte ich zwei Monate später, dass er mich wieder belogen hatte, er wieder spielte und sich abermals hoch dafür verschuldet hatte. Es reichte, ich fühlte mich kaputt und ausgelaugt. Ich hatte jeglichen Respekt vor ihm verloren. Es kam mir vor, als wenn ich den Scherbenhaufen meines Lebens und die zerstörten Träume und Hoffnungen, aus weiter Ferne betrachten könnte. Ich beendete es, das war meine persönliche Rettung.

Ein paar Wochen später lernte ich meinen jetzigen Partner kennen. Ich bin so glücklich, wie ich es mir vorher nie hätte vorstellen können und das Vergangene ist jetzt ein böser Traum, der mich noch lange begleitet hat, aber den ich zum Glück hinter mir gelassen habe.

Vera, 25 Jahre

An mein altes, verblasstes Leben

Köln, den 25.03.2018

Ich brauche dich nicht mehr. Ich habe 25 Jahre lang mit dir an meiner Seite gelebt, nun reicht es. Manchmal passiert das ja – man hört das immer wieder. Beziehungen, die ewig halten und dann mit einem Knall zerbrechen oder nur noch nebeneinander herschleichen. Und irgendwann merkt man dann, dass man sich nichts mehr zu sagen hat. So ähnlich ist es bei dir und mir gewesen. Wir haben lange gekonnt übersehen, dass unsere Zeit vorbei ist, haben die Zeichen nicht wahrgenommen oder eher nicht wahrnehmen wollen. Und dann, an einem sonnigen Samstagmorgen Ende Mai letzten Jahres, war klar, dass es mit uns so nicht mehr weitergeht. Wir müssen uns trennen. Und auch, wenn der Entschluss feststand, war es oft gar nicht so einfach, den Schritt dann auch zu gehen. Man hat ja so viel miteinander erlebt und ist ja auch aneinander gewöhnt.

Ich habe mich lange getrennt von dir. Vielleicht kann man sagen, wir hatten eine Art Hassliebe – konnten nicht mehr mit, aber auch noch nicht ohne einander. Nun sind wir geschieden. Ich habe eine Kiste gepackt mit deinen Sachen und sie in den Keller geräumt. Ich habe deine Nummer aus meinem Telefon gelöscht, ich habe deine Versuche, es nochmal mit uns beiden zu versuchen immer wieder abgeblockt und ich habe mir einen Hund angeschafft. Ich habe die alten Songs, die wir beide immer gehört haben aus der Playlist entfernt und ich habe dir einen Namen gegeben, damit du deinen Schrecken verlierst. Ich habe dich schwere depressive Episode getauft. Manchmal habe ich dich auch einfach nur Burnout genannt - wer möchte schon immer mit seinem vollen Namen angesprochen werden?

Ich habe lange überlegt, was nun wohl aus dir werden wird, jetzt wo ich dich alleine gelassen habe. Ich weiß nicht, ob du es alleine schaffst, jemand Neues kennenzulernen. Jemand, der dich mag, so wie du bist und der es vielleicht versuchen mag, sich in dich zu verlieben. Du kennst mich, ich bin kein Unmensch und helfe gerne, wo ich kann. Ich weiß ja, dass du zu schüchtern bist, um in irgendeiner Dating Show das große Glück zu suchen. Also stelle ich dich hier einfach mal vor, wir sind ja unter uns:

Mein altes, verblasstes Leben, das ist 25 Jahre alt und hat sich die meiste Zeit bisher eher nach dem gerichtet, was die Anderen gut finden. Es tanzt gerne und liebt es, mit öffentlichen Verkehrsmitteln durch die Stadt zu fahren und Musik zu hören. Dann träumt es sich auch gerne mal aus der Realität weg. Es hat studiert und lange als Pädagogin – manchmal eher Psychologin gearbeitet. Es hat dementsprechend viel Zeit damit verbracht, beruflich wie privat anderen Menschen zu helfen und in ihre Abgründe zu blicken. Es ist eigentlich sehr lebensfroh und fröhlich und es lacht gerne. Gleichzeitig kann es aber auch viel und oft nachdenken, sich selbst schnell klein und unbedeutend reden und alles Schlechte, was die Welt zu bieten hat, in sich aufsaugen. Es ist ein schwieriger Charakter, der sich oft nach Geselligkeit sehnt, diese dann aber doch nicht aushält. Es schweigt oft, obwohl es laut sein und seine Meinung äußern sollte. Mein altes, verblasstes Leben sucht immer die Extreme, gerade im beruflichen Kontext. Mittelmaß ist nicht erwünscht, es muss etwas Krasses sein. Am besten etwas, das psychisch viel von ihm abverlangt. Mit Menschen. Mit schwierigen, gebrochenen Menschen. Ja, da blüht es richtig auf. Es möchte besonders sein, und weiß doch nicht, womit es herausstechen kann. Eigentlich ist es relativ spießig – es wünscht sich Familie, Haus und Garten. Ruhe, Liebe und Absicherung. Daneben will es außergewöhnlich und verrückt sein, ein alternatives Lebensmodell darstellen. Es liebt die Menschen und ihre Geschichten. Es ist stets neugierig, auch in sexueller Hinsicht. Und es ist vielen Menschen zu direkt. Ich glaube, ich beleidige es nicht, wenn ich sage, dass es sich selbst noch nicht gefunden hat. Und es ist auf der Suche: Nach Liebe, nach Zuwendung, nach einer Person, für die es sich aufopfern kann. Nach einer Aufgabe im Leben, die ihm Daseinsberechtigung gibt. Es wird nicht gerne mit seinem vollen Namen angesprochen. Eine Zeit lang war es ganz froh endlich einen Titel zu haben und nicht mehr diffus und nicht greifbar zu sein. Und es hat ihm geholfen. Es musste sich mit diesem Namen oft vorstellen. Er war die Eintrittskarte: beim Psychologen, beim Psychiater, beim Hausarzt und auch bei den „blind auditions" für die Tagesklinik. Aber mittlerweile möchte es mit diesem Namen nicht mehr gerne angesprochen werden. Wer sich also mit meinem alten, verblassten Leben auf einen Kaffee treffen möchte, sollte das zwingend vermeiden. Nebenbei es trinkt am liebsten Chai Latte in alten Ohrensesseln, in die man sich hineinlümmeln kann. Und habe ich schon erwähnt, dass es gerne abschweift? Wer sich also mit meinem alten, verblassten Leben treffen möchte, der sollte wissen, worauf er sich einlässt. Ich denke, so ehrlich sollte ich da schon sein, denn schließlich kenne ich es in- und auswendig. Ich glaube, man findet es im Moment am ehes-

ten in Düsseldorf, da zumindest habe ich es an diesem besagten sonnigen Samstagmorgen Ende Mai letztens Jahres in einem Eiscafé
zurückgelassen. Vielleicht sitzt es immer noch auf dem blauen, etwas
zerkratzten Aluminiumstuhl an der Straße und wartet, dass sich einfach jemand dazusetzt und mit ihm plaudert.

Ich bin damals aufgestanden und gegangen, habe noch die Rechnung
bezahlt und mich auf den Weg gemacht und auf diesem bin ich immer noch. Ich habe immer wieder an mein altes, verblasstes Leben
gedacht: in Therapiesitzungen, beim Mittagessen in der Tagesklinik,
beim Gespräch zur beruflichen Wiedereingliederung, abends auf der
Couch. Und es hat sich immer wieder gespiegelt: In Fenstern von
U - Bahnen, im Badezimmerspiegel, in den Autoscheiben auf dem
Weg zum Einkaufen. Ich habe es nicht vergessen, kann es nicht vergessen, aber habe mit ihm abgeschlossen, soweit das mit Jemandem
möglich ist, der 25 Jahre lang jeden deiner Tage begleitet hat. Und ich
habe mich verliebt, habe jemand Neues kennengelernt.

Ganz zufällig war es da: Es heißt mein neues, willkommenes Leben
und es fühlt sich gut an, wieder jemanden an meiner Seite zu wissen,
der mir Mut gibt, dass das Leben lebenswert ist. Es ist noch ganz
frisch mit uns und wir lernen uns immer noch kennen. Wir daten uns
eigentlich jeden Tag aufs Neue und sind immer wieder überrascht
und glücklich, uns gefunden zu haben. Wir können zusammen lachen, die Sonne genießen und gemeinsam an uns glauben. Wir können ja zueinander sagen, ohne uns wehzutun und stolz sein, dass es
uns gibt. Mein neues, willkommenes Leben und ich – ich glaube, das
ist was Ernstes. Und liebes, willkommenes, neues Leben – eins muss
ich dir sagen, dich würde es nicht geben, wenn ich nicht mit meinem
alten, verblassten Leben zusammen gewesen wäre. Und auch, wenn
ich es mir nur schwer eingestehen mag und es mir dennoch ein ver-
schmitztes Lächeln ins Gesicht zaubert:

Ihr beide seid euch manchmal doch auch in vielen Dingen ganz
schön ähnlich.

In Liebe und Dankbarkeit an mein altes, verblasstes Leben und in
Freude und Zuversicht an mein neues, willkommenes Leben,

deine Vera

Claudia, 36 Jahre

Liebes Leben,

es ist drei Jahre her, dass ich Dich so satt hatte und keinen Ausweg sah. Ständig war das, was andere als LEBEN bezeichnen, für mich ein Kampf und eine Prüfung, die ich nicht mehr bestehen wollte. Hinfallen, aufstehen, Wunden versorgen, weitergehen - immer das Gleiche. Jede Niederlage ließ mich tiefer fallen, jeder Verlust erfüllte meine Seele mit Schmerz und mit jeder Lüge ging ein Stück meines Vertrauens verloren.

Als Du mein Herz vor 36 Jahren in Betrieb gesetzt hattest, war es einst so voller Liebe. War ich enttäuscht oder verzweifelt, hast Du mich unbeirrt ermahnt, niemals mich oder die Hoffnung auf einen ehrlichen Partner aufzugeben.

Glücklich war ich nie und wusste ja nicht einmal, was genau das für mich bedeutete. Du hast mir weder den Weg gezeigt, noch mich darauf aufmerksam gemacht, dass ich in die Irre laufe, indem ich mein Glück durch einen Menschen an meiner Seite ersuche.

Meine Seele befand sich in einem attraktiven Körper und Du hattest mir Fähigkeiten geschenkt, die mich selbstbewusst, tapfer und mutig erscheinen ließen. Doch auch Stolz. Und damit die Unfähigkeit, nach Hilfe zu rufen.

Es kam der 22.08.2014. Wieder einmal blutete mein Herz wegen eines Mannes und Du hast mich erneut mit all dem Schmerz - diesem Brennen und Druck in meinem Brustkorb - allein gelassen, so dass ich innerlich zerspringen wollte.

Über 14 Stunden habe ich um meinen Tod gekämpft, wie ich es sonst immer um Dich tat.

Bis ich einsehen musste, dass Du der stärkere Part von uns bist. Abgesehen von der bestehenden chronischen Leere und all dem Leid, das mich über die Jahre wie ein Tumor innerlich zerfressen hatte, musste ich nun auch die schlimmen Erinnerungen an diese blutige Nacht mit mir tragen.

Sollte das noch ein lebenswerter Zustand sein? Von Depressionen war schon lange nicht mehr die Rede, vielmehr kam es nun dem Wunsch gleich, von all dem - von DIR - endlich erlöst zu werden.

Mir blieb nichts anderes übrig, als erneut meine Psychologin aufzusuchen. Die Therapie vier Jahre zuvor hatte ich auf meinen Wunsch hin beendet und auch Du warst der Meinung, wir wären stark, hätten die

Depressionen jetzt im Griff. Dass es nur an dem Medikament lag, schien aber auch Dir nicht bewusst gewesen zu sein.

Etwa sechs Wochen quälte ich mich und versuchte Dein Tempo zu halten. Eins waren wir längst noch nicht, doch wegen Mama und Papa hatte ich versprochen, stark zu sein.

Am 02. Oktober 2014 hast Du mich dann das erste Mal vor dem Schmerz beschützt und mich in eine Dissoziation rutschen lassen. Es war der Abend, an dem ich bei diesem Narzissten, der mir im August das Herz gebrochen hatte, vor der Tür stand.

Als sie und ich erkannten, dass er ein Doppelleben führte, brach das dünne Eis, auf dem ich in den letzten Wochen zu stehen versuchte. Durch die Dissoziation war meine Seele allerdings davor geschützt, den schmerzhaft tiefen Sturz in das düstere Loch unter mir zu fühlen. Erst Stunden später spürte ich, dass es nun noch kälter und einsamer in mir war.

Der Weg in eine psychiatrische Klinik war unumgänglich. Meine Sehnsucht nach dem Tod konnten weder Freunde, Familie und schon gar nicht Du verantworten. Wieder sollten Medikamente helfen, doch wir beide wussten, dass es nur den Schmerz betäubt, nicht aber meine Seele heilen würde.

Und selbst nach den ersten vier Wochen unter klinischer Aufsicht fand ich keinen Draht mehr zu Dir. Wir hatten uns verloren und das Feuer in mir war komplett erloschen. Du warst alleine in meiner Hülle - einem ausgemergelten Körper, der bereits ein neues Skalpell besorgt hatte.

Dieses Mal war ich mir sicher den Kampf zu gewinnen. Eine Packung Aspirin sollte als Blutverdünner helfen und sollte ich wieder nicht verbluten, dann würde die Bewusstlosigkeit zum Ertrinken führen. Zuhause hatte ich nur eine Dusche, doch hier sollte die Badewanne meine Absicherung werden.

Mein gut durchdachter Plan, nicht wieder die Pulsader längs aufzuschneiden, sondern direkt die Halsschlagader, sollte es Dir unmöglich machen zu gewinnen.

Drei Tage später wurde ich von der Intensivstation zurück in die Klinik verlegt, dieses Mal allerdings auf die Geschlossene, auf der ich nun als *akut Suizidgefährdete* nicht mehr freiwillig war. Mit zwei Narben an meinem Körper und vielen auf der Seele schaute ich aus dem Fenster der Klinik und dachte erstmals über Dich nach.

Ich war 32 Jahre, klug, hübsch, selbstbewusst und man schaute gern zu mir auf. Doch warum war ich so unglücklich? Warum war es so schwer, sich von Dir zu trennen? Was ist denn der Sinn Deines Daseins? Ich bin eine Seele, warum kann ich nicht einfach woanders hingehen? Warum hältst Du mich gefangen?

Nach nunmehr drei Jahren Therapie sehe ich Dich anders.

Was, wenn das LEBEN nur eine Art Spielfeld darstellt und wir haben eine Karte vor unserer Geburt gezogen um nun die darauf gestellte Aufgabe zu meistern?

Alles, was in unserem Leben geschieht, ist nur der Wegweiser zum Ziel? Jede Figur spielt - unbewusst - seine Rolle und jede Person, egal ob sie kommt oder geht, führt uns immer wieder näher an unsere Aufgabe.

Liebes Leben, wenn das der Sinn ist, dann weiß ich heute, dass ich die Aufgabe hatte, an meine Grenzen zu stoßen. Erst nachdem wir uns ganz verloren hatten, bin ich aufgewacht, habe mich an meine Stärke und meinen Ehrgeiz, für etwas zu kämpfen, erinnert. Ich habe einen winzigen Funken in der Glut gezündet, meine bisherigen Wege ergründet und herausgefunden, welche bereits in der Kindheit die Falschen waren. Mein einziger Wunsch war immer, glücklich zu sein. Doch dazu musste ich erst herausfinden, dass man Glück nicht durch einen Menschen an seiner Seite definiert, sondern wenn man mit sich allein und dem, was man hat, zufrieden ist.

Ich lebe alleine, etwas minimalistischer als früher und dass ich mal mit Delphinen, Walhaien und Schildkröten schwimmen, einen Elefanten adoptieren oder weiße Strände von Sansibar sehen würde, war für mich unvorstellbar.

Doch endlich habe ich mir mein Leben wirklich genommen - und erlebe Dinge, die mich glücklich machen.

Danke, liebes Leben.

Sophie-Marie, 15 Jahre

Was ich dir schon immer sagen wollte.

Liebes Leben,

ich weiß gar nicht so recht, wie ich diesen Brief beginnen soll, weil du sowieso alles über mich weißt. Immerhin bist du mein ständiger Begleiter, vergleichbar mit meinem Schatten. Vermutlich kennst du mich sogar besser, als ich mich selbst und könntest mir Fragen beantworten, auf die ich partout keine Antworten weiß. Dennoch habe ich mich dazu entschlossen, dir diesen Text zu widmen, um zum Ausdruck zu bringen, was ich dir schon immer mitteilen wollte.

In den 15 Jahren, in denen ich bereits auf diesem Planeten verweilen darf, hatten wir einige Höhen und Tiefen. Dessen bist auch du dir garantiert bewusst, wobei mich diese Tatsache manchmal durchaus an unserer Beziehung zweifeln lässt. Oft kann ich nicht einschätzen, wie groß deine Sympathie mir gegenüber ist, oder ob ich nur eine von vielen Marionetten für dich bin. Bist du Freund oder Feind? Mir gegenüber hast du mehrmals deinen zweiseitigen Charakter offenbart, der unberechenbar wechselt. Während du mir in einem Moment das größte Glück schenkst, verdammst du mich wenig später zum Kriechen im Dreck. Auf eine Hürde folgt die nächste und die nächste und die nächste. Dabei nimmst du keinerlei Rücksicht auf meine Kondition, obwohl du doch weißt, wie furchtbar unsportlich ich bin. Aktuell saugt sich meine Kleidung regelrecht voll mit dem verdreckten Wasser der Pfütze, in der ich gerade zu schwimmen versuche. Dabei warte ich tagtäglich darauf, dass du mir zumindest Schwimmhilfen oder einen Rettungsring zuwirfst, damit ich nicht vollkommen untergehe. Währenddessen denke ich darüber nach, inwiefern ich deine Missgunst provoziert haben könnte. Es kommt durchaus vor, dass dadurch meine Selbstzweifel wachsen, weil ich mich als schlechten Menschen sehe.

Ich möchte dir eine Geschichte erzählen. Es ist die eines Mädchens, das nach seinem Glück suchte und dabei unaufhörlich ins Stolpern geriet. Dennoch lief es zielstrebig weiter, in der Hoffnung, doch noch das Licht zu finden. Auch wenn ihm, wie jetzt, ein Berg auf seinem Weg bevorsteht, macht es sich mutig auf, diesen zu erklimmen. Sogar die Erkenntnis, dass auf der Spitze noch ein Endgegner wartet, schreckt es nicht ab. Wie du weißt, spreche ich von mir selbst in der dritten Person, was durchaus gewöhnungsbedürftig ist. Den Namen meines Gegners kennst du selbstverständlich ebenso: Anorexie. Magersucht. Natürlich frage ich mich oft, weshalb ausgerechnet mich dieses Schicksal ereilt und warum gerade ich um mein Leben kämpfen muss. Ich hoffe, du merkst daran, wie unglaublich wichtig du mir bist. Manchmal würde ich dich am liebsten an den Schultern packen, dich kräftig schütteln und schreien: „Was stimmt denn bitte nicht mit dir?!"

Aber, liebes Leben, du hast aus mir das gemacht, was ich heute bin. Jeder Sturz, jeder dadurch entstandene blaue Fleck und jede Träne haben meinen Charakter maßgeblich geprägt. Deshalb versuche ich, mir stets vor Augen zu führen, dass ich nicht irgendein Spielzeug für dich bin. Immerhin gingen wir in den vergangenen 15 Jahre durch Pech und Schwefel, wobei du mein ständiger Begleiter warst. Das mag jetzt klingen, als würde ich von dir sprechen, als wärst du ein Gott. Doch als ein solcher sehe ich dich nicht, sondern eher als den durchgeknallten Freund, der einen zu den absurdesten Handlungen überredet. Auch möchte ich dir danken für all die schönen Erlebnisse, die ich mit dir hatte und die vielen Möglichkeiten, die du mir gegeben hast. In meinem Leben konnte ich eine stattliche Zahl an Erinnerungen sammeln, die mich selbst heute noch zum Lächeln bringen. Dementsprechend hoffe ich stark, dass noch einige dazukommen werden. Also streng dich an, weil ich es ebenso tun werde! Einen schönen Tag wünsche ich dir und damit irgendwie auch mir selbst!

Deine Sophie-Marie

Aline, 28 Jahre

Die Frau und ich

Da sitze ich nun. Alleine und mit dem Kopf voller Gedanken. Es ist so ruhig hier. Gerade überlege ich mir, ein Buch zu lesen, als ich im Augenwinkel eine Frau bemerke. Unauffällig schiele ich nach links, ohne den Kopf zu bewegen. Sie sitzt auch alleine da und scheint mich bemerkt zu haben. Ob sie Sorgen hat? Ihr ernstes Gesicht lässt mich erahnen, dass in ihrem Leben nicht alles rund läuft. Auf mich wirkt sie irgendwie traurig und einsam. In der Hand hält sie ein Foto zweier Kinder. Bestimmt sind das ihre Kinder. Ich bin sicher, sie macht alles für ihre Liebsten und stellt sich selbst hinten an. Sie sitzt alleine da. Vielleicht wünscht sie sich einen Partner oder einen guten Job. Seltsam, wie gut ich mich in diese junge Frau hineinversetzen kann und wie sie mein Interesse auf sich zieht. Langsam drehe ich meinen Kopf in ihre Richtung und die Frau blickt ebenfalls zu mir. Sie mustert mich, von oben bis unten. Ich mag es nicht, wenn man mich anstarrt, also starre ich frech zurück. Ein Schmunzeln umspielt ihre Lippen. Das finde ich sympathisch, also lächle ich sie freundlich an. Die Frau lächelt zurück. Ich mag es, wenn man mich anlächelt. Es tut mir gut! Ich sollte mehr lächeln, denke ich mir. Um ihre Augen zeigen sich kleine Lachfältchen. Das macht die Frau interessant und ich setze mich so hin, dass ich sie besser sehen kann. Ich rücke sogar etwas näher. Jetzt kann ich ihre Sommersprossen sehen. Sie geben ihrem Gesicht Charakter. Das rechte Auge ist etwas kleiner als das linke. Ihr unperfektes Gesicht ist voller Leben, das macht es für mich speziell. Speziell im Sinne von schön, versteht sich. Sie trägt einen grauen Overall. Der bringt mich zum Lachen. Nicht, dass daran etwas komisch wäre. Aber irgendwie erinnert der mich an meinen einteiligen Schlafanzug. Natürlich hat ihr Overall mehr Stil als mein lächerlicher Schlafanzug. In dem Overall kommt ihre weibliche Figur gut zur Geltung. Sie ist kein dürres Model, denn ich sehe ein kleines Bäuchlein und auch ihre Oberschenkel sind nicht dünn wie Streichhölzer. Eben der Körper einer Mama und da kann sie stolz drauf sein. Ihr Körper hat zwei kleinen Menschen das Leben geschenkt! Ich bin beeindruckt von dieser jungen Mutter. Nun habe ich ihre Hände gesehen. Am linken Zeigefinger klebt ein Pflaster. Bestimmt hat sie sich in den Finger geschnitten, als sie ihren Lieblingen ein köstliches Essen zaubern wollte. Ihre Nägel sind kurz geschnitten und mit knall gelbem Nagellack, der schon etwas abblättert, verschönert. Vor meinem geistigen Auge zeigen sich Bilder von den unzähligen Tätigkeiten, die mit diesen Händen bereits ausgeführt wurden.

Es sind Hände einer Mutter. Stark und kräftig und sich für Nichts zu schade aber auch sanft und liebevoll im Umgang mit ihren Kindern. Ich habe alle Achtung vor dieser Frau und vor ihren Leistungen. Da treffen sich unsere Blicke wieder. Erneut lächeln wir einander freundlich zu. Kaum zu glauben, dass das schmerzerfüllte Gesicht von vorhin und das strahlende Gesicht von jetzt das Gleiche sind. Die junge Mutter ist nicht geschminkt und ihre Haare sind zerzaust. Sie wirkt auf mich aber gepflegt und natürlich.

Ihre Augen leuchten so verständnisvoll, als möchte sie mir sagen: „Hey, wir haben die wichtigste Aufgabe der Welt! Wir sind Mütter und das bleiben wir ein Leben lang. Also lass uns unsere Prioritäten richtig setzen und lass uns ein Leben führen, das uns glücklich macht. Was andere dazu sagen, ist nicht von Bedeutung." Wir sprechen kein Wort miteinander und doch kann ich in ihr so Vieles erkennen. Ihre Seele offenbart sich mir wie ein offenes Buch. Meine Sinne sind weit geöffnet und ich nehme jedes noch so kleine Detail in mir auf, das sie preisgibt. Diese junge Frau ist mir so nah und ich dachte bis zu dieser unvergesslichen Begegnung, sie sei mir fremd. Ich erkenne ihr wahres Ich, welches sie doch so gut versteckt. Ja, ich durchschaue ihre Geheimnisse, welche sie doch behütet, wie die wertvollsten Diamanten. Diese junge Frau inspiriert mich. Sie macht mich stolz, denn sie hat es nicht immer einfach in ihrem Leben und sitzt dennoch aufrecht und voller Mut vor mir. Sie sieht das Positive in ihrem Leben als Geschenk und das Negative als Chance. Als Chance zu lernen und zu wachsen. Sie hat viele Fehler gemacht, dazu steht sie. Sie hat aber noch viel mehr Gutes getan und dafür hat sie Respekt verdient. Diese junge Frau ist einzigartig. Sie ist wertvoll. Sie hat eine Geschichte zu erzählen.

Wir alle haben Geschichten zu erzählen! Und diese Geschichten sind es allesamt wert, gehört zu werden. Sie hat viel Liebe zu geben und das Recht, Liebe zu erfahren. Diese junge Frau ist ein Vorbild. Für ihre Kinder, aber auch für andere Menschen. Denn sie bleibt nicht stehen. Nein, sie geht ihren Weg, auch wenn er manchmal steinig ist. Und wenn sie hinfällt, dann steht sie wieder auf. Sie lernt immer weiter und weiter, aus jedem Tag und jeder Nacht. Ihre Schwächen gehören zu ihr, wie bei jedem Menschen.

Und sie ist dabei, genau das zu akzeptieren, damit sie sich nicht mehr verstecken muss. Nicht vor Anderen und vor allem nicht vor sich selbst. Wenn sie traurig ist, dann lässt sie es zu. Denn Trauer ist ein Gefühl, wofür man sich nicht schämen muss. Jedes Gefühl hat seinen Platz und seine Berechtigung, gefühlt zu werden. Warum also lachen, wenn man traurig ist? So würde man sich wieder selbst belügen. Ich staune, welch wundervolle Weisheiten sich mir durch diese Frau eröffnet haben. Ich fühle mich gut.

Die junge Frau hat mir eine verschlossene Türe geöffnet. Noch einmal blicke ich tief in ihre grünen Augen und sie in meine. Wir stehen auf und gehen aufeinander zu. Dann bleiben wir stehen. Da stehe ich nun. Vor meinem Spiegelbild. Alleine und mit dem Kopf voller Gedanken. Es ist so ruhig hier. Gerade möchte ich kein Buch lesen, denn ich habe eine wunderbare, junge Mutter getroffen. Ich habe eine starke, junge Frau getroffen. Ich habe *mich* getroffen!

Steffi, 50 Jahre

Am Ende wird ALLES gut!

Ich wurde im Januar 1968 geboren. Meine Mami war schon bei meiner Geburt sehr schwer krank. Als Kind durfte ich dennoch, soweit es ging, unbeschwert aufwachsen. Wir, als Familie sind mit unseren Aufgaben gewachsen. Haben aus Mamis Schicksal, dieser gemeinen Krankheit Multiple Sklerose, das Beste gemacht.

Als ich 16 Jahre alt war, wurde Mamis Zustand immer dramatischer, viele Krankenhausaufenthalte. Wir verbrachten nahezu zwei Jahre auf der neurologischen Intensivstation. Ein unfassbar, toller Zusammenhalt in unserer Familie. Mein 13 Monate jüngerer Bruder, mein Vater und ich versorgten neben unserer Arbeit Mami. Es waren acht lange und oft traurige Jahre. Die geliebte Mutter so leiden zu sehen, das war furchtbar. So einen lieben und niemals mit dem Schicksal hadernden Menschen habe ich nie wieder kennengelernt. Mami hat uns durch ihre so wunderbare Art geprägt. Ich durfte zu einem Menschen heranwachsen, der sozial handelt.

Was für ein Geschenk, wenn man immer versucht das Positive zu sehen. Erst einmal waren für Mami alle Menschen gut.

Ich bin unendlich dankbar, dass ich so aufwachsen durfte. NICHTS ist selbstverständlich. Gar nichts.

Immer wieder huscht mir ein Lächeln über das Gesicht, wenn ich an Mami denke. Im Mai ist sie nun schon seit 26 Jahre verstorben. Dennoch ist sie jeden Tag in meinem Herzen bei mir.

Mein Vater und ich haben auch heute noch ein sehr inniges Verhältnis. Wir sehen uns leider nur alle paar Monate, da mich mein Schicksal weiter weg verschlagen hat.

Nach über zwanzig Jahren Ehe und zwei gemeinsamen Kindern habe ich mich vor vier Jahren von meinem Mann getrennt. Unsere Vorstellungen von Familie und Zusammenleben passten leider nicht mehr zueinander.

Das Schicksal meinte es aber sehr gut mit mir. Ich schrieb schon über Jahre hinweg mit einem alten Garagenhoffreund aus Kindertagen. Wir beide erzählten uns immer, wie schön doch alles sei. Bis zu einem gewissen Tag. Da wusste ich, dass auch dort viel Traurigkeit vorherrscht. Mein neuer Partner war schon zwei Jahre vor mir getrennt. Auch er hatte zwei Kinder aus erster Ehe.

Als er beruflich in meiner Nähe war, trafen wir uns zum Essen. Unfassbar - diese tiefe Vertraut- und Verbundenheit. An diesem Abend wussten wir beide, dass es DAS ist, was wir immer vermisst hatten. Es trennten uns 520 km. So, wie es vereinbar war, besuchten wir uns. Aber das war kein Zustand auf Dauer. Es musste eine Lösung her! Wir wollten alle zusammen leben. Doch das ging in meiner alten Heimat nicht.

Mein positives Denken wurde wieder einmal bestätigt:

Die Wohnungssuche, welch ein Wunder, verlief problemlos. Wir konnten unser Glück kaum fassen, dass wir eine wunderschöne 5-Zimmerwohnung mit viel Platz für unsere Patchwork Familie gefunden hatten.

Nach dem Umzug bekam ich auch direkt einen neuen Job. Nun leben wir schon fast drei Jahre glücklich als Familie mit den Töchtern meines Partners (18 und 15 Jahre) und meinem jüngeren Sohn (fast 17) im wunderschönen Dresden. Der große Bruder fehlt dem Kleinen, genau wie mir auch, aber er war zur Zeit der Trennung schon im Berufsleben.

Mein Sohn hat eine wunderbare Schule gefunden. An einem der ersten Abende nach dem Umzug waren wir, wie so oft, an der Elbe. Ein strahlender Junge rief ganz laut: „Übrigens Leute, ich wohne jetzt hier!" Mir liefen vor Glück ein paar Tränchen. Unser Junge sagt so oft zu uns: „Wir sind endlich angekommen."

Auch Kinder brauchen so dringend diese Ruhe und den Seelenfrieden.

Dieser junge Mann liebt nun das Stadtleben, obwohl er doch auf dem Land, in einem 1000-Seelendorf groß geworden ist.

Wer hätte gedacht, dass man nach so vielen Enttäuschungen und Verletzungen so glücklich werden kann? Die beiden Mädels akzeptieren und lieben mich, genau wie mein Sohn es bei meinem Partner tut. Eine etwas andere Kindheit, mit vielen Widrigkeiten bedeutet nicht, dass man mit dem Schicksal hadern muss.

Im tiefsten Inneren spüre ich eine solche Zufriedenheit, dass ich unendlich DANKBAR bin.

Am Ende wird alles gut. Wenn es noch nicht gut ist, so ist es noch nicht das Ende. (Oscar Wilde).

Ich fange mal einfach so an. „Liebes Leben", „Liebes Ich", das alles passt irgendwie nicht so richtig.

Ich bin 21 Jahre alt und habe noch nicht sehr viele Erfahrungen mit dem Leben sammeln können, bin ich doch grade erst flügge geworden.

Aber manchmal, manchmal viel zu oft, ist es gemein, dunkel und kalt. Das Leben liebt es, grausam zu sein und seine Höllenhunde los zu hetzen. Mich innerlich erfrieren und verbrennen zu lassen. Ohne Grund aber mit viel Hingabe.

Früher schon, heute wieder.

Doch darüber möchte ich hier nicht zu viel schreiben. Im November war ich auf einem Konzert. Für einige ist es sicher etwas ganz Besonderes, etwas, das man sich alle paar Jahre mal gönnt. Für mich ist es normal, fast schon alltäglich.

Wenn meine Lieblingsband auf Tour geht, bin ich immer ganz vorne mit dabei. Mit meiner besten Freundin fahre ich früh los, wir sitzen stundenlang bei Wind und Wetter vor den Locations. Mit Regencapes und Picknickdecken sind wir für beinahe jede Situation gut ausgerüstet. Im November gab es dann noch heißen Tee und Handwärmer. Meist treffen wir andere Fans, die uns inzwischen sehr ans Herz gewachsen sind, wir quatschen wie beim Kaffeeklatsch, nur eben nicht im Café sondern auf dem Boden, während nebenan in der Location der Soundcheck läuft.

Davon soll mein Brief aber auch nicht handeln.

Mein erstes Konzert meiner Lieblingsband hat mich so richtig aus der Bahn geworfen. So sehr, dass ich auch acht Jahre später noch den Schatten des Gefühls erahnen kann. Ich war geflasht, lief wochenlang lächelnd durch die Gegend, weil von den Musikern auf der Bühne so viel Energie und Kraft auf mich übergegangen ist. Ich schwebte auf Wolken. Kein Vergleich zu den Songs auf Platte, ich war hin und weg und brauchte mehr.

Mit der Zeit nahm dieses Gefühl immer weiter ab, die Kälte nahm zu, ich spürte immer weniger auf den Konzerten, ging zuletzt aus purer Verzweiflung hin. Es hatte mir doch so viel Kraft gegeben. Wo ist die Energie? Warum kommt sie nicht mehr zu mir durch? Wenn ich nicht mal daraus Kraft ziehen kann, woraus denn dann? Die erste Reihe ist mein Zuhause. Mit meiner Wunsch-Familie, egal in welcher

Stadt, solange ich dort vor der Bühne stehe, meine Freunde um mich herum und die Band vor mir, ist alles gut.

Besonders in den letzten beiden Jahren hat sich in meinem Leben viel verändert. Auch das Gefühl bei Konzerten. Immer mehr schien es ein reines Aushalten zu sein. „Nur noch 5 Songs und die Zugabe", „Jetzt nur noch 4, macht mal hinne!"

Nicht mehr zu den Auftritten zu gehen, käme trotzdem nie in Frage. Was ist, wenn das Konzert, das ich nicht besuche, genau das ist, welches genau diese Gefühle in mir auslöst, wie früher? Und was ist, wenn ich genau diese „Medizin" verpasse?

Der Abend im November. Alles wie gehabt. Vor der Location habe ich meine beste Freundin getroffen, der einzige Termin der Tour, zu dem wir nicht gemeinsam gefahren sind. Es war unser „Heimspiel", genau mittig zu unseren Wohnorten. Es war wie immer, wir haben die Picknickdecke ausgebreitet, die Sonne sagte kurz Hallo und unsere Freunde waren bereits vor Ort.

Eine Sache war anders. Meine beste Freundin stieß mich an und schickte mein „Monster" weg, wie ich es manchmal nenne. Das Monster, das mir die Kraft raubt und mir alle Freude an den Konzerten entzieht. Mein Dementor.

Es ging rein, wir suchten uns einen Platz, von dem man schnell mal nach draußen kam, um kurz frische Luft zu schnappen. Eine kurze Auszeit, wenn gar nichts mehr geht, die hat mir schon manchmal geholfen. Trotzdem erste Reihe mit perfekter Sicht auf die Musiker vor uns. Was dann genau passierte, weiß ich nicht. Ich weiß nur, dass ich immer mehr in den Bann der Musik gezogen wurde. Die Live-Energie von Publikum und Band strömte auf mich ein und es war ein wenig wie früher. Die Musik dröhnte so laut in mein Ohr, dass das Monster mit seinen gemeinen Worten nicht mehr dagegen ankommen konnte. Ich schreibe diesen Brief mithilfe meines Tagebuchs. Vielleicht interessiert euch ja ein Auszug daraus.

„Danke, liebes Monster, für diesen Abend gestern. Wirklich. Danke, dass du mir diesen Abend nur für mich allein gegönnt hast. Ich habe ein Stück Hoffnung geschöpft.

Mich lebendig gefühlt.

Ich konnte fast alles vergessen.

Zwei Stunden voller Live-Musik, voll Energie und mit Spaß.

Danke, dass du erst wiederkamst, als die Lichter aus waren. […]

Ich habe mich federleicht gefühlt. Und das ist die Bedeutung für die Feder, die ich unter der Haut trage. Eine Erinnerung an diesen Abend.

Ein Versprechen, dass ich es wieder spüren werde. Auch, wenn es mir im Moment nicht so gut geht.

Aber ich werde wieder am Leben sein. Irgendwann.

Danke, dass du mich kosten ließest, einen Ausblick auf die Hoffnung gabst.

Ich nenne dich Nathaniel.

Erzengel und Hüter des Feuers. Ich denke, das passt. Feuer kann gut und böse sein. Es wärmt und tut weh."

Mein Monster hat jetzt einen Namen, und manchmal, wenn ich etwas besonders Tolles vorhabe, schiebe ich ihn weg. Es klappt nicht immer oder nur für einen Teil der Zeit, aber ich habe ein kleines Stück von mir zurück.

An Silvester habe ich ihn einfach mit einer Rakete in den Himmel katapultiert. Hoffen wir, dass er möglichst lange braucht, um mich wieder zu finden. Hoffen wir, dass ich bis dahin stark genug bin, um den Kampf mit ihm aufzunehmen.

Dass ich lerne, wieder mehr zu fühlen als diese innere Kälte und Leere.

Ich bin nun am Ende angekommen. Vielen Dank, dass du bis hierhin gelesen hast. Ich wünsche dir, dass auch du deine Dämonen ab und zu aussperren und wegschicken kannst. Denn manchmal brauchen wir auch ein bisschen Zeit für uns allein.

Sophie, 50 Jahre

Ein Brief, der meine Dankbarkeit für das, was mich das Leben lehrte, ausdrückt.

Liebes Leben!

Heute ist ein besonderer Tag. Heute ist mein fünfzigster Geburtstag. Ist das nicht toll? Ob es sich nun bewahrheitet, oder nicht, ich habe das Gefühl, dass ich heute genau auf die Hälfte meiner Lebenszeit zurückschauen kann.

Der Grund, warum ich dir heute schreibe, ist, dass ich dir danken möchte. Ich möchte dir danken, dass du mich nun schon so lange durch alle meine Höhen und Tiefen begleitet hast.

Einmal gab es einen Punkt, da wolltest du mich verlassen. Das war als ich so krank war und wochenlang im Spital lag. Aber ich habe dich mit meinem eisernen Willen zurückgehalten.

Ein anderes Mal war es genau umgekehrt, da war ich wild entschlossen, dich zu verlassen. Du hattest mir aber auch übel mitgespielt. Ich war von mehreren Personen sowohl körperlich als auch seelisch über viele Jahre missbraucht worden und du weißt, dass ich dem Ganzen ein Ende setzen wollte. Ich verabschiedete mich von dir.

Aber, da waren plötzlich helfende Hände und Geister zur Stelle, und zwar in einer Form, wie ich es nie für möglich gehalten hätte. Sie haben mich dir wieder nahe gebracht und machten meinen bereits vollzogenen Abschied in letzter Minute rückgängig.

Das waren für mich meine beiden krassesten Erlebnisse.

Einschneidend ist auch, dass du mich so Vieles gelehrt hast. Wenn ich aufzählen würde, was das alles war, hätte ich sicher nicht genug Papier.

Daher greife ich einen Lehrpunkt heraus, für den ich dir am meisten dankbar bin.

Du lehrtest mich, dass ich die Wahl hätte oder habe, in bestimmten Abhängigkeiten zu verbleiben oder mich von ihnen zu befreien. In erweitertem Sinne machtest du mich aufmerksam darauf, dass mir eigentlich ein enormes Maß an Freiheit zur Verfügung steht.

Als mir dieser Umstand bewusst wurde, fühlte ich mich fast gezwungen, meine damalige Situation grundlegend neu zu überdenken. Es folgten umfangreiche Entscheidungen, die ich sofort umsetzte. Andere Entscheidungen, die ich zu diesem Zeitpunkt getroffen habe, müs-

sen in ihrer Ausführung noch reifen und harren ihrer Durchführung.
Das dann nachfolgende bewusste Erleben und Entdecken meiner
persönlichen Freiheit, wirkte sich umfassend auf meine Wesensart
aus.

Erschrocken bin ich schon, als mir klar wurde, in welchen Gefängnissen
ich eigentlich über viele Jahre steckte.

Am intensivsten war die Erkenntnis, dass meine Gedankenwelt in
Ketten lag. Ich wagte bestimmte Dinge nicht einmal zu denken. Dies
resultierte daraus, dass ich eine sehr strenge und reglementierte Kindheit
erfahren habe.

Ich wurde dermaßen viel geschlagen und eingesperrt, dass ich eines
Tages einen Punkt erreichte, an dem ich klein beigab. Es ist heute
noch für mich so, als sei es erst gestern gewesen. An jenem Tag wurde
meine Persönlichkeit, die sich grade zu formen begann, gebrochen.

Ich entwickelte ein Übermaß an Unterwürfigkeit und Schuldbewusstsein
und entschuldigte mich laufend innerlich und äußerlich für alles
und nichts. Dies alles öffnete dem Missbrauch meiner Person durch
andere Menschen Tür und Tor. In der Überzeugung, nicht viel wert
zu sein, übernahm ich unkritisch Denkweisen von einigen sehr kranken
Individuen. Das ging so weit, dass ich für andere log, wenn sie
das von mir verlangten.

Mein innerstes Ich nahm ich kaum noch wahr.

Aber, liebes Leben, du hast mich nicht im Stich gelassen. Du hast es
mir ermöglicht über eine langjährige Therapie zu erkennen, wo der
Wurm begraben lag. Ich durfte die einst gestoppte Persönlichkeitsentwicklung
im fortgeschrittenen Alter wieder aufnehmen. Auf eine
gesunde Weise lernte ich, mich von den ungesunden Anteilen meines
Ichs zu befreien! Vor allem zeigtest du mir die freie Wahl, die ich als
Erwachsener habe. So war der Weg offen zu einem Leben in physischer
und psychischer Freiheit.

Dass ich heute ein so glücklicher Mensch bin, verdanke ich dieser
Chance, die du mir geboten hast und die ich ernsthaft und fest ergriffen
habe. Bis heute habe ich nicht aufgehört zu lernen, zu beobachten,
abzuwägen, zu entscheiden und wiederum weiter zu lernen.

Danke, liebes Leben, für deine Geduld und Ausdauer.

Eine der wunderbarsten Folgen meines Lernprozesses war, dass ich
einen einzigartigen Menschen kennenlernen durfte, der jetzt an meiner
Seite ist und mich in allem, was ich denke und tue voll und ganz
unterstützt. Er ist die Liebe meines Lebens.

Das Wissen um die Freiheit hat er sich schon in seinen jüngeren Jahren angeeignet und danach gelebt. Er war und ist genauso wie ich dein Schüler.

Auch dafür, dass ich ihm begegnen durfte, danke ich dir, liebes Leben, und dafür, dass wir gemeinsam täglich als deine Schüler mehr und mehr zusammenwachsen können.

Heute konzentriere ich mich hauptsächlich auf die positiven Erfahrungen in meinem Leben. Du hast mir gezeigt, dass diese Denkweise die beste ist, um höchstmögliches Glücklichsein erfahren zu können. Nun hoffe ich, dass wir noch viel Zeit miteinander verbringen werden.

In tiefer Dankbarkeit verbleibe ich.

Deine Sophie

Marie, 14 Jahre

Liebe Anne,

du bist eine von über hunderttausenden Krebserkrankten, doch mit Deinen gerade mal 14 Jahren hast Du bereits eine jahrelange Tortur hinter Dir.
Weißt Du noch, wie wir uns kennengelernt haben?
Ich kam in der 3. Klasse neu auf die Schule und in Deine Klasse. Du und Sophie, ihr habt mich gleich gefragt, ob ich nicht mit bei euch am Tisch sitzen wollte, was ich sehr gerne tat.
Nach unserem Umzug in das Dorf, in dem Du auch wohntest, war ich sehr froh, dass ich Dich hatte. Zusammen konnten wir mit dem Bus oder bei gutem Wetter mit dem Fahrrad zur Schule fahren. Schnell freundeten wir uns an und Du wurdest ein wichtiger Teil meines Lebens. Wir waren beinahe unzertrennlich.

In der 4. Klasse mussten wir uns für eine weiterführende Schule entscheiden. Da wir dieselbe Empfehlung hatten, meldeten wir uns auf derselben Schule an. Wir landeten zwar in unterschiedlichen Klassen, aber das war kein großes Problem für uns. Ein Jahr später kam auch Pauline auf dieselbe Schule, eine gute Freundin von uns, die wir bereits seit der Grundschule kannten.
Alles schien perfekt! Drei beste Freundinnen auf derselben Schule, die dazu noch im selben Dorf wohnten. Wir drei waren unzertrennlich!
Bis zu dem Tag, als Du plötzlich die Diagnose Leukämie bekamst …

KREBS!

Es war ein Schock!
Wir waren erst 11. Du warst erst 11. 11! Noch ein Kind!
Eigentlich spielt man mit 11 noch mit seinen Freundinnen Barbie oder man malt zusammen. Du solltest nicht mit Krebs im Krankenhaus liegen. Du solltest nicht darauf hoffen und beten, dass Du es überlebst. Du solltest keine Medikamente bekommen müssen, die Dich so schwach machen, dass Du kaum laufen oder essen kannst, die Deine Haare ausfallen lassen und die dafür sorgen, dass Du immer wieder Fieber bekommst. Du solltest gesund sein und mit uns in den Feldern toben und auf Bäume klettern!
Aber Du warst so stark! Du hast es geschafft, Du hast den Krebs überlebt, die Chemotherapie hat ihn bekämpft.

Leider nicht für lange … Ein Jahr nach der ersten Krebsdiagnose war der Krebs zurück und Du musstest wieder ins Krankenhaus. Diesmal reichte eine Chemotherapie nicht aus, Du brauchtest eine Stammzellenspende. Ich wusste damals nicht, wie schwierig das ist. Vielleicht war das aber auch gut so, denn ich habe mir solche Sorgen um Dich gemacht. Ich hatte Angst, dass Du nicht wieder gesund wirst.
Ich hab ganz oft an Dich gedacht und war sehr traurig. Du hast mir so gefehlt.
Nun warst Du also eine Zeit lang im Krankenhaus, somit haben Pauline und ich nicht viel von Dir gehört. Unsere Mütter haben uns manchmal etwas erzählt, wenn sie mit Deiner Mutter geschrieben hatten und es Neuigkeiten gab, wie es Dir geht und wie es mit dem Krebs aussieht.
Manchmal stand auch etwas in der Zeitung über Dich. In unserer alten Grundschulturnhalle fand eine große Stammzellenspenden-Aktion statt, und bei uns, in dem kleinen Gemeindehaus auf dem Dorf, wurde ein Konzert veranstaltet, bei dem Spenden für Dich gesammelt wurden.
Wir haben so gehofft, dass ein passender Spender für Dich gefunden wird.
Dann kam endlich die frohe Nachricht: Es gab einen Spender!
Ein paar Wochen später wurden durch eine Operation die neuen Stammzellen vom Spender eingesetzt. Dein Körper hat die neuen Stammzellen zum Glück gut angenommen.

Du hast es also geschafft!

Du hast es geschafft und den Krebs mit der Hilfe eines Stammzellenspenders überlebt und bekämpft!
Nach einiger Zeit, die Du noch im Krankenhaus und dann noch zu Hause verbracht hast, fingst Du wieder an, zur Schule zu kommen.
Erst waren es nur ein paar Stunden, doch schon bald konntest Du wieder mit Pauline und mir zusammen mit dem Bus fahren.
Alles wurde wieder so, wie es vorher gewesen war. Wir drei waren wieder zusammen und vergaßen – oder eher verdrängten – den Krebs. Es ging Dir schließlich wieder gut und Du konntest Dein Leben ganz normal weiterführen, so wie davor auch.
Ein Jahr später jedoch, kam der Krebs erneut zurück…
Du warst erst 13 und dieses Arschloch kam wieder. Der Krebs hatte sich wieder in Dir verteilt.
Nun hieß es ein drittes Mal Daumen drücken und hoffen, dass ein neuer Spender gefunden wird.

Dass Du es wieder schaffst.

Du hat es schließlich schon zweimal geschafft, den Krebs zu besiegen, also warum nicht noch ein weiteres Mal?

Pauline und ich haben ganz fest daran geglaubt, dass Du wieder gesund wirst und wir uns bald wieder in die Arme schließen können. Dass wir unser Leben weiterleben, so wie wir es auch vorher getan hatten.

Wir haben gewartet.

Gewartet auf den Tag, an dem wir wieder die beruhigende und wunderbare Nachricht bekommen würden, dass Du es geschafft hast und den Krebs ein weiteres Mal besiegt hast.

Doch dieses Mal hat es länger gedauert, als beim ersten Mal…

Du bekamst erneut eine Stammzellenspende, doch nach dem Eingriff, als die neuen Stammzellen eingesetzt worden waren, ging es Dir eine Zeit lang nicht gut. Du warst sehr schwach und lagst noch lange im Krankenhaus.

Knapp anderthalb Jahre haben wir auf den Tag gewartet, bis wir endlich die Bestätigung bekommen haben, dass es Dir gut ging. Ich weiß noch, wie glücklich und erleichtert ich war, als Du aus dem Krankenhaus entlassen werden konntest. Du warst wieder frei und geheilt vom Krebs und ich konnte es kaum erwarten, Dich zu sehen.

Da war er nun. Der Tag.

Endlich konnte ich Dich wieder in den Arm nehmen. Du warst geheilt!

Du hast den Krebs ein weiteres Mal überlebt und es geht Dir wieder gut.

Nach und nach fing wieder alles an, seine Richtigkeit anzunehmen. Du kamst wieder zur Schule, später fuhren wir dann auch wieder zu dritt mit dem Bus und konnten uns dann auch wieder gemeinsam in unserer Freizeit treffe.

Dir ging es gut, Du warst geheilt und es wurde wieder so, wie es früher war. Die Zeit der Angst, der Sorgen, des Hoffens und Bangens war vorbei!

Wir alle hoffen, dass der Krebs jetzt nie mehr zurückkommt! Du hast lange genug gelitten und genug Deiner Zeit damit verbracht, gegen den Krebs anzukämpfen.

Ab sofort sollst Du nur noch eins – LEBEN!

Liebe Grüße,

Deine Marie

Patricia, 48 Jahre

Hallo Schicksal,

ich wollte dir schon immer mal einen Brief schreiben. Heute erscheint es mir passend. Es ist ein sonniger Nachmittag im Februar, draußen erwacht ganz langsam die Natur.
Ich habe mich nie beklagt, dass du es mir oft nicht leicht gemacht hast. Nicht, dass du mir meinen Papa genommen hast, als ich noch nicht einmal vier Jahre alt war. Er hatte nie die Chance seine kleine Tochter aufwachsen zu sehen oder sie später an seinen Schwiegersohn zu übergeben, nie durfte er seine neugeborenen Enkelkinder im Arm halten. Und ich ... ich habe ihn oft vermisst. Gerne hätte ich mit ihm Spaziergänge durch den Wald gemacht oder wäre im Matsch herumgetollt.
Auch habe ich mich nicht beklagt, als ich alle Untersuchungen und Operationen überstehen musste, um endlich schwanger zu werden. Denn nur ein Jahr später bekam ich einen wundervollen Sohn und nochmals zwei Jahre später eine entzückende Tochter. Du musst dir wohl etwas dabei gedacht haben, meinem Mann eine Tochter zum Geburtstag zu schenken. Er hat sich gefreut, auch wenn er jetzt seinen Tag teilen muss. Und dass wir nun drei Geburtstage in einer Woche feiern, nun ... prima, wir haben es dann ja hinter uns. Für diese wunderbaren Kinder danke ich dir. Du hast mir wohl nur sagen wollen: Sei geduldig. Heute sind sie fast erwachsen und machen mich unfassbar stolz.
Ich habe nicht gejammert, als ich so schwer erkrankt bin, dass mein Leben am seidenen Faden hing. Klar, ich war verzweifelt und habe mit dem Gedanken gespielt, meinem Leben ein Ende zu setzen. Wer hätte das nicht, wenn einem mitten in der Nacht mitgeteilt wird, dass die OP am nächsten Morgen auch schiefgehen könnte? Aber dann sah ich die Bilder, die meine damals noch kleinen Kinder für mich gemalt hatten und sie haben mich daran erinnert, dass das Leben einen Sinn hat. So habe ich also alles ertragen und habe gekämpft und gewonnen.
Kannst du dich noch an den Tag erinnern, als ich die Krebsdiagnose bekam? Das ist nun fast drei Jahre her. Ich weiß es noch ganz genau, es war ein regnerischer Mittwoch. Die Ärztin schaute mich ernst an und sagte:
„Es ist Brustkrebs. Ein ganz seltener. Es wird nicht leicht." An vieles

aus den folgenden Wochen kann ich mich nicht erinnern, alles lief an mir vorüber, ohne dass ich es richtig wahrgenommen hätte. Erst unseren langersehnten Urlaub in Schottland, den werde ich nie vergessen.

Dass du mir die Chance gegeben hast, diesen Traum zu erfüllen, dafür Danke. Mein Mann und ich wollten schon immer in dieses Land reisen, doch irgendwie kam immer etwas dazwischen. Und der Krebs sollte nicht der Grund sein, nicht zu reisen. Mit Hilfe meiner Ärzte haben wir alles so geplant, dass ich diese Reise machen konnte. Verrückt daran war, dass ich sie mit Frauen gemacht habe, die ich vorher nicht kannte, nur übers Internet. In langen Gesprächen, abends in der großen Wohnküche, stellte sich heraus, dass sich jede von uns durchs Leben kämpft und wie ich eine Fighterin ist. Es hat mir gezeigt, dass ich nicht alleine bin.

Ich habe in der Zeit während meiner Krebstherapie so viel Halt von eigentlich fremden Menschen bekommen. So viel Liebe erfahren. So viele tolle Gespräche übers Internet geführt. Ganz viele von diesen, damals noch fremden Menschen sind heute ein Teil meiner Familie geworden und ich möchte sie nicht mehr missen. Weißt du, was ich aus den ganzen sogenannten schlimmen Erfahrungen gelernt habe? Es sind vier Sachen. Zum einen: Man ist nicht alleine und muss diese Zeit nicht alleine durchstehen, aber man muss die Hilfe auch zulassen und annehmen. Man darf sich nicht verschließen! Denn nur dann finden Menschen zu einem, die einem gut tun.

Der zweite Punkt ist: Es gibt Schicksale, die sind noch schlimmer. Bei allen Krankenhausaufenthalten habe ich Menschen getroffen, die noch kränker, noch jünger oder schon viel älter waren als ich, aber sie haben sich auch nicht beklagt. Also habe ich die Zähne zusammen gebissen und weitergemacht.

Der dritte Punkt ist: Man soll das Leben genießen. Es gibt ein Sprichwort, das mir gerade heute in den Sinn kam. Übersetzt heißt es in etwa: „Im Leben geht es nicht darum, den Sturm zu überstehen, sondern zu lernen, im Regen zu tanzen." Also warum sollen wir nicht tanzen, wenn es hilft? Es muss ja nicht immer ein kalter Winterregen sein. Aber selbst wenn, dann suchen wir uns einen trockenen Platz oder jemanden, der einen Schirm über uns hält. Eng aneinander gekuschelt tanzen, damit niemand friert, ist doch auch im Winter schön. Und zum Schluss der vierte Punkt: Alles, was passiert, hat seinen Grund. Manchmal dauert es länger, bis man ihn erkennt. Und wenn wir ihn erkannt haben, müssen wir überlegen, was wir nun ändern können oder müssen. Vielleicht ernähren wir uns anders, machen mehr Sport, trennen uns von Menschen oder Sachen, die uns nicht gut tun, erfüllen uns Wünsche, lernen eine Sprache, reisen in fremde Länder. Es gibt so viele Möglichkeiten, man muss sie nur ergreifen. Natürlich geht nicht alles auf einmal, das ist mir klar, aber einen ersten Schritt tun, das geht. Und wenn ich dazu Hilfe brauche, dann muss ich diese suchen und annehmen.

Eines möchte ich dir noch sagen, liebes Schicksal. Auch wenn ich immer dachte, du magst mich nicht und ich dich ganz oft verflucht habe, hast du mir eigentlich nur eines zeigen wollen: Nimm das Leben wie es ist. Versuche das Beste daraus zu machen. Wenn es Widrigkeiten gibt, suche eine Lösung, damit es besser wird. Wenn du nicht weiter weißt, suche jemanden, der dir helfen kann. Aber eines darf man nie tun: Aufgeben! Ich kämpfe jeden verdammten Tag, aber ich gebe nicht auf. Viele sagen, „wie kannst du denn so sein, nachdem, was du erlebt hast?", und ich sage: „Warum nicht?" Der amerikanische Schauspieler James Dean soll folgende Worte gesagt haben: „Träume, als würdest du ewig leben. Aber lebe, als würdest du heute sterben." Ich habe letzteres nicht vor und ich hoffe, du willst mich noch einige meiner Träume erfüllen lassen. In diesem Sinne: Lass uns weiterkämpfen und weiter träumen!

Petra, 38 Jahre

Heute möchte ich dir von einer Frau erzählen. Sie ist eine verdammt starke Frau und hat unglaublich viel erreicht in ihrem Leben, worauf sie stolz sein kann. Leider hat es einmal jemand geschafft ihr diese Kraft und das Selbstbewusstsein zu rauben, so dass sie in den Spiegel schaute und nur einem unsicheren, schüchternen Mädchen in die Augen blickte. Das Mädchen in ihrem Spiegelbild war abgemagert, aschgrau und ihre einst so strahlenden blauen Augen waren nur noch eine leere Hülle, die von starken dunklen Augenringen umrandet waren. Lachen war ihr fremd, selbst Lächeln konnte sie nicht mehr. Ihre Gesichtszüge waren erstarrt und sogar ihr offenes, liebevolles Herz war fest verschlossen.

Vielleicht fragst du dich nun, was ihr Schlimmes widerfahren sein konnte, dass sie sich so verändert hat? Nun ja, sie wurde betrogen, belogen und hintergangen. Von dem Mann, der ihr einmal schwor sie zu lieben, zu achten und für sie da zu sein. Anfangs schwebte sie mit ihm auf rosa Wolken. Dieser Mann war so unglaublich liebevoll, las ihr jeden Wunsch von den Lippen ab und gab ihr das Gefühl von Geborgenheit und Liebe, nach dem sie sich schon so lange gesehnt hatte. Es war wie ein Märchen, das in einem Albtraum endete. Die herzliche Fürsorge wich einem Kontrollzwang und grundloser Eifersucht. Er verbot ihr jegliche Kontakte zu Freunden und Familie, machte ihr ein schlechtes Gewissen, wenn sie ihre Freizeit doch ohne ihn verbrachte. Als sie schwanger war, wurden seine Zwänge sie zu kontrollieren immer schlimmer, er wollte sie ganz für sich alleine. Sie war in seinen Augen sein Eigentum, eine eigene Meinung durfte sie nicht haben. Wenn sie sich ihm widersetzte, schlug er sie. Erst nur leicht, so dass sie kleinere blaue Flecke und Blessuren davontrug, die zum Glück kaum sichtbar waren. Irgendwann hieb er immer stärker zu, er schubste sie sogar die Treppe hinunter, weil er dachte, sie sei fremdgegangen und das Baby sei nicht von ihm. Zum Glück schaffte sie es alleine ins Krankenhaus, sagte aber aus Angst vor ihrem Mann, dass sie die Treppe hinuntergefallen sei. Dem Baby ging es gut und sie bekamen einen wundervollen kleinen Sohn. Die Mutterrolle erfüllte sie mit Stolz. Mehrfach spielte sie mit dem Gedanken diesen Mann zu verlassen, aber die Angst vor ihm war größer als ihr Wille wieder ein selbstständiges, glückliches Leben zu führen. Bis sie durch einen Haftbefehl erfuhr, dass er über ihr Konto straffällig geworden war und sie nun dafür eine Haftstrafe verbüßen sollte. Er stritt alles ab, schob die Schuld einem Angestellten in die Schuhe und bat sie gegen diesen auszusagen. Das wollte sie nicht und er drohte ihr mit einer Waffe. Als sie diese an ihrem Kopf spürte, hatte sie Todesangst und schwor ihm, was er hören wollte. Nachdem er von ihr abließ und in sein Büro verschwand, plante sie ihre Flucht. Keine Minute länger wollte sie bei diesem Mann bleiben. Sie spürte plötzlich wie Energie und Mut zu ihr zurückkamen. Sie wollte wieder leben, mit ihrem Baby und ohne Angst. Die Stunden bis sie im Frauenhaus in Sicherheit waren, vergingen langsam. Ihre Angst, dass er sie doch finden könnte, schlich sich noch einmal zurück, aber ihr Kampfgeist war geweckt!

Im Frauenhaus erholte sie sich langsam von dem Martyrium. Sie schöpfte neue Hoffnung und Lebenswillen. Nach drei Monaten bezog sie mit ihrem Sohn eine neue Wohnung. Anfangs litt sie noch unter Ängsten, die leider auch nicht unbegründet waren. Er stalkte sie und versuchte sie einzuschüchtern. Doch sie war stärker, kämpfte sich zurück ins Leben.

Obwohl sie es nie mehr für möglich gehalten hatte, verliebte sie sich einige Jahre später noch einmal unsterblich. Dieser Mann hatte es nicht leicht. Anfangs war sie sehr vorsichtig, hatte Probleme zu vertrauen und sich fallen zu lassen. Er ließ ihr alle Zeit der Welt, war verständnisvoll und einfühlsam, hielt sich zurück und eroberte Stück für Stück ihr Herz und das ihres Sohnes. Mittlerweile sind sie eine Familie. Sie hat sich getraut noch einmal „Ja" zu sagen.

Er ist ein Engel, weil er ihr genau das gegeben hat, was sie immer suchte: Den Glauben an die wahre aufrichtige Liebe!

Bei ihm ist sie zu Hause angekommen, er nimmt sie so wie sie ist, er macht sie vollkommen und sie ist mittlerweile dankbar für das, was ihr Schlimmes passiert ist. Denn dadurch ist sie zu der Kämpferin geworden, die sie heute ist. Nun schaut sie in den Spiegel und sieht eine starke Frau, die ihr zulächelt. Ihre blauen Augen strahlen wieder Liebe und Herzenswärme aus. Sie ist dankbar für ihren unglaublich tollen Sohn und den wundervollen Mann an ihrer Seite.

Auch wenn das Leben sie anfangs auf eine harte Probe gestellt hat, würde sie nichts anders machen wollen. Sie ist glücklich, und jede Narbe in ihrem Herzen erzählt ihre Geschichte!

Kaugummi kauend zieht er sich die Kapuze tiefer in die Stirn, stellt sich direkt neben mich ans Ufer und starrt in dieselbe Richtung, in die ich meinen Blick gerichtet habe. "Hm..", macht er leise und beabsichtigt damit offenbar eine Reaktion von mir zu provozieren, aber ich habe gerade wenig Lust darauf einzugehen und nehme den gespielten Ball einfach nicht an. Eine Weile verstreicht, in der ich nur das leise Knatschen seines Kaugummis höre. Dann verschränkt er die Arme und sagt: "Also, was sind das für Felle, die dahinten schwimmen?"

"Ach...", sage ich mit überzogen gedehnter Stimme und mache ein Gesicht, als wolle ich abschätzen, ob es überhaupt eine Antwort wert sei. "... nur mein Leben, meine berufliche Existenz und meine Chancen, das Ruder nochmal rumzureißen."

Mir gefällt der wirklich sehr gelangweilt klingende Ton, den meine Stimme bei der Antwort trifft. Manchmal ist es wie bei Loriot. Auf den Punkt genau. "Und ich dachte schon, es sei etwas, dem hinterher zu gucken, sich lohnen würde." Ich höre an der ganz leichten Veränderung seiner Stimmfarbe und -melodie sein freches Grinsen und weiß genau, was in seinem Blick aufblitzt, wenn man ihn in so einem Moment ganz aufmerksam beobachtet.

"Nö," entgegne ich, die Vollkommenheit der Gleichgültigkeit stimmlich zelebrierend, ohne mich nach ihm umzudrehen. "Und was machst Du jetzt?" Er versucht meinen Ton aufzufangen, aber die Provokation zu verbergen, fällt ihm, bei so viel Vergnügen, schwerer als sonst. Außerdem ist da noch so etwas wie ganz leichte Neugierde in seiner Stimme.

"Ich denk nicht weiter drüber nach," entgegne ich und drehe mich nun langsam zu ihm um. Er blickt mir, kaum sichtbar feixend entgegen und trifft auf meinen direkten, sehr offenen und unverstellten Blick, der ihn für einen Bruchteil zu irritieren scheint. "Das ist doch aber sonst nicht deine Art," sagt er langsam und abschätzend, die Augen kaum merklich verengt.

"Ich wollte ja eh ein paar Dinge ändern," sage ich schulterzuckend im Plauderton und ertappe mein Gehirn bei der wichtigen Erkenntnis, dass ich eigentlich auch ganz gern einen Kaugummi hätte. Ich ziehe die Brauen zusammen, weil er doch bestimmt eh nur diese ekligen Dinger mit viel zu viel Menthol hat, die einem den Hals geradezu vereisen. "Aber wenn du nichts tust, geht doch alles vor die Hunde", stört er meine gedankliche Analyse über die Ausmaße des Kaugummidilemmas.

"Isses schon!" Uups, das klang patziger, als es sollte und wahrscheinlich fehlinterpretiert er meine Stimmung jetzt auch noch auf die Situation mit meinem Leben, denke ich und bin schon wieder ein bisschen zu schnell genervt. "Aber 'n Kaugummi würde helfen," werfe ich hinterher, um ihm in die Gedanken zu grätschen. Leicht irritiert sieht er mich an und grinst dann breit dieses Grinsen, das mir verrät, wie gern er mich hat und dass ich es nicht schaffe, ihn so zu langweilen, wie all die Anderen. Er greift in die Tasche seiner dunkelgrauen Jacke und hält mir seine Hand mit der Kaugummipackung entgegen. Ich öffne die Hand und halte sie unter seine. Mit dem Daumen schiebt er zwei Dragees aus der Alu-Papier-Ummantelung und lässt sie in meine Hand fallen, ohne den Blick von meinen Augen zu lösen. "Danke, Arschloch," sage ich lächelnd, das letzte Wort dabei mit einem Hauch liebevoller Sanftheit.

"Lass woanders hin, ist ganz schön kalt hier," schieb ich hinterher, um den Moment, in dem wir uns lächelnd in die Augen sehen, nicht zu sehr in die Länge zu ziehen, und hake mich kurzerhand bei ihm ein. Ich ziehe ihn mit rum, weg vom Ufer, ehe ich mir die Kaugummis in den Mund stecke, drauf beiße und denke: Wusste ich`s doch! Selbst das Schicksal steht auf diese ekligen Mentholdinger. Kein Wunder, dass das immer SO bei uns läuft.

Es gibt Momente, da fragt man sich, weshalb das Leben so unfair ist, warum alle anderen das Glück auf ihrer Seite haben? Wir vergessen aber immer wieder, dass es zu unserem Leben gehört. Die guten sowie die schlechten Erfahrungen sind das, was uns ausmacht, sie formen unsere Persönlichkeit. Du wirst sehen, dass jeder Mensch sein Paket tragen muss. Manche müssen dafür mehr Kraft aufwenden als andere, aber jeder hat früher oder später seinen eigenen Weg zu gehen!

Es wird nicht immer leicht sein, aber es gibt dafür auch so viele schöne Dinge, für die es sich zu Leben lohnt. Ich weiß, wovon ich spreche. Wenn man nie negative Erfahrungen macht, dann nimmt man schnell alles als selbstverständlich und vergisst, wie schnell alles vorbei sein kann!

Bei mir kam der Tag, an dem ich schneller als gewollt erwachsen wurde. Ich war 15, als mein Vater mit nur 50 Jahren einen Herzinfarkt hatte. Wer glaubt denn schon, dass einen seine Eltern so früh verlassen? Niemand! Immerhin haben alle anderen ja noch Großeltern, die um die 90 sind. Nicht so bei uns. Ich hätte nicht gedacht, dass ich mit 15 Jahren einen Sarg aussuchen werde. Meine Mama, mein Bruder und ich mussten schnell von einem Tag auf den anderen lernen, alleine, ohne unser Familienoberhaupt, durchzukommen. Er war bei uns der einzige mit Führerschein und so mussten wir alle Einkäufe mit dem Bus erledigen, was auf dem Land gar nicht so einfach ist. Natürlich kommen am Tag der Beerdigung etlichen Angebote von Freunden und Familienmitgliedern:

„Wenn ihr was braucht, sagt Bescheid!" Mindestens 98% davon siehst du nie wieder. Alle machen dann so einen Bogen um einen, als ob die Trauer ansteckend wäre, niemand will auch nur fragen, wie es einem geht, weil sie einem Zeit lassen wollen. Aber ich bin der Meinung, dass sie alle Angst haben. Angst, dass ihnen selbst so etwas passiert. Niemand kann davor weglaufen, der Tod gehört zu unserem Leben. Zum Glück hatten wir tolle Nachbarn, die uns so oft es ging, unterstützen. Auf die eigene Familie kann man da oft weniger hoffen. Ich habe mich sehr oft gefragt, ob ich es besser hätte machen können. Wieso habe ich nicht besser zugehört oder mehr Interesse gezeigt? Als Kind glaubt man, dass man dafür sein Leben lang Zeit hat und dass es nicht wichtig sei. Kurze Zeit später kam der nächste Schock: Meine Mama bekam die Diagnose Krebs! Sie mussten ihr

2/3 des Magens entfernen. Es war eine harte Zeit, aber sie hat es geschafft und gekämpft.

Wir haben danach sehr viel Zeit miteinander verbracht, besonders wir zwei. Wir waren, so oft wir konnten, zusammen. Ich habe zum Glück einen Partner gefunden, der mich so liebt, wie ich bin und sich nie beschwerte, wenn ich meine Freizeit mit ihr verbrachte. Ich habe dann auch sehr viel gearbeitet und nach Feierabend bin ich immer zu ihr und danach zu meinen Freund. Tagein, tagaus dasselbe. Die schönste Zeit war für uns, wenn wir unterwegs waren. Bummeln war für uns ein Muss: Einfach nur zusammen durch die Geschäfte gehen und einen Kaffee trinken, das war einfach unser Ding. Wir sind auch zusammen in den Urlaub gefahren. Sie liebte das Meer, obwohl sie nie schwimmen gelernt hat, aber sie liebte die Aussicht und die Palmen. Ihr kompletter Garten war voll mit Palmen im Sommer und Winter, das war ihre Art der Therapie. Sie konnte damit einfach ihre Sorgen loswerden.

Leider hatten wir nicht auf Dauer Glück, denn sie wurde wieder krank. Wieder Krebs, diesmal die Blase. Sie bekam die verschiedensten Medikamente und hatte einige Operationen. Es war eine harte Zeit. Auch für mich, nicht nur, dass ich wieder diese furchtbare Angst hatte, sondern auch noch die zusätzliche Belastung. Sie hatte den Führerschein nie gemacht und daher habe ich sie zu jeder Therapie gefahren, was nicht immer einfach war. 60 Stunden in der Woche sind in der Gastronomie keine Seltenheit. Für sie hätte ich noch viel mehr gemacht, sie war immer für uns da und ich hätte mir keine bessere Mama wünschen können. Nachdem der Arzt gesagt hatte, dass sie jetzt seit einem Jahr keinen Rückfall hatte, haben wir uns einen Urlaub gegönnt. Es war unser schönster überhaupt: Kroatien Ende Juni, einfach ein Traum. Es war perfekt.

Ich bin so froh, dass ich diesen Urlaub mit ihr verbracht habe, denn das Leben endet oft schneller, als man denkt. Nicht einmal einen Monat danach ist sie gestorben, drei Tage vor meinen 27. Geburtstag. Sie wollte noch den Garten fertigmachen, damit sie die restliche Woche Zeit hat eine Torte zu machen. Es war ein sehr heißer Julitag, es hatte knapp 37 Grad und sie hat sich überanstrengt und ist dann einfach in der Küche zusammengebrochen. Es ist unbegreiflich, wie schwer mich das getroffen hat! Sie war meine beste Freundin und einer der wichtigsten Menschen auf der Welt. Sie wollte immer gerne Enkelkinder. Meine Antwort war immer, dass wir doch noch soviel Zeit hätten. Wie naiv ich doch war! Vielleicht liegt es in unserer Natur, dass wir unsere Fehler gerne wiederholen, denn wir vergessen so

schnell, dass nicht Geld und Erfolg wichtig sind, sondern die einzigen Dinge, die wirklich zählen sind Gesundheit und Zeit. Zeit, die wir miteinander verbringen, die kann uns niemand mehr nehmen. Es sind die Erinnerungen die bleiben, wenn wir schon lange nicht mehr zusammen sind. Wir müssen nur lernen unsere Fehler nicht zu wiederholen. Zum Glück habe ich richtige Freunde und einen Partner, die immer für mich da sind. Dann kam der Moment, wo ich es wusste. Ich wusste: Jetzt muss alles anders werden, jetzt zählt nur mehr die Zeit! Es war der Moment, in dem ich Deinen Herzschlag das erste Mal gehört habe! Ab diesem Tag konnte ich nur noch positiv an die Zukunft denken, selbst, nachdem ich einen Anruf vom Arzt bekam, dass mein Krebsabstrich positiv sei! Ich hoffe, ich kann Dir so eine Mutter sein, wie ich sie hatte: Eine, auf die man stolz ist und sich immer an sie erinnern will. Bei jedem Lächeln von dir weiß ich, dass es all das wert war und ich nichts anders machen würde. Den durch unseren Weg, den wir gehen, egal, wie schwer er ist, kommen wir zu unserem Ziel! Der Weg hat sich gelohnt!
Ich liebe dich über alles mein Sohn!

Selina, 23 Jahre

Danke, mein Leben!

Die 50 Minuten sind um. Wir beide stehen auf und geben uns die Hand. Nachdem ich mich herzlich für die Unterstützung in den letzten 2 Jahren bedankt habe, sind ihre letzten Worte an mich: „Das haben Sie sich alles selbst erarbeitet. Ich saß nur vor Ihnen und gab die richtigen Anstöße!"
Ich verlasse den Raum und die Wohnung zum allerletzten Mal. Nachdem ich die Türe schließe, lasse ich meine Vergangenheit endgültig hinter mir und lande in der Gegenwart.
Ich erinnere mich noch gut an meine erste Sitzung bei meiner Therapeutin - obwohl ich sie nur ungern so nenne. Gebrochen und eingeschüchtert vom Leben, ohne Verständnis für mich selbst, saß ich vor ihr. Ich war gerade mal 21 Jahre alt und hielt meine Verfassung für Zukunftsangst. Meine Erwartungen waren gering, denn mir stellte sich die Frage, wie jemand, der mich nicht kennt, herausfinden könne was mein Inneres plagt und wie ich es zu heilen vermag. In den Jahren kam ich zu der Erkenntnis, dass sie das gar nicht können musste – sondern ich!
Sie redete nicht viel, eigentlich redete sie gar nicht und manch einer konnte nicht nachvollziehen, wofür ich dann überhaupt hinging.
Naja, das ist so eine komische Sache. Natürlich hätte ich das alles auch selbst machen können aber diesen Gedankengängen einen festen Ort zu geben, wo sie sicher sind, und sie gleichzeitig laut auszusprechen ist eben doch nicht das Gleiche. Man sagt immer, man solle nicht nur einzelne Teile betrachten, sondern das große Ganze. Diesen Rat musste ich vergessen und ich fing an, mein Leben in Vergangenheit, Gegenwart und Zukunft zu unterteilen. Die damalige Unzufriedenheit mit der Gegenwart war – und das kann ich nicht leugnen– der Grund für meinen Besuch bei ihr und ich stand in dem Moment vor der steinigen Reise in die Vergangenheit.
Als kleines Kind führte ein Umzug in ein anderes Land nicht nur dazu, dass ich in der ersten Klasse die Schule wechseln musste. Ich verließ an der Seite meiner Mutter meine Freunde, mein Zuhause, meine ganze Familie und meinen Vater. Obwohl es keine Sprachbarriere gab war das so eine Sache, aus dem Ausland zu kommen. Ich rede witzig, man versteht mich nicht mit meinem Dialekt, ich komme aus einem anderen Land und gehöre nicht hierher. Nun, ich wollte ja

auch nicht hierher – deswegen ging ich nach der Schule alleine wieder weg.

Doch mit dem Umzug begann auch ein Krieg. Ein Krieg zwischen meinen Eltern. Denn während der Einfluss meiner Mutter immer stärker wurde, wurde der meines Vaters immer schwächer und er war der festen Überzeugung, das wäre ihr Plan und diesen galt es rückgängig zu machen. In den Jahren meiner Kindheit hörte der Krieg nie auf und die Nähe zu meiner Mutter führte schließlich dazu, dass ich in der Pubertät den Krieg gegen ihn weiterführte. Der Streit mit ihm begann eigentlich mit einem Hilfeschrei nach seiner Aufmerksamkeit und dem Wunsch nach seinem Erwachen – doch diese Erkenntnis hatte ich erst in der Gegenwart.

Heute weiß ich, meine Eltern sind nur Menschen, leidende Menschen. Sie kämpft mit ihrer Einsamkeit und ihren Problemen in Bezug auf zwischenmenschliche Beziehungen – im Hier und Jetzt sogar zu ihrem eigenen Kind. Er hingegen ertränkte seinen Kummer in geringen aber regelmäßigen Mengen Alkohol und verbarg seinen Schmerz – welcher Natur er auch gewesen sein mag – hinter Zorn. Im Laufe meiner Reise in die Vergangenheit war ich sehr wütend, heute bin ich das nicht mehr. Ich bin nicht mehr wütend auf sie. Mir ist ins Bewusstsein getreten, dass sie immer nur versucht haben, das zu erreichen, was sie für das Richtige für mich und sich selbst hielten. Der Gedanke, dass es ihnen nicht möglich war zu sehen, dass der Weg, den sie wählten, nicht der Richtige war, schmerzt.

Doch so sehr diese Erkenntnis auch weh tut, sie sind meine Eltern und ich wünsche Ihnen für ihr Leben, dass auch sie ihren Frieden mit der Vergangenheit finden und sich auf das Glücklichsein in der Gegenwart konzentrieren können.

Den erlösenden Frieden fand ich nicht nur in Bezug auf sie, sondern auf jeden Menschen, der in meinem Leben für Kummer und Leid gesorgt hat. Ob es die Jugendliebe, die beste Freundin oder ein erwachsenes Vorbild war. Doch auf die gehe ich vielleicht mal in dem nächsten Brief an Dich ein.

Ich war 19 Jahre alt als ich ihn kennen lernte und wir verliebten uns unsterblich. Der Altersunterschied von 8 Jahren, die Tatsache, in dieser Beziehung zu einer Stiefmutter von 2 Kindern zu werden und die Päckchen, die wir beide in die Beziehung mitbrachten, erschütterten mein Umfeld und erfüllte mich mit Angst. Doch trotz der gravierenden Startschwierigkeiten, die wir hatten, war er mein Retter. Nein, lass es mich anders sagen: Er half mir, mich zu meinem eigenen Retter zu machen. Unsere Päckchen hätten nicht gegensätzlicher sein können und eigentlich waren wir für den anderen genau das, was wir nicht gebraucht hätten. Doch gerade, weil ich so emotional bin und er so rational; gerade, weil ich durch die Blume mit ihm sprach und er nicht; und gerade, weil wir, trotz unserer Schwierigkeiten nie aufgehört haben uns gegenseitig zu halten, sind wir eben doch genau das füreinander, was wir brauchen. Unsere Liebesgeschichte hatte die dramatische Wendung schon am Anfang aber ein noch schöneres Happyend.

Durch die Reise in meine Vergangenheit erkannte ich, dass manche Probleme nicht immer aus dem Jetzt kommen. Und sie kommen erst recht nicht immer von meiner Persönlichkeit. Meine Reise war deswegen von Nöten, um zu erkennen, dass ich die Päckchen nur aufmachen und umsortieren muss, um sie schließen zu können. Und ich hole die Vergangenheit nur dann in die Gegenwart, wenn ich das will. Auch wenn die Arbeit für mich, mit dem Schließen der Tür der Praxis, noch nicht getan war, kann ich mit Stolz und mit den richtigen Menschen im Leben in der Gegenwart ankommen und wir blicken gemeinsam lächelnd in die Zukunft.

Wir sind zu einem Team geworden, mein Leben und ich. Und gemeinsam haben wir es geschafft, diese Türe endlich schließen zu können.

Jill, 22 Jahre

Brief an dich, für dich.

Erinnerst du dich an die Zeit, als du ein kleines Mädchen warst, das im Garten herumtollte, Schnecken suchte und ganze Blumenbeete verwüstete, um die schönsten Blüten für seine Suppe zu finden? Erinnerst du dich an die Sommermittage, an denen du auf dem Rücken im Gras lagst und stundenlang in den Himmel schautest? Erinnerst du dich an die Zeit, als es keine Sorgen gab, keinen Ärger, nur Spiel, Spaß und ganz viel Liebe?
Und wie schnell sich diese Momente verabschiedeten?
Auf einmal war die Unbeschwertheit verschwunden. Unmut, Streit und Traurigkeit sind eingezogen. Anfangs tatest du dich schwer, zu verstehen, was los war. Fassungslos hast du die Schikanen über dich ergehen lassen, glaubtest zunächst, es wären Irrtümer und Missverständnisse. Doch bald musstest du einsehen, dass dem nicht so war: Es gab kein falsches Verständnis der Situation. Sie war, wie du sie erfasst hattest. Neid, Eifersucht, Missgunst breiteten sich in deinen Mitmenschen aus, dabei waren sie noch so jung. Jahrelang musstest du kämpfen, um nicht gegen diese schlechte Seite zu verlieren, die sich wie giftiger Nebel ausbreitete, immer darauf bedacht, dich selbst zu bewahren. Und dennoch musstest du einsehen, dass dein einst doch reines Wesen sich mehr und mehr veränderte. Wo einst Liebe war, wuchsen die Dornenstacheln des Hasses. Die Offenheit deines kindlichen Ichs wich Misstrauen. Du fingst an, dich zurückzuziehen, hast Deinesgleichen gemieden und dich in Phantasiewelten geflüchtet, indem du stapelweise Bücher verschlangst. Aber es hörte nicht auf. Ein Jahrzehnt lang musstest du kämpfen, durftest dir keine Blöße geben, hast getan, als sei alles in Ordnung. Du hast ein breites Lächeln auf den Lippen getragen, jeden Spruch und jede Demütigung geschluckt, egal, wie sehr sie sich in dein Herz brannte. Die Schule hast du nie vernachlässigt und trotz allem, immer versucht, anderen Menschen eine Chance zu geben. Aber es war schwer und wurde immer und immer schwieriger.
„Wenn ich endlich die Sekundarschule besuche, wird es besser!"
„Wenn ich meine Klasse für die Spezialisierungsjahre wechsele, hören sie auf!"
„Wenn wir das Abi schreiben, werden sie keine Zeit mehr zum Lästern haben!"

Doch es änderte sich nichts. Dein äußerlich sicheres Auftreten war eine Farce. Eine Show. Ein Schauspiel, das du knapp ein Jahrzehnt lang dirigiert hast. Und du hast brilliert. Die wenigen Male, wo die Maske fiel, hast du Verwunderung geerntet. Man hätte nie gedacht, dass hinter deiner Person ein Mensch steckte, der innerlich kaputt war und sich nur mühsam immer wieder zusammenflickte. So vergingen Tage, Wochen, Monate und du fragtest dich immer wieder, wieso du dir das angetan hast und du nicht einfach in deine Kindheit zurückkehren konntest, zurück zu jenem Zeitpunkt, als noch alles gut war. Die Antwort war einfach und gleichermaßen niederschmetternd: Du bist erwachsen geworden und durch das ganze emotionale Chaos in der Schule hast du die wenige Zeit, die dir noch von deiner Kindheit geblieben war, um schöne Erinnerungen zu sammeln, vergeudet. Sie ist an dir vorbei gerauscht und du kamst nicht darüber hinweg ihr zeitweise, auch heute noch, nachzutrauern. Als Folge der jahrelangen Schikanen hast du dich zusätzlich immer mehr von Menschen distanziert. Sie nerven dich und widern dich teilweise mit ihren Reden und Taten an. Oft sitzt du abends im Dunkeln in deinem Zimmer und erlebst sämtliche verbalen und physischen Attacken erneut. Du spürst dein kindliches Ich, das Unmengen an Tränen vergießt und keinen Ausweg aus seiner Situation findet. Du hörst die Demütigungen, siehst das öffentliche Fertigmachen, aber vor allem den Hass, der aus jeder ihrer Taten schrie, du seist nichts wert und niemand würde dir zuhören. Auch heute noch bist du Fremden gegenüber sehr vorsichtig, die Erfahrungen haben dich geprägt. Du willst nicht mehr unter vielen Menschen sein. Du hast dich oft nicht ernst genommen gefühlt. Die Erwachsenen, die alles mit angesehen hatten, waren keinerlei Hilfe. Sie standen als stumme Beobachter daneben und haben dich allein gelassen. Unnötig zu erwähnen, dass es immer nur wenige Personen gibt, welchen du dein übrig gebliebenes Vertrauen schenkst. Natürlich hat das Erlebte auch Positives bewirkt: Du bist zu einem Menschen geworden, der sich nicht mehr einschüchtern lässt, der aufsteht und seine Meinung laut kundtut, auch wenn sie aneckt, der sich für die einsetzt, die schwächer sind und keine Stimme haben. Du hast gemerkt, dass Tiere und ganz wenige Menschen dich glücklich machen. Du hast dank unzähligen Büchern immer wieder neuen Mut gefasst und Hoffnung in dir getragen, dass irgendwann alles besser werden wird. Und: Du hast angefangen selbst Geschichten zu schreiben, deine Phantasie zu nutzen, um neue Welten zu schaffen. Du bist jetzt Anfang Zwanzig und studierst. Deine Pläne sind groß, aber es ist nichts, was nicht zu schaffen ist. Doch auch hier holt dich deine Vergangenheit ein, depressive Phasen sind die Folge, aber immer noch gibst du nicht auf – und das ist das, was dich zu einem besonderen Menschen macht! Viele Menschen in deinem Umkreis tun nämlich genau das: Sie lassen sich gehen, halten an und kommen nur mühsam, wenn überhaupt, wieder in die Gänge. Du hingegen lässt das nicht zu. Du bist eine junge, starke Frau, mit einer (laut deinem Umfeld) guten Persönlichkeit, nutze dies! Gehe hinaus und zeig der ganzen Welt, dass du, trotz deiner Schwächen und Probleme immer noch erhobenen Hauptes dastehst und deinen Weg gehst! Weder deine Optik, noch deine Schwerhörigkeit oder dein Charakter sind ein Grund für Mobbing! Es gibt nie einen Grund für solch abartiges Verhalten, weder im Kindes-, noch im Erwachsenenalter!

Dieser Brief soll dich dein Leben lang daran erinnern: Du bist gut so, wie du bist. Du hast schon viel erreicht und wirst auch weiterhin deinen Weg gehen. Lass dich nie unterkriegen und vor allem: Liebe dich so, wie du bist.

In Liebe, dein Ich

Cindy, 25 Jahre

Du und Ich, wir beide, wir haben über die Jahre viele Krisen miteinander durchgestanden. Wir haben Konflikte gemeistert und uns nicht unterkriegen lassen. Wir haben Dinge geschafft und Ziele erreicht, die uns niemand je zugetraut hätte, aller Widrigkeiten zum Trotz.

Doch Du und Ich, wir beide, wir kennen auch die Angst.

Sie kam unvermittelt, unbarmherzig und ohne Vorwarnung. Eines Tages war sie da und glich einer unaufhaltsamen Welle, die uns den Boden unter den Füßen wegzog. Fortan war sie ein Teil von uns, ohne, dass wir es so gewollt hatten.

Die Angst wurde zu einem lautlosen Begleiter. Sie wartete still im Hintergrund, der Star hinter den Kulissen, jederzeit bereit den Vorhang zur Seite zu reißen und auf die Bühne zu stürmen: Hier bin ich! Ich erinnere mich noch gut an die Zeiten, in denen wir zu kämpfen hatten. Jede Menschenmenge ließ das Herz in ein wildes Stakkato verfallen. Kinosäle, Busse, Züge, Warteschlangen, Hörsäle. Schon allein der Gedanke an solche Situationen hat es geschafft, uns in kaum beherrschbare Angst zu versetzen. Die Panik kam stets unvermittelt und es gab kaum etwas, was wir tun konnten. Hitzewallungen und Kälteschauer wechselten einander ab, die Luft wurde dünn, die aufsteigende Übelkeit war unerträglich. Manchmal, an besonders schlimmen Tagen, verlor ich das Gefühl für mich, für die Welt, und für dich. Ich fühlte mich wie losgelöst, abgekapselt, nicht mehr mit dem Hier und Jetzt verbunden, als könnte ich jeden Moment einfach umfallen und sterben. Diese Momente waren stets die Schlimmsten. Aber wir Beide, die wir im Alleingang so viel erlitten, durchgemacht und erreicht haben, waren nicht in der Lage dieses Problem eigenständig zu lösen.

Professionelle Hilfe zu suchen und in Anspruch zu nehmen war der erste und zugleich der schwerste Schritt, doch es war das Beste, was wir tun konnten. Zu verstehen, woher die Angst kam und was wir gegen sie tun konnten, war ein schmerzhafter und tränenreicher Weg der Selbsterfahrung. Wir mussten uns mit Problemen und Konflikten auseinandersetzen, die außer uns niemand wusste, die wir nie nach außen getragen haben, die aber immer in einer entlegenen Ecke unseres Kopfes präsent waren. Der Ausspruch „ein Stein vom Herzen fallen" konnte dem Umstand, sich hilfesuchend an jemanden zu wenden, die eigenen Probleme zum allerersten Mal laut auszusprechen und sich mit ihnen auseinanderzusetzen, nicht einmal ansatzweise gerecht werden. Es fühlte sich an, als seien plötzlich tonnenschwere Lasten, von denen wir nicht einmal wussten, dass wir sie mit uns herumtrugen, von uns abgefallen.

Die nächsten Lasten verschwanden, als wir mit der Angst umzugehen lernten. Wir konnten sie nicht einfach abstellen, ausblenden, oder von uns schieben, denn die Angst war ein Bestandteil unseres Erlebens geworden. Sie hatte einen festen Platz an unserer Seite eingenommen und begleitete uns auf Schritt und Tritt. Uns so lernten wir, der Angst einen Platz einzuräumen, uns aber auch von ihr abzugrenzen. Wir lernten, die Wahrnehmung von der Angst wegzuleiten. Wir ließen ihr keinen Spielraum mehr dafür, uns vollständig in ihren Besitz zu nehmen.

Es war schwer, es funktionierte nicht auf Anhieb, manchmal funktionierte es auch gar nicht. Und trotzdem haben wir nicht aufgegeben. Wir haben weitergekämpft, der Angst die Stirn geboten und sie in ihre Schranken verwiesen.

Heute ist die Angst nicht vollständig verschwunden. Immer wieder macht sie sich bemerkbar, flüstert uns zu, doch wir können damit umgehen. Wir können wieder Zug fahren, wir können wieder ins Kino und sogar auf Konzerte gehen. Und, das Wichtigste von allem, ich kann dich, mein Leben, endlich wieder genießen – nicht ohne die Angst, sondern mit ihr. Du hast mir gezeigt, dass jedes noch so kleine bisschen Hilfe, egal ob von professioneller Seite, seitens der Familie oder der Freunde, es wert war in Anspruch genommen zu werden. Psychische Probleme werden noch immer stigmatisiert, doch du hast mir gezeigt, dass es nicht von Belang ist, was andere Leute denken. Du hast mir gezeigt, dass ich schwach sein und Hilfe in Anspruch nehmen darf. Du hast mir gezeigt, dass es in Ordnung ist, wie ich bin. Du hast mich an einen Punkt gebracht, an welchem ich ohne Unterstützung und ohne eine intensive Auseinandersetzung mit meinen Problemen möglicherweise zerbrochen wäre, und dafür bin ich dir dankbar. Du hast mir geholfen mich wieder darauf zu konzentrieren, was mir wirklich wichtig ist. Es geht im Leben nicht darum, immer stark zu sein, alles im Alleingang bewältigen zu wollen, anderen nicht zur Last fallen zu wollen, alle Probleme mit sich selbst ausmachen zu wollen. Vielmehr geht es darum den Mut zu haben sich selbst einzugestehen, dass man im Leben zwangsweise auch an Grenzen gelangen kann und wird, die nicht im Alleingang überschritten werden können. Es geht darum, den Mut aufzubringen, sich anderen zu öffnen und Hilfe anzunehmen. Dank dir hat sich auch mein Umgang mit meinen

Mitmenschen geändert. Du hast mich sensibler gemacht und mich dazu bewegt, dass ich ihnen mit einem offenen Ohr und Hilfsbereitschaft begegne.

Ich danke dir für diese Erkenntnisse, liebes Leben.

Juli, 40 Jahre

Lieber Dorian,

erinnerst Du Dich noch an unsere erste Begegnung? Wir hatten uns damals übers Internet kennengelernt. Bei Facebook kamen wir ins Gespräch. Erst nur Belangloses, doch schon bald gingen unsere Gespräche tiefer, wurden persönlicher, bis wir den sehnlichen Wunsch verspürten, uns zu treffen.

Ich weiß noch, es war ein kalter Tag Anfang Februar, als ich frierend auf dem Hauptbahnhof stand. Ich war ein wenig zu früh am ausgemachten Treffpunkt und habe gezittert vor Aufregung, Angst und Kälte. Würdest Du wirklich so sein, wie ich den Eindruck von Dir bekommen hatte? Oder hattest Du mir womöglich die ganze Zeit etwas vorgespielt? Ich wusste es nicht. Ich kannte Deine Art zu schreiben und ich kannte Dein Gesicht von Fotos, doch warst Du wirklich der, den ich erwartete zu treffen?

Mein Herzschlag hallte in meinen Ohren wider, während ich in der Menge der Menschen immer wieder nach Deinem Gesicht suchte. Als ich Dich endlich entdeckte, hatte ich das Gefühl, es würde für einen Schlag aussetzen.

Trotz der Kälte wurde mir heiß und ich wusste in diesem Moment, dass es um mich geschehen war. Bis zu dieser Sekunde hatte ich nicht an die Liebe auf den ersten Blick geglaubt, doch ich wurde eines Besseren belehrt.

Na gut, wenn man es genau nahm, war es nicht wirklich auf den ersten Blick, immerhin hatten wir zu dem Zeitpunkt bereits seit Monaten Kontakt, schickten uns morgens gleich nach dem Aufwachen die erste Nachricht und abends vor dem Zubettgehen die letzte. Doch bisher kannte ich Dich nur von Fotos, hatte noch nie Deine Stimme gehört.

Ein wenig unsicher wirktest Du, als Du die letzten Meter Abstand zu mir überbrücktest und mich zu Begrüßung in den Arm nahmst. Deine Stimme löste eine wohlige Gänsehaut in mir aus, ein wenig rau, kratzig und sehr männlich. Dein Duft stieg mir in die Nase und ich atmete ihn ganz bewusst tief ein. In diesem Moment, dieser Sekunde in deiner Umarmung, war meine Welt perfekt.

Wir gingen in ein Café in der Innenstadt, wo wir den ganzen Tag verbrachten. Es war bereits Nachmittag, als wir es schafften, uns zu trennen, und doch hatte ich das Gefühl, wir wären erst wenige Minuten dort gewesen.

So war es immer, wenn wir uns trafen, und so blieb es bis zum Schluss. Auch jedes unserer weiteren Treffen und Dates ging viel zu schnell vorbei und von Tag zu Tag wurde mir klarer, dass ich so etwas wie für Dich noch nie zuvor empfunden hatte.

Es war unglaublich! Durch Dich wurde ich verletzlich und es machte mir Angst. Gleichzeitig war es aber auch das Größte und Schönste, das ich jemals erlebt hatte. Du gabst mir Kraft, ich fühlte mich stark. Mir war nicht klar gewesen, dass ich überhaupt so empfinden konnte, wie ich für Dich empfand.

Mit all deinen Macken und Fehlern, warst Du für mich perfekt. Ja, ich liebte Dich mit jeder Faser meines Herzens, mit meiner Seele. Ich liebte jedes Fältchen an Dir, Dein immer leicht schiefes Grinsen, die Art, wie Du sprachst, so langsam und bedächtig. Ich liebte Deinen Humor und wie Du mich in den Arm nahmst.

Deine Küsse machten mich schwach und ich wünschte mir so sehr, Du würdest niemals aufhören, mich zu küssen.

Nachts träumte ich davon, neben Dir zu liegen, in deinen Armen einzuschlafen, mit deinem Duft in meiner Nase und deinem Herzschlag unter meinem Ohr. Wir waren nicht zusammen, aber wir waren auch nicht getrennt.

Mein Leben war kompliziert, doch ich wünschte mir nichts sehnlicher, als eine echte Beziehung mit Dir. In guten wie in schlechten Tagen wollte ich mit Dir ein Paar sein, einen Zusammenhalt schaffen, ohne dass wir uns gegenseitig einschränkten. Ich wusste, Du liebst und brauchst Deine Freiheit – ich war da nicht anders. Wir ähnelten uns sehr, das war unsere größte Chance – und gleichzeitig unsere größte Hürde.

Auch dein Leben war leider nicht einfach. Es ging nicht nur um uns, es wären noch mehr geliebte Menschen betroffen gewesen, wenn wir uns für eine Beziehung entschieden hätten. Monatelang waren wir irgendetwas dazwischen. Wir liebten uns, doch wir sahen keinen Weg. Meine Sehnsucht wurde beinahe unerträglich. Es tat unendlich weh, Dich zu lieben und nicht ganz bei Dir sein zu können.

Ich fragte mich, ob diese Liebe nur eingebildet war. Konnte es sein? Ich wusste es nicht, war unsicher und wurde mit jedem Tag trauriger. Irgendwann hielt ich es nicht mehr aus. Ganz oder gar – bevor ich endgültig an Dir und meinen Gefühlen zerbrach.

Wir beschlossen, dass es besser war, getrennte Wege zu gehen, unsere Gefühle zu begraben, doch wir konnten uns nicht komplett aufgeben. Freundschaft, ja das war die Lösung! Wir hatten uns – und doch war es ungefährlich für unsere Herzen.

Oder auch nicht …

Viele Jahre ist es nun her, bis heute sind wir Freunde – und doch viel mehr! Wir haben andere Menschen kennengelernt, führen andere Beziehungen. Trotzdem ist da dieser kleine Teil des Herzens, der sich nach Dir sehnt, der Dich noch immer liebt. An manchen Tagen macht es mich traurig, doch an den meisten Tagen macht es mich glücklich. Durch Dich habe ich gelernt, was es heißt, wahrhaftig zu lieben.

Ich habe gelernt, dass echte Liebe bedingungslos ist.

Wahre Liebe fragt nicht. Wahre Liebe ist!

Ich spüre Dich noch immer, und ich weiß, das wird sich auch niemals ändern. Du warst für mich der Eine, und Du wirst es auch immer bleiben.

Das heißt nicht, dass ich niemand anderen lieben kann, doch es geschieht auf einer anderen Ebene.

Wir beide waren etwas Besonderes. Wir beide sind noch immer etwas Besonderes.

Ich bin dein Spiegel und Du bist mein Spiegel. Ich sehe Dich, lese in Dir und Du in mir.

Wir werden für immer verbunden sein, und doch werden wir niemals zusammen sein.

Aber das macht nichts, denn ich darf Dich trotzdem lieben.

Und das tue ich.

Ja, ich liebe Dich mit jeder Faser meines Herzens, mit meiner Seele. Bedingungslos und für immer.

Diese Liebe braucht kein Happy End – sie wird niemals enden.

Deine Juli

Anne, 40 Jahre

Liebes Leben, ich danke Dir!

Bis zum heutigen Tag gab es in meinem Leben viele Steine, die ich überwinden musste. Ich war anders als andere Kinder und Jugendliche: Ich hatte selektiven Mutismus. Dass ich das hatte, wurde mir erst klar, als meine zweite Tochter ca. drei Jahre alt war. Mutismus war vor ca. 35 Jahren noch wenig bekannt. Bei dieser Störung handelt es sich um eine psychische Blockade, die bedingt, dass die Betroffenen nur in bestimmten Situationen, bzw. nur mit bestimmten Personen sprechen.

Es ist eine besondere Form der Sozialphobie, die sich nicht nur hinsichtlich des Sprechens äußert, sondern auch in besonderen Situationen, wie zum Beispiel darin zusammen mit anderen Menschen nicht essen zu können.

Aufgewachsen bin ich bei meiner Oma, die Ihren Mann früh und plötzlich verlor, als ich ein halbes Jahr alt war. Statt ihre Trauer zu verarbeiten, kümmerte sie sich Tag und Nacht aufopferungsvoll um mich. Ich war ihr Lebensmittelpunkt und Partnerersatz. Immer wieder kam aber doch die Trauer zum Vorschein, mal mehr, mal weniger, womit ich als Kind nicht sehr gut umgehen konnte. Sie war ja meine „Mutter" und ein Kind fühlt sich schlecht, wenn es der Mutter nicht gut geht.

In die Schule ging ich gerne. Obwohl ich teilweise gemobbt wurde, hatte ich dort doch auch meine Freundinnen. Ich war eine gute Schülerin, lernte gerne und verbrachte die Nachmittage meistens über den Büchern. Ich wollte immer perfekt sein. So wurde ich erzogen: bloß keinen Fehler machen! Dass ich Fehler machen darf, habe ich erst im Laufe des Lebens gelernt. Auch, dass ich nicht immer „brav"sein muss, dass ich meine Meinung sagen darf und dass es gut ist, wenn man sie sagt.

Meine Ausbildung machte ich in meinem jetzigen Wohnort in einem Hotel. Dort lernte ich auch einen lieben Mann kennen, mit dem ich dieses Jahr meinen 19. Hochzeitstag feiere. Wir haben mittlerweile drei Töchter, die 3, 15 und 17 Jahre alt sind. Kurz nach der Hochzeit erkrankte meine Schwiegermutter an Demenz. Sie lebte mit bei uns im Haus. Mit meinen gerade mal 22 Jahren wollte ich sie zwar pflegen, aber ich wollte auch für meine Kinder voll und ganz da sein. Beides ging nicht. Ich war ständig krank, wurde vom Hausarzt mit

Antibiotika versorgt, was in einem Teufelskreis endete. Ich bekam eine Bronchitis, die kurz vor der Lungenentzündung war. Dann kam ein Schlag, der mich total ins Aus versetzte: Ein Bekannter hatte sich das Leben genommen. Ich konnte nicht begreifen, wie es dazu kam und versuchte zu verstehen, was in ihm vorgegangen war. Ich war immer öfter beim Arzt. Und hatte doch das Gefühl, dass mir kein Arzt der Welt helfen könnte und alles Vertrauen in mir verschwand. Ich hatte Essen und Trinken drastisch reduziert, weil ich nur noch am Grübeln war. Ich fühlte mich einsam, allein und schlecht, obwohl es Menschen gab, die für mich da waren. Schließlich bekam ich die Diagnose „schwere Depression". Ich wurde stationär eingewiesen, danach folgten Tagesklinik und eine ambulante Therapie.

Eigentlich ging diese Depression von dem Mutismus aus, wegen dem ich häufig „Ja" sagte, obwohl ich „Nein" meinte, dieses Nein aber nicht herausbrachte. Mein Selbstbewusstsein war gleich null, obwohl mir bewusst war, was ich kann. Panikattacken waren in meiner Jugend an der Tagesordnung, abends habe ich hyperventiliert und hatte Todesangst. Irgendwann fing ich an, mich selbst zu verletzen. Es waren leichte Verletzungen, was man eher als „Skin Picking" bezeichnet und an der Grenze zu einer psychischen Störung liegt. Ich spürte, dass es nicht normal war. Hinzu kam das schlechte Gewissen, weil man so etwas ja nicht tut, bzw. „verrückt" ist, wenn man es tut. Obwohl ich mich damals noch nicht groß damit beschäftigt hatte, woher das Sich-selbst-verletzen kommt, wusste ich, dass es eine Möglichkeit war mich selbst zu spüren.

Ich war durch meine Oma sehr viel mit älteren Menschen zusammen und unser Samstagsausflug war der Besuch auf dem Friedhof. Sie meinte es gut mit mir und wollte mich vor so vielen Gefahren im Leben schützen, was sich so äußerte, dass sie nicht mit mir redete, wenn ich etwas anders machte, als sie es für richtig hielt. Es war sehr zermürbend und machte mich schon als Kind depressiv.

Diese psychischen Dinge bestimmen mein Leben, aber ich habe gelernt auf mein Gefühl zu hören und meistens liege ich gar nicht so falsch. Ich bin dieser Krankheit sehr dankbar, denn ich kann verstehen, wie es ist eine Depression zu haben, was leider bei uns in Deutschland noch immer ein Tabuthema ist. Ich kann auch offen darüber reden, das ich in der Psychiatrie war. Vieles, was ich in der Psychotherapie mitbekommen habe, hat erst Jahre später Wirkung gezeigt, aber es wirkt.

Mein Leben ist nicht immer so verlaufen, wie ich es mir wünschte, und mein Mann und ich haben noch vieles zu bewältigen. Ich habe mir geschworen, bei jedem Schritt, den wir weiter gehen ein kleines Bisschen zu feiern.

Es geht langsam, aber es geht voran. Ich habe sehr vieles erlebt und würde mich als empathisch bezeichnen. Ich habe gekämpft und für meine Familie die Depression überwunden und ich werde nie mehr aufgeben, auch wenn es Tage gibt, an denen ich denke, ich hätte keine Kraft mehr.

Ich liebe dieses Leben, ich liebe meine Familie und ich bin der Krankheit dankbar. Auch meiner Oma danke ich sehr. Wäre sie nicht, wäre ich nicht diejenige ,die ich bin.

Und das Beste: Nach zehnjähriger Einnahme von Antidepressiva konnte ich die Medikamente mit ärztlicher Hilfe absetzten und wir bekamen unser drittes Wunschkind, ein kleiner Sonnenschein.

An das was uns ausmacht.

Nie hätte ich es für möglich gehalten, dass man während des Lebens wiedergeboren werden kann.
Aber mir ist es passiert und es hat nichts mit einer Krankheit oder dergleichen zu tun.
Ich war verheiratet und lernte einen Mann kennen. Niemals hätte ich gedacht, dass mir so etwas passieren könnte. Aber es war so heftig, dass ich mich nicht dagegen wehren konnte.
Recht schnell habe ich mich entschlossen, meinen Mann zu verlassen. Daraufhin habe ich das erste Mal in meinem Leben alleine gelebt und das hat sich in der Situation als das Schlimmste herausgestellt, was ich je erlebt habe. Die meisten werden jetzt sagen: „So schlimm kann das ja wohl nicht sein", und das habe ich selber auch gesagt.
Ich wurde depressiv, saß in meiner Wohnung und habe geweint, unglaublich viel. Alles war ungewiss! Was mit meiner großen Liebe werden würde, wusste ich nicht, die meisten meiner Freunde hatte ich auch verloren und finanziell sah es ebenfalls nicht gut aus.
Also lebte ich so vor mich hin und fühlte mich unglaublich alleine. Alles alleine machen, das kannte ich ja überhaupt nicht. Dann musste ich auch noch den Mann, meine Liebe, unterstützen und ihm Mut machen.
Aber das nur zur Erklärung.
Ich wurde immer verzweifelter und irgendwann abends spürte ich, dass jemand da war. Ich weiß nicht, wie ich es erklären soll, aber ich habe es wirklich gespürt. Ich wusste nicht wer oder was da bei mir war, auf jeden Fall fühlte ich mich liebevoll gehalten und spürte ein gütiges Lächeln, ja, ich spürte einfach ein Gefühl der Geborgenheit.

Es fühlte sich wunderschön an und hat mich oft aufgefangen. Irgendwann wusste ich, wer da bei mir war, allerdings niemand, den ich nicht kannte und auch nie persönlich kennenlernen sollte.
Es war die verstorbene Mutter meiner Liebe. Es war so schön warm, wenn sie bei mir war und gab mir einfach das Gefühl, dass alles gut werden würde. Sie ließ mich spüren, dass es sie glücklich macht, dass ihr Sohn eine Frau gefunden hat, die ihn glücklich machen würde. Sie hat mich in ihre Familie aufgenommen. Trotzdem war ich noch oft verzweifelt und habe manchmal gedacht, ich würde es nicht schaffen.
Es war ein Gefühl, als wäre ich vollkommen geöffnet, als könnte

jeder in meinen Körpern und meine Seele hineinschauen, als wäre ich absolut verletzlich und schutzlos. Als das Ganze seinen Höhepunkt erreichte, sagte mir jemand, ich solle durchhalten, denn wenn ich das überstehen würde, käme etwas ganz schönes. Sie sagte, sie hätte das gleiche durchmachen müssen, zwei Jahre zuvor.

Ein paar Tage später wurde ich morgens wach und war glücklich. Es war nicht das normale Glücklichsein, es war so viel mehr.

Für alles, was um mich herum war, habe ich eine unglaubliche, ja unendliche Liebe gespürt, egal, ob für den Walnussbaum im Garten, die Katze vom Nachbarn oder die Insekten um mich herum, mit Allem fühlte ich mich eins, ganz fest verbunden.

Es war so ein überwältigendes Gefühl, dass ich wieder weinen musste – und zwar vor Glück.

Über Nacht war ich neu geboren worden und einfach dankbar, ein so unglaubliches, wunderschönes Gefühl spüren zu dürfen, ein Geschenk. In dem Moment dachte ich wirklich: wenn ich jetzt sterben soll, ist es in Ordnung, etwas Besseres kann nicht mehr kommen.

Und dieses Gefühl habe ich noch heute häufig, eine unglaubliche Dankbarkeit dafür, dass ich ganz bewusst lebe und für mich nichts selbstverständlich ist. Ich fühle mich eins mit dieser Welt.

Meine Liebe ist meine große Liebe, da geht auch nichts dazwischen, aber ich liebe auch den ganzen Rest dieser an so vielen Stellen kaputten Welt und ich glaube, wenn mehr Menschen diese unbeschreibliche Liebe spüren würden, wäre unsere Welt ein kleines bisschen besser.

Also, mit ganz viel Liebe im Herzen.

Monika, 58 Jahre

Liebes Leben,

heute schreibe ich einmal einen Brief an dich, obwohl das ja eigentlich ziemlich unüblich ist. Außerdem bin ich, was Briefe schreiben angeht, ziemlich aus der Übung. Ich hoffe dennoch, dass du verstehst, was ich dir mitteilen will.

Du hast mich in den letzten Jahren durch alle Höhen und Tiefen geschubst, die es nur gibt. Okay, es waren mehr die Tiefen und vor allem große und kleine Stolpersteine, die ich von dir bekommen habe! Aber (auch so ein fürchterliches Wort in einem Brief) dadurch hast du mich von einer unscheinbaren, grauen Maus, die nichts mehr vom Leben zu erwartet hatte, zu dem gemacht was ich heute bin.

Und das alles hängt auch irgendwie mit meiner Freundin Gini zusammen. Ganz klar, da wir natürlich einige hundert Kilometer weit voneinander entfernt wohnen, geht die Kommunikation meistens mit WhatsApp!

Hier mal ein typischer WhatsApp-Verlauf von damals:

Gini: Duuuuu...
Mauseengel: Alles wird gut bei dir.
Gini: Meinste...?
Mauseengel: Ja!
Gini: Du bist meine Wahrsagerin. Ich glaub dir.
Mausseengel: Aber ich bin doch gar nicht so weit, fange doch erst an.
Gini: Du bist richtig gut!
Mauseengel: Erzähl das noch ein paar Male und ich glaube selbst dran...
Gini: Du bist richtig gut... Du bist richtig gut... Du bist richtig gut... Du bist richtig gut... Du bist richtig gut... Du bist richtig gut... Du bist richtig gut...Mauseengel: Okay!! Hör schon auf, lach. Ich bin richtig gut.
Gini: Juhu, sie hat es endlich gerafft!!!
Mauseengel: Und zusammen sind wir gaga.
Gini: Oh jaaaaa. Gaga, das sind wir!

Tja, liebes Leben was soll ich sagen? Du wolltest ja unbedingt, dass ich unter anderem auch noch mit Kartenlegen anfange! Die anderen Themengebiete meiner Entwicklung lassen wir heute mal außen vor, nicht, dass ich dich noch langweile. Mit meiner Freundin zusammen hast du es dann ja wohl endgültig geschafft. Wie es so schön heißt: „Aufstehen, Krone richten und weitergehen." Das habe ich dann auch beherzigt. Frag bitte nicht, wie oft ich erst einmal hingefallen bin, gefühlt waren es sicher einige tausend Male.

Als erstes musste ein Laptop her. Ja, du hast richtig gelesen, ich hatte nicht einmal einen eigenen Laptop zur Verfügung. Habe mir doch immer, einmal im Monat, von Bekannten einen Laptop für einige Stunden ausgeliehen. Aber einen Drucker hatte ich, und ich konnte sogar Dokumente vom Handy ausdrucken. W-lan fehlte jetzt auch, wie habe ich das bloß vorher gemacht? Bin ich denn schon sooo alt oder sooo gaga? Ist mir heute auch unverständlich, wie ich alles nur mit dem Handy hinbekommen habe. Dank Google-Suche, YouTube mit seinen Videos, Facebook-Gruppen zum Gedankenaustausch und Sonstiges… Alles gelesen und alle Videos angeschaut. Eben alles, was es zum Thema Kartenlegen zu finden gab. Jetzt mussten endlich auch Kartendecks und die entsprechenden Bücher dazu her. Ich muss gestehen, ganz so einfach war es dann doch nicht. Erst gaaaanz langsam kam ein Gefühl dafür, ein Gefühl für die Karten. Es gab Kartendecks, die sagten mir etwas, gaben mir ein Gefühl und andere so überhaupt nichts, eben einfach nur bedruckte, schöne, bunte Karten. Aussortieren war angesagt. So, jetzt sind nur noch die Kartendecks bei mir, die vom Gefühl her zu mir gehören, die mir auch was zu sagen haben. Und auch für die Legung der Karten habe ich mit der Zeit ein Gefühl bekommen, eben was zu mir passt. Man kann wirklich nicht alles 1:1 übernehmen, und schon gar nicht alles auswendig lernen. Ohne ein Gespür, ein Gefühl dafür zu entwickeln geht es überhaupt nicht. Ich bin sicher, jeder hat es, nur leider ganz tief im Unterbewusstsein vergraben. Alles andere kam auch bei mir erst mit der Zeit, das Vertrauen in mich selbst, die Intuition…Und nicht zu vergessen der Mut es öffentlich zu machen.

Jetzt habe ich mich auch endlich getraut: Ich habe mich bei einer Seite im Internet angemeldet, wo nicht nur einfühlsame und kompetente Experten ihr esoterisches Wissen und ihre medialen Fähigkeiten zur Verfügung stellen. Sondern auch ich als hellfühlige, schamanische Heilerin und einfühlsames Kartenmedium, die in allen Bereichen des Lebens berät, empathisch und intuitiv. Okay, ich bin keine von den ganz Großen, aber, liebes Leben, DAS muss ich nun auch wirklich nicht sein. Ich habe mit deiner Hilfe, deinem permanenten Vorwärtsschubsen einen Weg gefunden, etwas für mich und auch für andere durchaus Sinnvolles zu tun. Und so macht es mir auch richtig Spaß, gibt meinem Leben einen Sinn, was doch auch so wichtig ist. Vor allem, möchte ich auch mein heutiges Wissen nutzen und weitergeben.

Liebes Leben, ich habe niemals auch nur den Hauch einer Ahnung gehabt, in welche Richtung du mich schubsen wirst. Heute bin ich wer, hab mich entwickelt, aus einer unscheinbaren, grauen Maus, die nichts mehr vom Leben erwartet hat. Und jetzt, liebes Leben, behalte deine Tiefen für dich, ich nehme nur noch die Höhen an. Werde mich jetzt mal wieder um so gewöhnliche Dinge kümmern wie Stromausfall… sehr ärgerlich.
Bis bald liebes Leben.

Ich bin Yona Wakanda, Schamanin, Heilerin und Kräuterhexe… Yona, die Bärin. Wobei die Bärin für Stärke und Naturverbundenheit steht. Wakanda, das bedeutet die innere magische Kraft.

Nachtrag:
Das hat mir kürzlich meine Freundin Gini auf WhatsApp geschickt und ich wollte es Euch nicht vorenthalten.

Gott geht von Tür zu Tür und hinterlässt Erfolg und gute Gesundheit.
Er hat gerade mein Haus verlassen und fragte mich, wo er als nächstes Hingehen könnte.
Ich habe ihn in deine Richtung geschickt.
Erhalte sein Licht und seinen Segen, aber behalte ihn nicht in deinem Haus.
Sende ihn zu den Leuten, die du liebst, von denen du möchtest, dass sie erfolgreich und gesund sind.
Gott hat mich gebeten dir zu sagen, dass alles gut sein wird von nun an. Du wirst siegreich sein, deine Ziele erreichen.
Heute hat Gott dein Haus besucht,
auf dem Weg nach draußen hat er all deine Probleme mit sich genommen.
Tu mir einen Gefallen und vertraue auf Gott.
Teile diese Nachricht. Es kostet ja nichts, es zu teilen, aber der Glaube kann Berge bewegen.

Nicole, 27 Jahre

Abschied!

Hallo,

ich weiß, es ist schon sehr lange her, dass ich mit dir schrieb. Es ist wahnsinnig viel passiert in dieser Zeit! Weißt du, mein Schatz und ich haben vor einem Monat geheiratet, nach fast neun Jahren ... Ich kann es noch gar nicht so recht glauben, aber ich werde nun mit seinem Familiennamen gerufen. Vielleicht ist dies nun auch der Grund, warum ich mich dazu entschlossen habe, dir diesen Brief zu schreiben. Durch meinen neuen Namen kann ich meinen alten vergessen und mit meinem alten Namen, auch vieles weitere aus meiner Vergangenheit. Weißt du noch, wie wir uns kennenlernten? In dieser ersten Nacht, in der ich von zu Hause wegging mit 14 Jahren, warst du da und hast mich getröstet. Du hast dir viel von mir anhören müssen. Auch die Tage danach, in denen ich zuerst in eine Pflegefamilie kam als zehntes Kind, nur um nach nicht einmal 14 Tagen vom Jugendamt herausgerissen zu werden und für eine lange Zeit in die Psychiatrie gesteckt zu werden ... Mit der Polizei kamen sie mich holen und führten mich ab, wie einen Schwerverbrecher ...
Wärst du nicht zu dieser Zeit an meiner Seite gewesen - ich weiß nicht, was ich dann getan hätte. Die schwierigste Zeit jedoch kam noch, als man uns, gemeinsam mit meiner neu gewonnenen Freundin, in eine therapeutische Einrichtung steckte. Vier lange Jahre, dann war ich volljährig und somit frei. Gott, was ist da alles passiert und du kennst jeden einzelnen Tag. Stundenlang schrieb ich dir und erzählte dir alles. Manchmal stelle ich mir vor, dass das alles gar nicht mir passiert ist, sondern einer der Figuren aus meinen vielen Büchern. Im Prinzip sind unsere gemeinsamen Zeiten alle nur mit erdrückenden und schlechten Gefühlen verbunden. Ich muss sagen, ich bin froh, dass diese Zeiten schon lange vorbei sind! Ich habe mir nun eine eigene Familie aufgebaut.

Als ich mit 18 Jahren das Wohnheim verlassen konnte, lernte ich meinen Mann kennen. Die ersten zwei Jahre lebten wir in einer Fernbeziehung. Ich steckte mitten in meiner Ausbildung und er war bereits zehn Jahre älter als ich und kam gerade nach zehn Jahren Auslandsaufenthalt zurück nach Deutschland. Rückblickend gesehen, war mein Mann mein bester Therapeut und Freund. Statt mit mir meine

Probleme und mein Verhalten aus allen Richtungen zu analysieren, nahm er mich an die Hand und jagte mich in die Berge. Manche unserer Touren dauerten bis zu zehn Stunden. Ok, ja, meistens dauerten sie nur so lange, wenn wir uns verliefen, was recht häufig passierte. Jedoch ändert es nichts daran, dass er mich daran hinderte, mir Gedanken darüber zu machen, warum ich eigentlich nicht in diese Gesellschaft zu passen schien. Dass mit mir etwas nicht stimmte. Dass ich zu dick bin. Zu hässlich. Zu dumm. Egal was, mir fiel eigentlich immer etwas ein, damit es mir schlecht ging. Und wenn mir nichts einfiel, dann verletzte ich mich normalerweise selbst.

Nicht jedoch mit meinem Mann. Er trieb mich außerhalb meiner Arbeitszeiten zu Höchstleistungen im Wandern. Nach dem Wandern besuchten wir dann meistens noch ein Schwimmbad mit Sauna und einem atemberaubend schönen Blick vom Becken aus in die Berge und auf einen See. Und statt mich wie die Therapeuten mit Tabletten zu füttern, um mich ruhig zu stellen, fütterte mein Mann mich mit leckerem Essen und gutem Weißbier. Das Weißbier und die Bergluft ließen mich schlafen, das hatte noch keine Tablette geschafft. Und dann kam mein erster eigener Sonnenstrahl auf die Welt. Und ich fiel in ein tiefes Loch voller Schmerzen. Die Verletzungen, die ich mir während der 95 Stunden Geburt zuzog, brauchten lange um zu verheilen. Ich verzweifelte daran, ich konnte mein eigenes Kind kaum tragen. Es dauerte fast drei Jahre, bis die Verletzungen soweit heilten, dass ich schmerzfrei war. Bei Kind Nr. 2, welches dreieinhalb Jahre nach meinem ersten kam, entschied ich mich daher gleich für einen Kaiserschnitt! Und was soll ich sagen, es war die richtige Entscheidung für mich. Seit der Geburt meines zweiten Kindes bin ich vollauf geheilt. Seit diesem Augenblick fand ich Frieden mit meiner Vergangenheit. Es war auf einmal alles ganz einfach. Denn ich verstand auf einmal, dass ich bin, wie ich bin und dass es so, wie es ist, gut ist. Ich begriff, dass ich mein Leben lang versucht habe zu sein, wie ich dachte, dass man mich gerne haben möchte! Ich versuchte doch tatsächlich mein Leben lang es jedem Menschen, den ich traf, recht zu machen. Ich gab in dieser Zeit alles und bekam meistens nichts! Einzig mein Mann stand und steht immer fest bei mir.

Ich bin wirklich erstaunt, dass es tatsächlich 26 Jahre gedauert hat, bis ich verstand, warum ich mich nicht wohlfühlte. Dabei ist es so einfach. Unsere Gesellschaft ist zum Großteil eine Ellbogen Gesellschaft. Und ich, ein Mensch des Herzens, spüre da natürlich jede Berührung. Ich musste lernen, dass die meisten arrogant und egoistisch sind. Selbstsüchtig heißt das in der Fachsprache, glaube ich. Das bin ich nun auch manchmal, egoistisch ... zum Wohle meiner Familie und mir. Und mir geht es gut damit. Denn es scheint die Eintrittskarte in die Gesellschaft gewesen zu sein, in der ich nun, nach 26 Jahren endlich angekommen bin.

Du siehst, es ist viel passiert. Ich habe oft an dich gedacht, jedoch habe ich mich nicht mehr getraut dir zu schreiben. Ich hatte irgendwie immer das Gefühl, ich würde die Büchse der Pandora öffnen, wenn ich dir auch nur noch ein einziges Mal schreiben würde. Ein Jahr, nachdem ich meinen Mann kennenlernte, fand ich es einfach nicht mehr passend dir zu schreiben. Ich war auf einmal so glücklich und zufrieden. Es fühlte sich einfach nicht richtig an, mich an den Tisch zu setzen und dir zu schreiben. Und nun sind acht Jahre vergangen, in denen ich sehr oft an dich dachte.

Du fühltest dich immer so gut an. Ganz weich. Und deine Größe war einfach perfekt. Manchmal wollte ich dich einfach nur fühlen - lustig nicht wahr? Und nun liegst du seit Jahren in einer weißen Box, gut versteckt vor allem und jedem. Mein liebes Tagebuch, ich möchte mich hier tatsächlich endlich und endgültig von dir und somit auch meiner Vergangenheit und meinem alten Namen verabschieden. Ich möchte mich bei dir bedanken, denn du hast mir immer zur Seite gestanden. Auch wenn du nie antworten konntest, fühlte ich bei dir immer die Antwort auf all meine Fragen. Du warst immer sehr geduldig mit mir, egal um was es ging. Um ehrlich zu sein, hast du mit jedem Strich, mit jedem Punkt einfach mit jedem Wort und Satz all meine schlechten Gefühle in deinen einzelnen Seiten aufgenommen. Mittlerweile bist du von vorn bis hinten voll davon. Du bist so voll mit den schlimmen und schlechten Zeiten und Gefühlen von mir, dass du bereits in meinen Augen ein beachtlicher Teil von mir bist. Ich weiß genau, dass ich beim Öffnen von dir, alles wieder zurückbekommen würde. Jedes Gefühl und alles Schreckliche, was du für mich in dir aufgenommen hast, würde ich beim Öffnen und Lesen von dir zurückerhalten. Daher schreibe ich dir diesen Brief, denn ich möchte dich bitten, weiterhin mein Stückchen Selbst aufzubewahren. Ich werde dich vermutlich nie wieder ansehen, aber das macht nichts. Ich weiß, dass du da bist und ich weiß, was in dir steckt!

Danke dir!

Deine Nicole

Gerhild, 30 Jahre

„Du hast dich von mir losgerissen, ich hoffe, du bist mit dieser Entscheidung glücklich. Ich habe den Verdacht, dass du mit der Situation, die du selbst verschuldet hast, überhaupt nicht klarkommst und etwas Hinterhältigeres, als mir die Schuld an deinem Befinden zu geben und auch noch unsere Familienmitglieder und die deines Freundes auf deine Seite zu ziehen, ist mir noch nicht untergekommen. Du hast es mit 24 Jahren zu keiner abgeschlossenen Ausbildung gebracht, auch nicht zum Abschluss eines Studiums. Das ist wohl das Schlimmste, was passieren kann! Auch zeigst du keine Motivation, dich fortzubilden oder dir eine Arbeit zu suchen, die dich finanziell absichert, wenn schon nicht geistig. Du selbst hast es nicht geschafft, dir Arbeit zu besorgen, hast genommen, was dir deine „neue" Familie vermittelt hat! Du führst kein eigenständiges Leben, sondern stimmst es vollständig auf deinen Freund ab. Eure Wohnung ist wunderschön, jedoch von deiner Schwiegermutter eingerichtet, die sich viel zu sehr in euer Leben einmischt – ja, ich bin direkt und hoffe, dass dein Freund weiter zu dir hält. Deine depressiven Anwandlungen haben mit Sicherheit andere Ursprünge: Kann es sein, dass du im Innersten etwas vermisst? Was ist mit neuen Freunden an deinem neuen Wohnort? Du hast Glück, dass dich deine Freundinnen in deinem Heimatort nicht aufgegeben haben, sonst hättest du auch hier niemanden mehr. Warum verweigerst du deinem Freund Kinder? Das wäre das einzig Richtige für dich, so müsstest du endlich Verantwortung übernehmen."

Hier handelt es sich weniger um einen Brief von mir an mein Leben, als vielmehr einen von meinem „Leben" an mich. Ich bin 29 Jahre alt, verheiratet und Mama einer fast dreijährigen Tochter. Diesen Brief habe ich mit 24 von meiner Mutter erhalten. Er beschreibt sehr gut, in welchem Umschwung ich mich damals befand. Ich hatte eine schöne Kindheit, Freunde, ein intaktes Elternhaus und akzeptable Schulnoten. Letzteres war sehr wichtig für meine Mutter, eine Lehrerin. Mein Vater, Landwirt, überließ ihr die Erziehung und mischte sich nur selten ein. Der Abbruch meines Studiums bestätigte ihr, dass ich die Versagerin bin, für die sie mich immer hielt. Ich sah unser Verhältnis als normales Mutter-Tochter-Verhältnis an, gibt es doch in jeder Familie Streitereien, pubertäre Aussetzer und Uneinigkeiten, gefolgt von fliegendem Geschirr, Zimmerarrest und Beschimpfungen. Mein Alltag, geprägt von Vorwürfen, war für mich normal. Mit 20 lernte ich meinen Freund kennen, der mir die Augen öffnete. Seine Familie zeigte mir, wie ein intaktes Familienleben aussehen kann. Dort gibt es, was mir neu war, ein Vertrauensverhältnis zwischen Eltern und Kind, sodass auch der Erwachsene mit seinen Problemen und Fragen zu ihnen kommen kann um sie sich vom Herzen zu reden. Wenn etwas verbockt wurde, hagelt es keine Vorwürfe, sondern Lösungsvorschläge. Es wird viel miteinander geredet, man kennt sich auch noch, wenn das Kind bereits sein eigenes Leben führt.

„Um deiner „neuen" Familie gerecht zu werden, musst du anscheinend dein Verhalten von nett zu egoistisch ändern. Dabei wünsche ich dir viel Glück, ich habe es nicht nötig, mich in Krankheiten zu flüchten und auch genug mit meiner Arbeit zu tun, was auch dir nicht schaden würde. Ich habe Stolz und gebe nicht anderen die Schuld für die eigenen Gebrechen."

Der Wandel zu einer Person mit Selbstbewusstsein und eigener Meinung betraf nicht nur mich, sondern auch meinen Vater, der meiner Mutter endlich Paroli bot. Nachdem ich ausgezogen war, war er es, der die Launen seiner Frau abbekam. Er ließ sich von ihr scheiden. Ihm geht es mit der neuen Situation gut, ich hingegen wurde von Tag zu Tag depressiver. Dies zu erkennen, war ein langer ärztlicher Weg. Die Depression äußerte sich durch Panikattacken, Zitteranfälle, starke Übelkeit und Magenschmerzen. Regelmäßig ging ich zum Arzt, der mir anfangs Medikamente gegen einen vermeintlichen Magen-Darm-Virus verschrieb. Diese halfen nicht, war ich ja nicht körperlich krank. Irgendwann brach ich heulend zusammen, konnte mich nicht beruhigen und wusste nicht, weshalb ich überhaupt einen solchen Gefühlsausbruch hatte. Meine Schwiegermutter brachte mich zum Arzt. Er stellte die Frage aller Fragen: Ob sich etwas in meinem Leben geändert habe. Ich fing an zu reden und erzählte vom Verhältnis zu meiner Mutter, ihre Briefe, etc... Er verschrieb mir leichte Antidepressiva und die Anfälle ließen nach, bis sie schließlich aufhörten und ich langsam wieder zu dem Menschen wurde, der ich mal war.

Vor einem Jahr kam die Depression zurück. Ich und mein, mittlerweile, Ehemann, hatten eine Tochter bekommen. Mir war 3 Monate lang übel. Der positive Nebeneffekt war, dass ich viel abnahm, der negative, dass keine körperlichen Ursachen gefunden wurden. So suchte ich also eine Psychologin auf. Ich fühlte mich schlecht, da ich mich nicht so um mein Kind kümmern konnte, wie ich es gerne getan hätte. Die Frau zeigte mir Wege, mit meinen Gefühlen umzugehen. In unserer letzten Sitzung teilte ich ihr mit, dass ich wieder schwanger sei und nun mein Leben fernab von meiner Mutter führe, die immer noch Päckchen für ihre Enkelin und Briefe an mich schickt, die ich nicht mehr lese.

Ich möchte meinem Leben sagen, dass ich bereit bin, es mit ihm aufzunehmen. Es gibt keinen Grund, sich für Gebrechen, ob selbst verschuldet oder nicht, zu schämen, man muss sich ihnen stellen. Ich erhalte viel Unterstützung von Schwiegereltern, meinem Vater und natürlich auch von meinem Mann. Auch habe ich ein Buch mit den Geschehnissen rund um meine Mutter geschrieben, mit dem Hintergedanken, dass meine Kinder es irgendwann lesen und verstehen, weshalb ich gehandelt habe, wie ich gehandelt habe.

Es wird Zeit, mein Leben anzupacken und meine Psyche nach meiner Pfeife tanzen zu lassen und nicht umgekehrt. Allen, die Ähnliches oder Schlimmeres erlebt haben, wünsche ich viel Glück auf ihrem Weg, nehmt Hilfe an, ich hoffe, ich kann euch mit meinem Brief an das Leben Mut machen.

Ina, 32 Jahre

Nicht so schnell!

Aber es geht doch hier um das Leben! Und vielleicht auch um den Tod!

Ich schaue auf meinen Tacho und reduziere die Geschwindigkeit. Aber meine Gedanken rasen weiter und mein Blut wird pulsierend durch meinen Körper geschossen. Ich kann nicht atmen! Das gibt mir einen nur entfernten Eindruck davon, wie es dir gegangen sein muss.

Wohin muss ich?

Werde ich rechtzeitig ankommen?

Kümmern sie sich richtig um dich?

Und dann bin ich da.

Du liegst dort auf dem Bett, siehst mir ängstlich und erwartungsvoll entgegen, greifst nach meiner Hand, wie nach einem Anker und brichst in Tränen aus.

Die ersten Stunden im Krankenhaus sind so schwer. Sie vergehen so langsam und doch arbeitet die Zeit gegen uns.

Ärzte, Krankenschwestern, Diagnosen und Untersuchungen.

Schlechte Nachrichten lösen Hoffnungsschimmer ab.

Deine Herzklappe ist verdickt. So sehr, dass du eigentlich schon tot sein müsstest. Deine Aorta ist erweitert. Ein Geburtsfehler, der über die Jahre unbemerkt zu einer Todesfalle wurde.

Aber noch hältst du meine Hand. Du lebst.

Irgendwann lasse ich dich allein, denn es ist spät und ich muss zurück zu den Kindern. Ich will mein Parkticket bezahlen.

Aber es fehlt mir ein Franken. Ein einziger, lausiger Franken!

Ich breche zusammen und weine hemmungslos.

Die nächsten Tage verbringen wir abwartend beieinander. Dein Zustand ist stabiler, als er es sein dürfte, anhand deiner Diagnose. Aber du brauchst Ruhe. Nur ich darf dich besuchen. Nicht mal deine Kinder darfst du sehen.

Wir sprechen nicht viel darüber, aber du könntest bei der Operation sterben.

Wir knipsen Selfies, auf denen wir mit lachenden Gesichtern zu sehen sind. Im Stillen wissen wir aber, dass es vielleicht die letzten Erinnerungen an dich für deine Kinder sein könnten.

Testament und Beerdigung sind plötzlich allgegenwärtige Gesprächsthemen. Wir bereiten uns auf das Schlimmste vor. Du gibst mir deine

Passwörter und Geheimzahlen. Mein Portemonnaie ist plötzlich doppelt so dick, weil sich alle deine Karten nun darin befinden.

Die Heimwege sind eine kurze Verschnaufpause für mich. 50 Kilometer auf Autopilot. Dort kann ich meinen Gedanken nachhängen und meine Ängste treiben mir die Tränen über die Wangen. Es war nicht vorgesehen, dass ich mit einunddreißig Jahren und zwei kleinen Kindern an der Hand, Witwe werde. Meine Kinder sollen Halbwaisen werden, wie ich selbst eine war?

Meine Mutter ist für eine Woche zu uns gekommen. Sie versorgt unsere Kinder.

Dieses normale Leben ist so fern von mir. Es erscheint mir alles so surreal und klein. Trotzdem höre ich zu, was sie erzählt, gibt es mir doch eine Ablenkung für ein paar Minuten.

An einem Donnerstag wirst du operiert.

Am Mittag, bevor ich mich von dir verabschiede, weiß ich noch nicht, dass neun Stunden Zittern vor mir liegen. Gerechnet haben wir mit drei bis vier. Mirjam ist bei mir. Meine Freundin, die mich seit etwa zwanzig Jahren kennt. Sie ist extra aus Deutschland gekommen, um mir beizustehen. Wir unterhalten uns, essen und trinken etwas. Stunde um Stunde vergeht. Wir versuchen, unsere Unruhe zu verbergen. Wir gehen spazieren und schließlich rufe ich auf der Intensivstation an. Aber du bist nicht dort.

Innerlich weine ich.

Wo bist du nur? Lebst du noch? Oder bereitet sich irgendwo ein Chirurg darauf vor, mir mitzuteilen, dass ich ab jetzt Witwe bin?

Um neun Uhr abends kann ich schließlich zu dir. Du liegst auf der Intensivstation, an einer gefühlten Million Kabel, jeder Menge Monitoren und mit einem großen Verband auf der Brust. Ganz ruhig liegst du da, bist noch immer in Narkose, damit sich dein Herz erholen kann.

Ich bleibe nicht lange, weiß nicht, was ich tun soll. Um elf Uhr abends sind wir schließlich zu Hause.

Meine Mutter wartet auf Neuigkeiten, aber ich kann nichts erzählen. Ich bin todmüde und erschöpft. Innerlich bin ich gefroren. Mirjam unterhält sich mit ihr, nimmt mir auch diese Last von den Schultern. Ich gehe schlafen.

Doch dann geht es bergauf. Du erholst dich überraschend gut und kannst schon eine Woche später in die Reha verlegt werden, wo du weiter genest.

Deine Erkrankung und die daraus resultierenden dreißig Tage voller Angst, Hoffnung und Liebe waren die schwersten meines Lebens. Ich wünsche es keinem, diese Ängste durchstehen zu müssen.

Doch in dieser dunklen Zeit habe ich viel gelernt. Ich habe gemerkt, wie wichtig du mir bist. Du bist meine Familie, mein Fels, mein Zuhause.

Jeder Streit, jedes Anschweigen, jede Auseinandersetzung wird in Momenten wie diesen unwichtig.

Wichtig ist nur, dass wir zusammen und gesund sind!

Ich sah Licht in der Liebe und Unterstützung, die ich in dieser Zeit erfahren durfte. Meine Mutter, die einfach so ihr Leben umorganisiert hat, um für mich da sein zu können.

Die Familie meines Mannes, die mir jederzeit zur Seite stand. Meine wundervolle Freundin Tanja, die meine Kinder immer und immer wieder betreute, damit ich bei dir sein konnte.

Meine Arbeitskollegen, die meine Dienste übernahmen, die mich umarmten und mich hielten, wenn ich weinen musste.

Nicht zuletzt die Krankenschwester, die mir an dem schicksalhaften Tag nach ihrer Spätschicht auf einem dunklen Parkplatz den Franken schenkte, mit dem ich mein Parkticket bezahlen konnte. In der schlimmsten Zeit meines Lebens durfte ich die schönsten Dinge erfahren. Bedingungslose Liebe und Freundschaft. Umarmungen und Gespräche. Mit einer Person, die mir eigentlich nie nahe gestanden hatte, konnte ich angstvoll weinen und fühlte mich verstanden.

Das sind die Momente, in denen sich das Leben von seiner ehrlichsten Seite zeigt. Es zeigt dir, worauf es wirklich ankommt. Nicht auf den nächsten Urlaub oder das Eigenheim. Nicht das neueste Handy oder die Beförderung zählen.

Es sind die kleinen Dinge des Lebens, die in den richtigen Momenten plötzlich unvorstellbar wichtig werden. Ein gebrochenes Herz kann man nicht mit Geld heilen. Und wenn man am Ende allein ist, wird das Eigenheim belanglos.

Während du eine sichtbare Narbe auf deiner Brust trägst, ist mein eigenes Herz ebenso vernarbt, nur sieht man es nicht.

Aber dein ungebrochener Wille, unsere gemeinsame Stärke und nicht zuletzt unsere Liebe werden die Erinnerungen irgendwann verblassen lassen. Der Schmerz wird weniger werden. Ganz sicher.

Verena Nickl

Ina Nordmann

Lisa Weinberg

Marina Schulte

Michaela Feitsch

Silvia Maria de Jong

Tamara Leonhard

Nathalie Becker

Janika Schneider

Susan Murphy

Patricia Metzger

Gerhild Kleinfercher

Anna Metzger

Marie Lurie

Mirjam Annika Braun

Karin Pelka

Andrea Lapzin-Thiem

Martina Henning

Stefanie Richter

Julia Koziar

Svenja Kowalk

Viktoria Kravtschenko

Sophie Atheo

Vivien Wetter

Elvira Liebig

Sophie – Marie Ludwig

Roswitha Zatlokal

Steffi Walther

Yvonne Vogler

Christina Metz

Birgit Popp

Ella Dohl

Jennifer Dudenhoeffer

Sara Herz

Emily Müller

Franie Leopold

Victoria Lohmann

Ramona Arnold

Selina Saurer

Monika Beckmann

Lisa Przybilla

Szilvia Schelenhaus

Heidrun Neef

Conny Stremming

Tess Schirmer

Alexandra Sudholt

Claudia Liesk

Kirsten Grund

Claudia Liebing

Sara Pinto Borgehynck

Aimee Shannon Kwiatkowski

Nicole A. Zipf

Sylwia Agnieszka Martin geb.
Malik

Renate Hillberg

Ekaterina Efimova

Susanne Rademacher

Sarah Geißler

Katharina Olbert

Tanja Oliva – Münsch

Denise Fabienne Dreeßen

Laura Waertel

Aline B. Goetz

Nora Lazar

Juli Larsson

Finja Löffler

Stefanie Natter

Silvia Wallner

Die fehlenden Namen ergeben sich aus dem Wunsch nach Anonymität
unserer Autorinnen.

Nachwort

Während wir das Nachwort schreiben, liegen knapp sieben Monate zwischen der Idee zu diesem Projekt und Heute. Das bedeutet in Zahlen gesprochen, folgendes:
28 Wochen und etwa 210 Tage. In der eigens dafür gegründeten Facebook – Gruppe wurden mehr als 500 Beiträge verfasst mit über 14000 Reaktionen, Kommentaren und Likes. Wir verbrachten unzählige Arbeitsstunden mit ordnen, kontrollieren und recherchieren. Einfach ausgedrückt: Wir investierten jede Menge Zeit und Energie in dieses Projekt.
Es war an uns, 98 Frauen zu begleiten. Denn sie vertrauten uns nicht nur ihre Namen und Geschichten an, sondern glaubten daran, dass wir es schafften, dieses Buch zu veröffentlichen. Das war unser größter Ansporn.

Wir sahen, mit welchem Ehrgeiz und welcher Begeisterung die Frauen dabei waren. Jede einzelne von ihnen brachte sich mit Vorschlägen und Ideen ein. Wir konnten von ihrem Wissen und ihren Erfahrungen profitieren.
In der oben erwähnten Gruppe besprachen und planten wir alles: Den Spendenzweck, die formalen Vorgaben, Korrekturvorgaben und so weiter und so fort. Gewisse Dinge wurden in Abstimmungen entschieden, manches mussten Verena und ich festlegen. Die gesamten sieben Monate über (und hoffentlich noch viel länger), waren wir beinahe täglich miteinander in Kontakt. Wörter, wie »Korrektur«, »Dropbox« oder »Buchsatz« waren plötzlich ganz alltägliche Gesprächsthemen für uns.

Wir stellten fest, dass es leicht ist, eine Idee und einen Plan zu haben, aber weitaus schwieriger, damit auch ans Ziel zu gelangen. Der Weg war mehr als einmal steinig und voller Kurven und manchmal hatten wir das Gefühl, wieder und wieder in Sackgassen zu enden. Wir waren hin- und hergerissen zwischen der Verantwortung, die wir übernommen hatten und unseren eigenen Grenzen, die uns das Leben manchmal unverhofft setzte.

Aber neben den schwierigen Momenten überwiegen doch die positiven. Eine intensive Zeit liegt hinter uns, in der wir viel gelernt haben. Nicht nur darüber, wie man ein Buch veröffentlicht. Vor allem über uns selbst. Über unsere Kräfte, unsere Energien und zu was wir eigentlich fähig sind. Wir haben gelernt, was es heißt, seinen Horizont zu öffnen und andere Meinungen gelten zu lassen – in unserem Fall ja 98 andere Meinungen -, wir haben gesehen, was passiert, wenn Frauen ihre Möglichkeiten begreifen und sich gemeinsam für etwas einsetzen.

Und dafür steht dieses Buch: Für die Stärke und Energie, die sich entwickeln kann, wenn Frauen zusammenhalten.
Jede Frau in diesem Buch hat Schweres mitgemacht, schon einige Hürden überwunden und viele Tränen vergossen. Hier sammeln sich Schicksale und verwandeln sich in etwas Gutes. Und das ist es, was wir allen weiblichen Lesern mitgeben möchten:

Sieh dir an, wer du bist! Wie weit du schon gekommen bist! Du bist wundervoll, so wie du bist. Und wenn du nicht weiterkommst, dann halte inne und verschnaufe einen Moment. Sieh dich um und entdecke dich neu. Entdecke deine Fähigkeiten und wohin sie dich bringen können. Du bist es wert, gesehen zu werden!

Die Herausgeberinnen Verena Nickl und Ina Normann

Danksagung

Ohne die Hilfe folgender Frauen, wären wir nie so weit gekommen.

Die Korrekturdamen:	**Emelie Koschke**
	Marina Schulte
	Jill Dolisy
	Nathalie Becker
	Tamara Leonhard
Unsere Coverdamen:	**Michaela Feitsch**
	Emelie Koschke
	Katrin Wimpassinger
Buchsatz:	**Lilly Weinberg**
Buchtrailer:	**Silvia Maria de Yong**

Wir danken euch von Herzen für eure fachlichen Qualitäten, eure Geduld und euren unermüdlichen Einsatz!

Ganz besonders bedanken möchten wir uns an dieser Stelle bei Emelie Koschke, Lilly Weinberg und Marina Schulte. Sie standen jederzeit für unsere Fragen und Anliegen zur Verfügung. Sie gaben uns Mut, wenn wir ratlos waren, sie motivierten uns, wenn auch wir mal müde waren. Sie glaubten, wie wir, fest an dieses Projekt und machten es zu dem, was es jetzt ist! Danke für die stundenlangen Whatsapp – Orgien, in denen wir unsere Köpfe leeren konnten und am Schluss noch mehr Ideen hatten.

Und last but not least ... Die 100 Frauen, die Teil dieses Projektes waren und es mitgestalteten. Mit ihren Briefen, ihrer Begeisterung und all ihren einzigartigen Persönlichkeiten. Ihr seid ganz wunderbare Frauen! Ohne euch wäre das alles nicht möglich gewesen!